John Morison, George Henderson

**Dain Iain Ghobha**

The Poems of John Morison - Vol. I

John Morison, George Henderson

**Dain Iain Ghobha**
*The Poems of John Morison - Vol. I*

ISBN/EAN: 9783337117306

Printed in Europe, USA, Canada, Australia, Japan

Cover: Foto ©ninafisch / pixelio.de

More available books at **www.hansebooks.com**

# DAIN IAIN GHOBHA.

THE POEMS OF

# JOHN MORISON,
## THE SONGSMITH OF HARRIS.

*Collected and edited with a Memoir*
BY
GEORGE HENDERSON, M.A.

VOL. I.

**Glasgow:**
ARCHIBALD SINCLAIR, 10 BOTHWELL STREET
**Edinburgh:**
NORMAN MACLEOD, THE MOUND.

MDCCCXCIII.

To

## ALEXANDER CARMICHAEL,

WHOSE DEVOTION TO THE RESCUE OF ANCIENT CELTIC LITERATURE IS NOT INFERIOR TO HIS PIETY AND WISDOM; WHOSE LOVE OF THE IDYLLS OF THE ISLES AND OF THE HIGHLAND PEOPLE IS EQUALLED ONLY BY HIS AFFECTION FOR WHATSOEVER THINGS ARE PURE AND LOVELY AND OF GOOD REPORT WHEREVER FOUND; WHO HAS ALWAYS ENCOURAGED ME IN MY LOVE FOR THE GAELIC TONGUE, ITS PRESTIGE AND ITS BEAUTY, AND TO WHOSE FRIENDSHIP AMONG OTHER BENEFITS I OWE MY FIRST ACQUAINTANCE WITH A NOBLE POET'S MIND, I DEDICATE THESE VOLUMES.

# AN CLAR-INNSIDH.

|  | PAGE |
|---|---|
| Memoir, ... ... ... | i–lxxv |
| An Ionndruinn, ... ... | 1 |
| Buadhannan an t-Slanuighear, ... | 7 |
| Maise Chriosd, ... ... ... | 17 |
| Foghainteachd Gras Dhe, Earrann I, | 22 |
| ,, ,, Earrann II, | 33 |
| Cuireadh Chriosd, | 51 |
| Eu-Comas an Duine, | 66 |
| An Nuadh Bhreith, ... | 84 |
| A' Bhuaidh Larach, Earrann I, | 106 |
| ,, ,, Earrann II, | 115 |
| ,, ,, Earrann III, | 127 |
| ,, ,, Earrann IV, | 137 |
| An Cath, ... ... ... | 151 |
| Marbhrann d'a Cheile, | 160 |
| An Aire, Earrann I, | 166 |
| ,, Earrann II, | 182 |
| ,, Earrann III, ... ... | 193 |

## AN CLAR-INNSIDH.

| | | | | |
|---|---|---|---|---:|
| Am Firean, | ... | ... | ... ... | 204 |
| Cliu an Ollaimh Dhomhnullaich, | ... | ... | | 236 |
| ,, | ,, | Earrann I, | | 244 |
| ,, | ,, | Earrann II, | | 249 |
| ,, | ,, | Earrann III, | | 256 |
| ,, | ,, | Earrann IV, | | 263 |
| ,, | ,, | Earrann V, | | 272 |
| ,, | ,, | Earrann VI, | | 288 |
| An Cuart Cuan no Dan Na Breadalbainn, | | | | 301 |

# PREFACE.

THE present series of Celtic Texts, illustrating, through various moods and phases, the life of the Gael in early and later times, opens with the works of a man beloved at home and abroad. Though no real edition of the poet has hitherto appeared the poems of his which have formerly been published gave some an opportunity of drinking from the clear wells of genius. Once and again several of these were printed at Glasgow; but it has been in Canada that the poet has received most attention. The Toronto Edition of 1861 as well as the Cape Breton Edition of 1885, both partial but containing entirely different sets of poems, are tokens of disinterested devotion to the memory of a hallowed name. The Canadian Gael has left his country only to love it more.

> 'From the lone sheiling of the misty island
> Mountains divide us and a waste of seas,
> Yet still the blood is strong, the heart is Highland,
> And we, in dreams, behold the Hebrides."

# PREFACE.

The present effort, it is hoped, will be found as complete as loving care could make it. Inquiries on the mainland and journeys to the Isles have largely helped to elicit facts and reminiscences which shed their own perspective light especially on the poet's life, while the free offerings of poems preserved in oral memory have helped to correct and supplement the fragmentary condition to which time had reduced the older MSS. in the poet's hand, thus, in matter wholly new, doubling the bulk of what has hitherto been open to the public. The justice and the tenderness so native to John Morison have shed a halo around his venerated memory and friends have been exceeding kind. Foremost among these is Alexander Carmichael, whose patriotic devotion to the rescue of ancient Celtic literature is only equalled by his noble enthusiasm in all that concerns John Morison. All the MSS. in his possession, which his friend the late Dr. Donald Munro Morison left behind him, have chiefly aided in making this edition as full as is now possible. His name is thus associated with these volumes though words do not fitly express the recognition of his patience or the record of his praise.

It is much regretted that the late Dr. Morison himself was unable to edit his father's poems in his own lifetime; he had so much power and sense of poetic purity. Those which he published in *The Gael*, with the music annexed to them, appear in this edition.

PREFACE.

Special thanks are due to the poet's eldest son, Mr. Eoghan Morison, for letters and trustworthy information as well as for some of his father's poems from memory; to Mr. Angus Macleod for MS. journals by his father, the late Alexander Macleod, tacksman, Ung-na-cille, Isle of Skye; to the Gaelic poet and scholar, the late Dr. Blair, Barney's River, Nova Scotia; and to the late Alexander Nicolson, M.A., LL.D.—both of whom died while the work was passing through the press.

Memories and partial transcripts of MSS. by the poet's nephew, Mr. Malcolm Macaskill, Bernera; Mr. Donald Morison, Tarbert; Mr. Archibald Macleod, South Uist; Mr. Roderick Macleod, Edinburgh; and by the late Mr. Nicolson of Lewis, through his grandson, Mr. Nicolson Munro, New College, have been found helpful. But most of all the MS. of Morison's earlier poems by the late Hector Macdonald, who died near Mira, Sydney, Cape Breton. Hector Macdonald, a good Gaelic scholar, and the poet's friend, wrote this MS. at Stafford Street, Edinburgh, in 1836, when tutor in the family of General Mackay of Rockfield, who wrote the life of Lieutenant-General Hugh Mackay, Commander of the Forces in Scotland, 1689-1690. Through this MS., of which there were one or two transcripts, the Gaelic poems were well known among Highland students at Edinburgh University during

## PREFACE.

1836, '37, '38. As the late Dr. Blair put it, "Hector Macdonald was the most beautiful writer he had ever seen;" and his MS. has rescued many of the earlier poems from oblivion. The MS. itself, comparable to the work of the finest scribes of Ireland, is a monument to a warm friendship.

Tender thanks are also due to Mr. Duncan Mackenzie, M.A., for suggestions, references and criticisms; to the publisher, Mr. Archibald Sinclair, for some of the poet's correspondence; to Mr. John Murdoch, to Professor Mackinnon, to Professor Rhys and to Professor Windisch for kind encouragement and sympathy.

BERLIN, *August*, 1893.

# Memoir of John Morison.

ONE of the three most sorrowful stories of the Gael is that narrating the fate of the four fond children of Lir, who are turned into four white swans by their cruel stepmother. These beautiful birds live evermore on the waters, snow white and driven from shore to shore by the tempests, and the fishermen in the Isles were wont to tell how the lovely birds are exiled on the foam of the billow between Loch Lorne in Erin, and Arran and the Isle of Man, till the light of a pure faith has come with the voice of the Christian bell. According to an old version of the story, their only relief is in their own Gaelic speech, for they retain their reason and sing sweet plaintive music, which excels the music of this world, and lulls to sleep the listeners, so that with the dawning those in pain forget their sorrows, as men awake from slumber, bright and calm, desiring no other happiness. From exile they return to peace, freed from their spells on the woe and width of the ocean by the voice of the Christian bell which they hear

with dim amaze, and their long solitary sorrows relapse
into a memory. On their downy robes being faded they
regain their human shape, and are baptised and die, their
faces filled with joy, radiant with glee and gladness, gazing
on the heavenly spaces with eye bright and silvery. And
I often fancy when I recall St. Clement's, where Iain
Ghobha's remains are lying, as evening bids to musing on
the tower and broken bell no longer summoning to prayer,
it is one of those liberated voices I hear rising with greet-
ing of the spirit into grave harmony by the rocks of Harris,
accordant with the far immeasurable vibrations of the un-
resting, unfathomable Atlantic.

Rodel, where in 1790 the saint was born, is within
sight and near hearing of the sea. From time immemorial
the generations have there rested, life's fret and fever hav-
ing failed. An Augustinian priory, which took the place
of an ancient Culdee cell, was here founded at an early
period, on a site which has in it something dreamy and
attractive beyond what the meditative wanderer easily meets
elsewhere. It is only a sheep that here and there breaks
the stillness of the grassy knolls, or else a cow or two
browsing on the raiment of the rocks. The waste billows
of the Minch break in upon the eye. The only sound to
interrupt the quiet intervals of its hoarsely intermittent
murmurs round Cuidistin, Oircilean and Vallai—the islet
rocks at Rodel—is the scream and shriek of the sea-bird
as it scuds the surface of the surge soon to spend its
strength upon the shore. At evening, the grey rocks of
gneiss, hummocky by the ice-action of ages, oft exchange
their cold neutral tint for hues of sombre gold and emerald.

There is always the all-sufficing music of the sea, on which the sun sets and sinks in splendour, lifting the heart "to cloudless skies aboon." Or if one passes the farm of Rodel, alongside of Loch Hoisegearry to Coire Roineval, the ascent is made between the hills of Strond and Rodel (Roineval Shrannd agus Roineval Rhodail), to a height of 2,662 feet, whence one readily surveys the bays and promontories of the Isles. *Dal*, and *bost* (Nisibost, Torgabost, Seilebost), and *vat* (Loch Chistevat, Loch Steisavat, with Loch Langavat, three miles long), pass in succession before the eye, testifying to the presence of the Norse, whom the hill-fort of Dun Bhuirbh was erected to oppose. To the east is Skye with its purple peaks: to the west, Scarista, where Aulay Macaulay, great grand-father of Lord Macaulay, was once minister. It was this same minister's son, Kenneth, who wrote the History of St. Kilda* (1764), an isle whose giant rocks are laved in light on the extreme western verge of the horizon. As the sun goes down on the foaming fields of ocean there are few places in one's native land where one is more fittingly put in mind of the Ossianic apostrophe in Carraig-Thura:—

> An d' fhag thu gorm-astar nan speur,
> A mhic gun bheud a's òr bhuidh ciabh?
> Tha dorsan na h-oidhche dhut rèidh
> Agus pailliun do chlos san iar:
> Thig na stuaidh mu 'n cuairt gu mall
> A choimhead fir a's gloine snuaidh
> A' togail fodh eagal an ceann

* This work had the honour of translation into French under the title—Histoire de St. Kilda traduite de l'Anglois. Paris 1782. 8vo

Ri t' fhaicinn cho aillidh na d' shuain,—
Theich iadsan gun tuar o d' thaobh
Gabhsa cadal ann ad chòs a ghrian !
Us till o d' chlos le h-aoibhneas.*

Harris itself, the southern and more mountainous part of the island of Lewis—rendered peninsular by Loch Resort and Loch Seaforth—is nearly sub-divided into two by Lochs Tarbert East and West, which approach so near to each other as to leave an isthmus of only a quarter of a mile in breadth. Numerous islets surround a coast deeply indented by the sea, and owing to this the breadth of the island is very variable, about 7 miles upon an average. One who sails past would not be prepared to find so many people struggling for a living amidst the the rocks where there is scarcely sufficient soil to permit of the burial of the dead. And yet there are no people who have more interested the Medical Officer for the County. "Their piety, their industry, their peacefulness, their struggles to exist on the rocky bays"—are, all of them, features which attract the attention of the stranger. As seen from the Minch, the series of bare rocks which go to form the peninsula present such an appearance as to have won for them the name of Harris, Na h-Earadh, Na h-Earaibh, *i.e.* the precipices or the heights. In its extreme

---

* Hast thou left thy blue course in heaven, golden-haired son of the sky ? The west has opened its gates ; the bed of thy repose is there. The waves come to behold thy beauty. They see thee lovely in thy sleep ; they shrink away with fear. Rest in thy shadowy cave, O sun ! Let thy return be in joy.

MACPHERSON.

length the peninsula measures but 18 miles, and yet on the rough path which leads from Tarbert to Rodel one passes many townships. The scanty patches of fertile soil, interspersed between the rocks and the bogs, is cultivated on the system of lazy-beds, wheresoever native industry can in any wise be exerted. On the eastern shore, as one goes south from Tarbert, there is but a succession of creeks, crevasses, rocks and quagmires, *rudis indigestaque moles*. But on reaching Rodel the eye is soon relieved, the monotony of rock gives place to a rare amenity and charm. The landscape here, with soil of rich loam, broadens into the vale which gives its name to Rodel (Rogha-dal) *i.e.* the choice dale. On this leafy dell there rests the power of the mountains, that subtle calmness which the sea begets in still hearts, a love of man-kind, soft-born, measureless like light. Here, too, the living meet, and men may muse of the changed sleepers who fill up their liquid rest in deep forgetfulness of ill. No wonder the saint drank deeply of the spirit which had helped to form the environment of his early childhood. At play in happy boyhood he here skipped among the hayfields and the hills, or anon went fishing along the shore with a success foreshadowing the glory of his manhood when, like John of Galilee, he should be a fisher of men. The place was well fitted to awaken his thoughtful mind to a sense of the Divine Power which had its thought embodied in the Priory of Rodel. From a hoary past an impressive voice spoke to him its abiding testimony to things of the highest value. And on this spot a human soul like yours loved and suffered and triumphed. Here again a poet sculptured the conflict of the soul against the onslaught of passion till Psyche drank the waters of oblivion and forgot all her sorrow. Little wonder one mourns the memory of a great man whose serene mind re-lived the mythos of the fallen soul suffering till it is re-united with the Love Everlasting, and uttered it in high art, under a form of beauty capable of affecting an earnest class of people liable to remain untouched by more ordinary designs. From the anvil of his mellow and human heart come notes of resolved pain and of liberated discord—an Hephaistos which is not in Lemnos.

The exact date of the foundation of the religious house of Rodel it is impossible to trace for want of authentic historical records. The wind sobs through the withered alders in the church-yard as if in sorrow for the sleepers, moaning round a tower which bears traces of a vanished age, the work of hands on which the centuries have rested, the years antecedent to St. Andrew and prior to St. Clare, days which Roslin knew not when far in its depths of twilight gleamed 'every rose-carved buttress fair.' A pre-Christian temple, dedicated to the Sun, existed here from primeval times and a relic of such worship may be traced in Bernera where is the Circle of *Clach na Greine*, the Stone of the Sun. And even within living memory the corpse of the dead was borne thrice sunwise round the church of Rodel, a custom to which the late Dr. Morison was an eye-witness. Earlier still one might have seen a husband, with his wife following behind him, surround his dwelling-place three times sun-wise, both chanting a bed-hymn, and carrying mouldering embers of hearth-fire in their hands.* Divine honour was also paid to the goddess

---

\* *cf* Strabo's account of the Persian Fire-Priests of Cappadocia.

Brigit, the Athene, in some respects, of the Celts,† a trace of which survived in the word 'Kilbride,' the name by which the parish was known long ago. The recurrence of this name within the Celtic area points to a cultus somewhat widely spread, just as in Greece there were eight or nine towns which bore the name of Athens. Further, in Cilligray, is *Teampull na h-Annait*, near which is *Tobair na h-Annait*, the well of water in which the worshippers of Annat purified themselves. The name Annat is met elsewhere, as in Groam of Annat, near to Beaufort, where was a central shrine for the districts of Bruiach, Culburnie, and Fanellan, with their remarkable religious remains. Annat-land, in Mediaeval times, land sacred to the Church, was, of old, the land of the Temple of Annat—the Celtic Aphrodite, and we read in Strabo (p. 733) of extensive land possessions belonging to the Temple of Anaitis at Komana. One is tempted to suggest a parallel, perhaps a connection between this Anaitis of the Phœnicians (the Persian Anahit, the Carthaginian Tanit) and our Annat of the Celts. For if, according to Curtius, contact with the Semitic peoples was of superlative influence on the growth of the early transitional Pelasgo-Greek mythic hierarchy, a similar contact between Semites and Celts might be argued for a still earlier time, perhaps in the age successive to the Celtic severance from the parent stem, before that of Greeks and Latins, according to the same learned authority,

---

† *cf* Gael. ain, ail, ailt, ain theine, ailt theine. fire, ember of fire, Athene, the lightning-heavenly-fire goddess, sprung from the cloven head of Zeus, the sky-god. *v.* Schwenk: Mythologie der Griechen s. Athene.

and before they finally left the western parts of Asia, on their great migration into Europe directly, and perhaps also by way of Africa. In addition to these, *Teampull Ché* (Greek Gē, Gaelic cé, the earth, cruinne cé the round globe) in the Isle of Taransay, was dedicated to Mother Earth.

St. Clement's Tower (Tur Chliamain), of older date than the church, must have been erected at a period when the missionaries, finding it necessary to conciliate popular feeling, spared the emblems of phallic worship which have been stuck in at random at one or other of its several restorations. Among other symbols, the observant eye notices the figure of a horse's head above the eastern doorway of the church. Being held sacred, it would have been placed there for preservation, serving to remind a later age of the Horses of the Sun which so touchingly adorned the eastern pediment of the Parthenon. Among the Gaels, the horse is sacred to St. Michael—

> Michael mhin nan steuda geala
> A choisinn cis air Dragon fala.
>
> White-steeded Michael who gently
> Subdued the Dragon of blood,—

and such an embodiment in sculpture, in conjunction with the Reliques of Celtic Saga, is well fitted to fill the mind with pathos at the kinship of the Celtic and the Greek spirit.

It was on this foundation of solid rock, when the centuries were yet young, that a Christian edifice was erected, at first of simple design. In course of time, it became dedicated to one of the Clements of Rome, or it may even have been founded by a missionary of the name of Clement, sainted by the courtesy of later ages. The exact Clement tradition has long failed to identify, but, at any rate, down till last century, it was customary with natives of Harris to swear by Cliamain Mor Rhodul, the great St. Clement of Rodel. The chartularies of the Priory seem to have been lost during either one or other of the fierce descents of the later Norsemen who pillaged the library of Iona, or else during the ravages which may or may not have necessarily accompanied the Reformation. An early notice is found in Donald Munro, High Dean of the Isles (1594), who relates that 'within the south part of this ile lyes ane monastare, with a steipeill, quhilke was founded and biggit by M'Cloyd of Harray, callit Roodil.' Why it should have been held to have been founded by the Macleods of Harris is not clear. What the historian finds is 'the personage of Roidill in Hereis' among the 'teinds and personages belonging to the Bishop' in the rental of the Bishopric of the Isles and the Abbacy of Icolmkill, drawn up in 1561. The Outer Hebrides, with the number of five large islands correctly given, are mentioned in Adamnan as being two days journey from the Caledonian promontaries. And the Christian Institution of Rodel is more correctly regarded as representative of the Culdees who devoted their lives to the practice of the mind of Jesus, until, pent up within the walls of their collegiate house, they were all but deprived of the means of subsistence by the rascalities of fierce invaders. But from its retired and inaccessible nature, Rodel would have escaped such invasions of the Norsemen as that by which, according to Professor Zimmer,* St. Donnan's monastery of Eigg was ravaged, with massacre of its inmates, so early as 617 A.D. In the circumstances of the times, it gradually came about that the religious, having placed themselves under the protection of King David I., were relieved of their necessities from the revenues of the Abbey of Holyrood, and a claim founded by the Holyrood Canons Regular of St. Augustine, which they made good when the Kingdom of the Isles became finally incorporated with the Scottish Crown.

Owing to the close relation of the Celtic Abbacies to the the National Patriarchal System, Rodel may have been built in part by one of the Chiefs of the Macleods. Buchanan's statement as to the monastery having been built by Alexander Macleod of Harris finds somewhat of support from a tablet inside the Church. Its Latin inscription is to the effect :—

Aedes has sacras atavorum suorum pietate Deo et S. Clementi olim dicatas postquam mutatae religionis furor, omnia undique miscens et vastans adjuncta fratrum et sororum coenobia solo aequasset, ipsisque his muris jam plus c.c. annos nudis et neglectis vix pepercisset, restituit et ornavit et postea igne fortuite haustas iterum restauravit, Alexander Macleod de Herries A.D. MDCCL XXXVII.

"This sacred edifice, the very walls of which had been

---

* Heinrich Zimmer *Ueber die frühesten Berührungen der Iren mit den Nordgermanen* in Sitzungsberichte der Königlichen Preussichen Akademie der Wissenschaften zu Berlin. 1891. Bd I. pp. 279-317.

scarcely spared through the fury attendant upon religious change, which in its universal pillage devasted everything, and levelled the adjoining convent of friars and nuns to the ground, consecrate by the piety of his ancestors in former times to God and St. Clement, after having been for now over two hundred years roofless and neglected, was repaired and adorned, and after having been accidentally destroyed by fire, was restored a second time by Alexander Macleod of Herries in 1787 A.D."

It was this same Alexander of the Mansfield East Indiaman, who, having purchased the estate of Harris in 1779, erected in Rodel churchyard the tablet to his father's memory with the following interesting inscription:

"To the memory of Donald Macleod of Berneray, son of John, Tutor of Macleod, who, in vigour of body and mind, and firm adherence to the principles of his ancestors, resembled the men of former times. His grandfather and grand uncle were knighted by Charles II. for their loyalty and distinguished valour in the battle of Worcester. When the Standard of the House of Stuart, to which he was attached, was displayed A.D. 1745, though past the prime of life, he took up arms, had a share in the actions of that period, and in the battle of Falkirk vanquished a dragoon hand to hand. From this time he lived at his house in Bernera, universally beloved and respected. In his 75th year he married his third wife, by whom he had nine children, and died in his 90th year, the 16th Dec., 1783. This monument was erected by his son, Alexander Macleod of Herries, Esq."

Further back, the church was repaired by Alastair Crotach, (d. 1546) *i.e.* Alexander the Hump-backed, of whose grand-daughter, Mary Macleod, there is a tradition at once interesting in itself, and on account of the poet's ancestral connection with the Macleods of Harris and Dunvegan. The tradition is to the effect that Mary Macleod was at the Court of Mary Queen of Scots, and composed the popular ballad 'The Queen's Marie.' Doubtless the history of the poem is obscure, but if we make allowance for the accretions to oral tradition, and the variations on this particular ballad, it is not impossible that the composer may have been Mary Macleod. There are several current variants of the verse –

> 'Last night there were four Maries,
> To-night there be but three,
> There was Mary Beaton, and Mary Seaton,
> And Mary Carmichael, and me.'

But the ill-fated subject of the poem was not necessarily the authoress. A member of the Queen's household for some years subsequent to 1562,* Mary Macleod, on the death of her first husband, Duncan Campbell of Auchinbreck, became wife to Macneill of Barra, and possibly through the issue of this marriage the poet derived his asserted ancestral connection with the House of the Macneills.

But, whatever weight be given the above tradition, there is no possibility of doubt as to the poetic genius of two other connections viz: Mairi Nighean Alasdair Ruaidh (Mary, daughter of Alexander the Red) and Mairi Ghobha (Mary Morison). It is not possible, from want of documentary record, to say how closely both are related to the poet.

* v. Mackenzie's History of the Macleods p. 41, et passim.

and to each other. Mary Ghobha, tradition asserts, was a near relative of Gobha Mor Stangrigearridh, the Strong Blacksmith, and attained to notoriety for her keen wit as a poetess. Mairi Nighean Alasdair Ruaidh, chancing one morning to meet Mairi Ghobha, indulged her poetic vein to this effect :—

> Failt ort fhein a Nic a Ghobha
> S tu air fàs cho odhar riabhach.

on which Mairi Ghobha made answer in the celebrated repartee :—

> S tusa bha gu lachdunn odhar
> Ged bhiodhte ga do thodhar bliadhn.

—the satire being levelled at Mairi Nighean Alasdair Ruaidh's yellow complexion (bian buidhe). This same Mary Macleod was poetess to Iain Breac Macleod, sixteenth chief of the Macleods, who had as his harper the Clarsair Dall. Mairi Nighean Alasdair Ruaidh attained the great age of 103 years (1590-1693). Her Gaelic poems are unsurpassed poetic classics; on reading them one involuntarily remembers she was comtemporary with Shakespeare and Milton. Her greatest extant efforts are eulogies in praise of Sir Norman Macleod of Bernera, and his eldest son John, father to Donald Macleod of Berneray, whose 'firm adherence to the principles of his ancestors' is commemorated on the inscription alreaded quoted. The poetess must, thus, have composed as late as the Battle of Worcester (1650), in about her 60th year, that particular eulogy which occasioned her exile from Dunvegan. If tradition be credible on this point the poetess was daughter of a

Chief and sister to a Chief; but whatever her relation to him who ordered her banishment to Mull, on her death-bed she was seized with qualms at having forgiven him, and specially for having, on being released, composed a song in his praise. As punishment and penance, she made a death-entreaty (còrachd) that she should be buried face downwards in token of the ignominy which would for ever consume her conscience, although she slept in Rodel of her ancestors, the idyll of her heart.

Tradition, however, goes further back and speaks of the poet's progenitor as living in Pabby (Pap-ay) *i.e.* the Pope's isle, on account of the products of its fertile soil having been in mediæval times consecrate to the maintenance of the Church. It was in such ecclesiastical connection that the name Morison (literally, Mary's son, Gaelic *Moire* and *Norse son*) originated. Tradition asserts there were two septs of Morisons, the Scandinavian and the Celtic (na Lochlannaich agus na h-Eirionnaich). The Norse sept would have the surname to be spelt with a double r (Morrison), the Celtic with a single r (Morison). Those of ecclesiastical origin seem to have given up using a crest, if tradition be credible, whereas the Norse sept used a fortress with three heads on one neck, as if to signify that no enemy could attack them unawares (mar gu 'n biodh e a' ciallachadh tha ar n-aghaidh air gach taobh). William Buchanan of Auchmar, in his " Account of the origin of the Family Surnames of Buchanan and Morrison" (1722) traces 'the Morrisons' to Maurice, son of Walter, fourth of that name Laird of Buchanan in the reign of James III. But a tantamount confession to the inadequacy of this view is made when he acknowledges that the surnames Buchanan, Macmaurice, and Morrison are 'much met with in all parts of the Kingdom.' That the name is rather of ecclesiastical origin finds, in this respect, corroboration in the entire genius of the Gael, as when Myles, *i.e.* Maol Ios, is in modern Gaelic Maol Moire.

The poet's ancestors had no connection with Fifeshire. One has to bear in mind that the location of the Morisons was at Ness, in Lewis, where the head of the Clan was Britheamh or Hereditary Judge, long before Fifeshire colonists were heard of. It is not likely, as the late Captain Thomas put it,* that 'any of the Brieves ever understood a word of English, and as the Scotch laws were never translated into Gaelic, it seems that the native or Brehon Laws must have been administered in this part of Scotland as late as the 17th century.' One of these Hereditary Judges, who lived at Tigh Mor Habost (*i.e.* the Great House at Hallstead), was an ancestral relative of the poet, and is still remembered for his cutting satire. The Judge, having once come to explain to Seaforth his refusal to pay a factor's overcharge, was annoyed by a cur of a dog, let loose at him by one of the factor's factotums. A whack from Morison's stick sent the creature a-whining, on which the factotum himself put in his appearance and gave great cheek and impertinence. The judge made some suitable reply by giving him a sound whack on the jaw. The ensuing noise brought out Seaforth himself to whom Morison explained the affair satisfactorily and finished up

---

\* *v.* Arch. Scot. vol. V. p. 366.

summarily with the following couplet, at once cutting, droll and contemptuous.

> Balach us balgaire Tighearna
> Dithis nach bu choir leigeil leo
> Buail am balach air a charbad
> S buail am balgaire air an t-sron.—
>
> Churl and cur of the lairdie,
> Twain one should not allow,
> Whack the cheek of the churlie
> And the snout of the curlie-wow!

One version traces the genealogy back to the days of Maklane of Duart, probably the chief who figures in a contract dated Dunvegan 1560, between 'Archibald Earl of Ergile, and Tormod M'Cloid, the son of the deceased Alexander M'Cloid of the Herre, as principal, and Hector Maklane of Doward as chief favourer and tutor of Tormod.' Tormad Macleod had fallen into the hands the French, but must not be confounded with David Macleod who went to France and settled in the Duchy of Lorraine in 1560. David's family became represented by Jean Nicolas de Mackleot, Signeur de Terreigne, Pierville, Villa Forest et Soumazeur, before the Revolution, gentilhomme du Roi. Tormad Macleod, on the other hand, was rescued from the French, and Maklane of Duart, tutor of Macleod of Harris, became bound to recover the patrimonies, of 'Here, Twedes, and Glenelge, and all other lands. Tormad became the Earl's man and bound himself not to marry without his advice—to pay when established in Herie and Tewedess to Hector Maklane, the ward and marriage of Herie, and the Earl's expenses in his behalf to be divided between him and the Earl as the latter might arrange.' Possibly it is this Maklane who figures in the following story:

Patrick Morison, a smith in Pabbai of Harris, was such an uncommon wrestler that whoever engaged in a feat of strength with him invariably found himself flat upon the ground. Macleod of Harris, on becoming apprised of Patrick's fame, set out from Rodel with a band of followers. On arriving at Pabbai, then the property of Macleod, a wrestling bout was agreed to with the result that one after another of Macleod's men was beaten and laid flat. 'You are a valiant man,' said Macleod to Patrick, 'and seeing you have baffled the others, let us two have a try between ourselves.' 'Oh! no, no,' Patrick made reply, 'that will not do; if I lay my hands on your Honour, the result will be identical with what has happened your followers.' 'At all events,' said Macleod, 'let us try.' 'No, no,' answered Patrick, 'if I lay my hands on your Honour, you will find

---

Bha Padruig Gobha ann am Pabbai na h-Earadh s bha e na charraiche neo-chumanta. Cha robh duine dh' fhiachadh car ris nach cuireadh e'n druim ri talamh. Well, nur chuala Macleod na h-Earadh gu 'n robh e mar seo s nach robh duine 'sheasadh ris, dh' fhalbh Macleod na h-Earradh á Rodul gu ruige Pabbai le sluagh. Bu le Macleoid Pabbai cho cinnteach ris a chuid eile de 'n duthaich. Thainig fear as deigh fir do dhaoine Macleoid dh' ionnsuidh Padruig s bha e 'cur an druim ri talamh gus an d' fhiach e fear an deigh fir. "S treun an duin' thu" ars' Macleoid, "a Phadruig! tha thu cur a h-uile duine thig ugad fodhad. S ann is fhearr dhomh fein s dhut fhein cur fhiachainn ri cheile." "Cha 'n fhiach, cha 'n fhiach" osa Padruig, "cha dian sin an gnothuch. Mu chuireas mise mo lamhan umad, Mhicleoid, ni mi ort ga rireabh mar a rinn mi air a chuid eile dheth d' dhaoine." "U fiachaidh sinn cara ri cheile, a Phadruig."

your back where your feet should be, and that will give
you annoyance.' 'Whether or not we shall have a try.'
Then Macleod and Patrick wrestled with one another, and
Patrick flung the chief upon his back. On perceiving this
Macleod's henchman drew his sword and stabbed him to
the vitals. Macleod, seeing his opponent's life ebb away,
exclaimed, 'what made you do that?' whereupon the
henchman, perceiving his master to be exceeding wroth,
took to his heels. 'Hold him, hold him,' exclaimed Mac-
leod, 'and knock off his head.' As the henchman was
fleeing, with Macleod's men in pursuit of him, he came by
a precipice where he found it impossible to draw up, so
that he was dashed to death upon the rocks.

This same Patrick had one son whom Macleod brought
back with him to Rodel and reared as one of his own.
So far as food, clothing, and education went he was treated
as one of the Macleod family, until, in course of time, he

---

" Cha 'n fhiach, cha 'n fhiach, mu dh' fhiachas mise riut cuiridh mi
do dhruim ri talamh s cuiridh sin tamailt ort." " Tamailt ann no
tamailt ás fiachaidh sinn cara ri cheile." Chaidh iad an carabh a
cheile s chuir Padruig druim Mhicleoid ri talamh. Nur a chunnaic
fear dheth na daoin aig Macleoid seo, tharruing e 'n claidheamh s
shàth e 'm Padruig e s mharbh e e. Thubhairt Macleoid: gu de
thug ort sid a dhianamh? s nur chunnaic an duine gu robh fearg air
Macleoid theich e. " Ruithibh as a dheighidh" os Macleoid, "s
tilgibh an ceann dheth." Bha Macleoid diombach. Ruith iad-san
ach theich e-san. Thainig e air bearradh creige far nach robh doigh
tionndadh aige s chaidh e leis a chreig.

Bha aon ghill' aig Padruig s thug Macleoid leis a Rodul e. Thug
e stigh dha theaghlach fhein e s thug e suas e an aodach, am biadh s
ann am foghlum mar aon dheth theaghlach. Thainig e air oghart

so grew in the confidence of the Chief that the entire management of the Harris estate passed into his hands. About this same time, the laird of Coll (or of Duart) used to visit at Rodel, and Macleod used to visit him in return. They were both on terms of intimate friendship. When Maclean (Maklane) came to Rodel, he was generally accompanied by his two daughters. On one of these occasions Macleod said to Patrick : 'it is time you were now setting up house on your own account, and getting married. 'I do not know,' said Patrick, 'whom I should marry.' 'There are two lovely maidens in your presence,' retorted Macleod, 'which of them do you prefer.' 'I well know which I would choose,' said Patrick, 'but I am not so sure that the same would choose me.' On hearing this, Macleod said to Maclean -"are you willing to give Patrick the daughter of his choice, as his lawful wife, provided she herself be willing?' 'I am quite agreeable,' said Maclean, 'in case

---

mar sin s gur h-e bha riaghladh na h-Earadh uile eadar Rodul s Maol na h-Earadh (na Bàigh, a' Mhachair s na Beanntaibh Seilge). Nise bhiodh Tighearna Cholla (na Tighearna Dhuairt) a' taghal air Fear Rodul s bhiodh Macleoid a' taghal air-san. Bhiodh Macilleathain to'airt leis a Rodul dithis nighean bh' aige. Là dhe na lathaichean thubhairt Macleoid ri Padruig : tha 'n t-àm a nise dhut rude:gin a dhianamh air do shon fhein s bean a ghabhail dhut fhein. Osa Padruig an uair sin "cha 'n fhios agam c' ait an teid mi dh' iarraidh te." Orsa Macleoid s e freagairt : tha dithis mhaighdeannan sgiamhach fodh do chomhdhar an seo. Co dhiubh is roghnaiche leat? "Tha fios agam co te dhiubh a roghnaichinn" arsa Padruig, "ach co aig tha fhios an gabhadh i mi?" An sin thubhairt Macleoid ri Macilleathain : bheil thusa deonach an te seo a roghnaicheas Padruig thoir seachad dha mar mhnaoi ma bhios i fhein deonach air? Fhreag-

she herself agrees to it.' Then Macleod and Maclean put the question to the girl herself, and she consented on condition, if there should be issue, in case there were two sons, that one of these should be a smith and the other a clergyman the smith's income to be paid him by the tenantry in kind. Events happened as she wished, and in this wise the hereditary Harris smiths trace their descent through him who was a blacksmith, and the name Patrick continues in the family to this day.

The family were thus divided between the pulpit and the forge. The one son was progenitor of the hereditary smiths and armourers to Macleod of Harris; the other of the clerical line whence was sprung Roderick Morison, An Clarsair Dall, 'one of the last harpers of the Western Highlands.'* Roderick, who was destined by his father to study for the Church, lost his sight through small-pox while at school in Inverness along with his two brothers, one of whom attained to fame. Several of his poems are still extant, but he excelled as musician—a profession he had to adopt by reason of his blindness. He was Scotland's last great harpist. 'No

---

air Macilleathain gu robh lan thoilichte nam biodh iad fein toilichte. Chuir au nair sin Macleoid agus Macilleathain a cheist rithe fhein s dh' aoutaich i air chumhnant nan tachradh gu 'm biodh sliochd eadar riutha agus gu 'm biodh dithis mhac ann gu 'n dianadh iad gobha dheth 'n dara fear dheth na mhic agus ministeir dheth 'n fhear eile agus gu 'n tigeadh cain na duthcha steach dha 'n fhear bhiodh na ghobha. Thachair mar a lughaic i e. S mar seo thainig na goibhnean bho na mhac bha na ghobha s lean Padruig ann sau teaghlach gus an latha 'n diugh.

* Sir Walter Scott's *Waverley* (ch. xvii).

harp,' said Lord Bacon, 'hath the sound so melting and prolonged as the Irish Harp'; yet it was contrary to the practice of an earlier time that a Scottish Celt should go to Ireland to perfect his musical attainments. Doubtless, Galileo, father of the great astronomer, in his Dalogues on Ancient and Modern Music (1582 A.D.) acknowledges the fame of Ireland: -"this very ancient instrument (*i.e.* the harp) was brought to us from Ireland, as Dante has recorded (c. 1300 A.D.) where they are excellent made, and in great numbers, and the inhabitants of which island have practised it for many centuries." Still, Giraldus Cambrensis was aware the Irish at an earlier period came to be trained in the minstrel halls of Celtic Scotland. In the Clarsair Dall's days, however, the opposite was the case, and it was only on his return from a prolonged sojourn in Ireland that Roderick Morison was appointed Harpist to Iain Breac, sixteenth Chief of Macleod. Like this famous relative, John Morison had the highest musical endowment, as his melic poems evidence. Though he did not follow up his practice on the violin, he could listen to good playing with enjoyment. But he always disapproved of miscellaneous gatherings wherever the company could not be found to attain the standard necessary for edifying social intercourse. The bagpipes he also liked with the significant qualification:—(mar bi miar ghlan air piob chiuil b' fhear leam bhi 'g cisneachd roiceil nam mucan) -unless a piper's fingers are deft I'd sooner hear the skirling of pigs.

The Hereditary Armourers of Macleod were noted for their strength. The poet's great-grandfather, the Strong Smith of Stangrigearry near Scarista was famed for his strength and known far and wide as Gobha Mor Stangrigearraidh. He was out and away the strongest man of his day in the Outer Hebrides. Once a set of satirical poets, (A' Chleth or A' Chliar-theanchainn) who tramped about as practical reevers of the country, called at his house when he was from home. Had there been trees in Harris there is no saying what might have arisen; perhaps, like Burns's ancestor,[*] Campbell, the Strong Smith might have had to flee the country, and, with every probability, John Morison would have occupied a different position in the history of Scottish poetry. The Cliar-theanchainn were poets who dealt in satire (foclan-geoir, aoireachd, scaitearachd)—a debased offshoot of one of the Celtic Bardic Orders. On coming to a house this set would satirize the inmates, and unless paid tit for tat, with a telling hit against them, they had the right-of-quarters, if the household could afford it, for a year and a day. By the middle of the seventeenth century, owing to their own conduct, this low set of satirists justly fell into discredit. On the occasion referred to, they carried off a web of tartan from the smith's wife. The smith, however, met them at Nisibost and recognised his own property. His blood rose; he fought successfully and combated the whole band. The man who came off with head unbattered was sure to have his legs shattered (fear nach pronnadh e a cheann phronnadh e a chasan).

And the poet inherited his ancestor's strength. He was not given to wrestling or to vain feats of physical exhibition;

---

[*] v. Mr. Carmichael's interesting account of Loch Etive, the Sons of Usnach, and the genealogy of Robert Burns—to be published shortly.

the anvil alone knew the vigour of his arm. Pieces of hardest ash which none else could bend, with a moderate exertion he could break.† He never lost a tooth, but about his sixtieth year his over-exertions wore and wasted him, and the seeds of rheumatic fever got rooted in his constitution. His personal appearance was singularly fine. In the contour of the head he is said to have resembled Dr. Candlish, in whose church in Edinburgh he gave an address in English to the satisfaction of an overflowing audience, during his tour in 1851. Though sometimes spoken of as An Gobha Bàn from his fair complexion, his hair was of a brown tint and never had a trace of grey. Soft lucent eyes under noticeable eyelashes, eyes of mirth and warmth, beamful of bliss,— suilean sona gradhach, betokened a mind in which genius and gentleness were mingled. With change of light their expressive and lovely hue verged upon deep brown. Of about 5ft. 8in. in height he seemed of smaller stature on account of his great breadth of shoulder which imparted a remarkable pose to a person so exceedingly symmetrical that he might well have realised the canon of Polykleitos. On serious occasions he dressed in brown frock, blue breeches and beaver hat (casag dhonn, briogais ghorm, ad mholach dhubh), somewhat after the manner familiar at the beginning of the century in the typical figure of Sir Walter Scott. His constant sportiveness never detracted from his dignity; one always found him the same,— a man

---

† Bha gairdean griomail cruaidh aig s cha robh fhios riamh aig duine ciod an neart a bh'aic ach an t-òrd mor. Cha bhiodh e ri gleachd ach aig àm dearbhaidh chitheamaid e. Bhriseadh e an t-uinnseann, le cothrom, aig aon bhuille.

gnomic and divinely wise with the charm of blended loveliness. Feared in his rebuke he was a man terrible to whosoever was ill-disposed, yet revered for his mildness and kindness withal. To the good he was gentle, serene and tender, always the same Iain caomh, an t-urramach mor, giar, geairrte, gradhach—ceanalta, còir, comasach. He completely answered to his own portraiture of Dr. Macdonald:

> A lion in strength as to feature
> Whensoe'er with the wicked he warred;
> A face humane as to reason
> Showed a man that no weakness had marred:
> In mien a lamb as to meekness,
> He exemplified charity's law,
> His flight was an eagles and freely
> To the depth of God's heaven he saw.

The poet was entirely self-educated. In Mr. Mackie's School at Rodel he passed one month which was all the schooling he ever got. But he was by nature endowed with a marvellously retentive memory, of such an exact order that he forgot nothing, while he learned everything with ease. With what facility he learned English during a short stay in Edinburgh may be seen from his letters, and from specimens of his English rhyme. He always went on educating himself, till latterly he wrote Gaelic and English fluently, and it is said he knew somewhat of Latin. A trival and flighty judgment cannot possibly do him the justice here which is his due, but there is no reason to doubt an appreciative verdict from those accustomed to the difficulties of really mastering a foreign tongue. Though he had but few occasions for using English, he continued the study of it with the help of Walker's Dictionary. Dr.

Mackintosh Mackay, an acknowledged scholar who knew him well, writes that the poet's "acquaintance with the English language, though seldom spoken by him, was striking. With the history of his country he was well acquainted, and his knowledge of several of the sciences was not inconsiderable. Whatever was once read by him seemed at once imprinted on his memory; and his quickness of perception made mental property to him of whatever his reading described. The principles and construction of the steam engine, for instance, were familiar to him before he had ever seen one; and the writer of this does not doubt but, with the necessary facilities, John Morison could easily have constructed one. Hours have we spent with him, though amidst more serious and solemn converse, listening to his suggestions for the improvement of railway engines, by which he supposed they could be made to ascend the steepest acclivities with comparative ease." He might have heard the news of the battle of Waterloo ringing on the streets of Edinburgh, whither he had gone to learn veterinary surgery at the instance of Macleod of Harris, some three years after Donnachadh Bàn was laid to rest near where the martyrs' dust is lying in Greyfriars 'So gleg was he in the uptak' that his master marvelled as to where he had learned his trade, and confessed he had little further to teach him. Apropos of this there is the following letter:—

Leacli, Harris.<br>13th July, 1848.

MY DEAR SON,
Yesterday evening I received yours of the 23rd June wherewith I was happy to learn that you were well in health

at that time in which state this leaves us at this time. I regret much that I am hurried by the Bearer Norman Macleod being for off this day so that I cannot write you at any length at present. I hope you have safely received the things and letter sent you per Donald Macaulay for which I was displeased at you when you did not write me by him who was coming straightway so near us. As for the stallions which you mention you have good cause under Providence to take good care of yourself towards them. I would not advise you at all to cast any of them down with rope and hopples at the time of shoeing them but first get a proper twitch made of good, tough, raw skin and have it two-fold reeved through the twitch staff and let the staff not be too long. Do not attempt to reduce and manage the animal within the smithy but in some other convenient spot where you can have room so as not to endanger yourself or the horse. If, through its leaping on its forelegs, you find difficulty in fixing your twitch without a proper hold on the nose, get a gurn put in its lower mouth; let the rope be strong enough and long enough, but not very thick; tie the middle of the rope in the mouth, avoiding the tongue; bring the two parts of the rope within the fore-legs, below the breast, crossing the rope above the whirl-joints on the back, getting the two parts against each other below the tail so as to draw the head towards the breast to prevent its leaping high on its fore-feet and then chide with him by the twitch, gently knocking the twitch-staff with the haft of your shoeing claw-hammer or with the handle of a short whip until the animal is reduced to submission. Keep the gurn on the mouth and the twitch on the nose during the whole operation till he is shod. When shoeing the fore-feet take care not to allow the foot to have any hold on your thighs, keeping your face towards the horse. Keep the gurn in the mouth sufficiently tight when rasping them up; take heed not to medle with the forehead by any instrument when shoeing the nigher or left hind foot. Keep the fet-lock joint on the middle of your left thigh, allowing the foot to have no hold on you; have your face towards the sheath and keep the off or right hand foot the same way on your right thigh. If he kicks on his hind feet you should get a pair of wooden barnacles or pincers done suitable to pinch the main tendons or the large sinews on the back of the legs, to take away his support so as to disenable him to kick so strong. Let them be broad in the mouth with an hollow to admit the tendon, so that it may have the same pressure on the tendon, and *between* the tendon and the legs, something thus. (here a drawing of the pincers). Use patience and discretion, and you shall cause him to sit on his buttocks at last by using the twitch properly, but remember to act in nowise beyond the usual way without the leave or permission of the factor, or any other to whom they are entrusted. In the event they may choose to cast them down on the ground, I suppose you have seen that performed by myself formerly, but, if not, you will take a strong, long, new soft rope, hold it in the middle and put the two parts together, knot it below the neck, putting a wisp of straw in the knot to prevent danger, not giving it either too much or too little width, and draw the parts outside above the plates, keeping the above bight near the withers and drawing the two parts within the hind feet, turning them round between the fet-lock and the heels, and secure them in the bight above the neck, first very gently until the horse begins to start, and then let the men on the rope-ends draw them very quickly so as to prevent much struggle. When the horse is got safely on his back, you may fold the rope round the hind legs and withers as you choose. Whether they take this method or choose to make a straight jacket, it is your part to allow them their choice.

If you cannot understand what I say, give the perusal to Mr. Campbell and he will make you understand it if he can all make out this scribble. Mary is moving about but complains much of palpitation. Angus' hand is nothing better; he went to Uist, yesterday, to see Dr. Macleod about it. I have in view to go to Stornoway myself as possible, if spared, though I cannot say how soon.

That the Lord may give you wisdom and instruction, and lead you in the path of temporal and spiritual duties, preserve and defend your soul and body, is the prayer of your affectionate father,

JOHN MORISON.

P.S. Remember to write me soon; inform Mr. Kenneth MacKenzie that Robert is very well in health. J.M.

At the same time he proved his ingenuity by making artistic spinning-wheels of unique design, and locks on the Chubb principle which everybody failed to open. Locks constructed for special friends had to be returned as useless till he re-forwarded them accompanied by a letter of explanation. In imparting to ironwork of all sorts a finished surface none could surpass him. His designs always combined economy of material, with exquisite symmetry and strength.* For 23 years he unremittingly worked as a smith, and whensoever the wells of poetry were opened up in him, so inclusive was his genius that his workmanship was invariably the better of it. For the needs of the then population of North Uist, Bernera, Cilligarry, and Harris, his smithy had four forges. Once, as he wrought a particular piece of iron to his fancy, he said, 'is mairg a shamhlaicheadh ris a bhean bhuirb thu,' the reference being to the lines which Morison of Bragar had once used so fitly:

> Bhi fadadh teine fodh loch,
> Bhi tiormachadh chloch an cuan,
> Comhairl tho'airt air mnaoi bhuirb
> Mar bhuill' uird air iarunn fuar.

---

* This was acknowledged even by those hostile to him, whose slumbrous ease in Zion would brook no awakening. About a certain Whitsuntide (aig am a chomharachaidh mu Chuinguis) the ground officer of North Uist was called in as he was passing the house of Mr. Shaw, factor: "thig a stigh s gu faiceadh tu na h-iarruinn chomharachaidh s cuiridh mi geall nach faca tu aon riamh cho math riutha," ars am Bailidh, "Nach iad tha briagha, co a rinn iad?" ars a Maor—"Rinn an aon duine b' urrainn an dianamh sa' chearn seo—an Gobha—ministeir ud ann sna h-Earadh."

> Stones cannot be dried in a sea-loch
> Nor in ocean be kindled a flame,
> And sane words to a shrew are as beating
> Cold iron on the anvil is vain.

His first-rate talents for engineering were shown on an occasion when the engine of Dunmore's yacht broke down. The Earl brought workmen from Glasgow but they failed of entire success. Thereupon Morison's name was suggested and the smith was sent for from Tarbert to Obbe. Though he had never seen an engine in his life, his penetration into the mechanism was so keen that, after a few hours' scrutiny, he hit upon the necessary requisites, and having wrought them there and then, on being fitted up the yacht steamed out of the harbour.

Of delicate susceptible temperament he gave early indication. A stanza of a dialogue-ditty he composed at 18, still in popular memory, is quotable in evidence of his keen feeling, psychological insight and mastery of expression:—

> Dh' fhaodadh te bhi seirceil caoimhneil
> Blath riut an caidreamh oidhche
> S a cridh bhi ann am foille
> Fuar mar ghaoith na reota.

In about 1820, at the age of 30 he married Sarah Maclean whose father was a Maclean from Duart, her mother a Gillies from Skye. They were both worthy of each other and for 9 years they lived blissfully together in bonds of mutual recognition and of love. They had issue two sons and two daughters, viz:—Eoghan, Angus, Mary and Margaret. Beautiful, amiable and able his wife was his help-meet in every sense. Few ever were more of one mind and heart. On the death of this gentle soul in about 1829, he sorrowed as only a strong man and tender father could. For one usually so entirely silent on his own wordly position and fortunes, one sees from the revelation of his sorrow that the light of his life had gone out, that a heart so rich in large bounty would of a surety have paused were it not for the sustaining consciousness of the perpetuity and divineness of her love. The Elegy in her memory, of exquisite simplicity, has the metre of the spirit and expresses sorrow and gloom by the reiteration of the vowel sounds of a vocalic language with as masterful a tone as ever wailed the agony of a Niobe or the woe of a Cassandra. Of inevitable cadence, not a line is lifeless, and, affected by the sentiments he utters, he outpours his soul not to man but towards God. Theirs was the heavenly love which has to burn forever.

> Is aobhar dochais gu 'm fàs dheth
> Ni nach fac' thu na d' là fo bhlàth cùbhr.

But ere now the divine and the human love had intertwined in him. The highest earthly bliss is what is sure to occasion dissatisfaction with the mundane and the finite and John Morison from henceforth presents himself in a composite light. It being the essence of his mind to explore all arguments he did not think it futile to exercise his intellect inside the religious sphere. At this period the predominating note is a feeling of seeking when in 1821 he composed *An Ionndruinn, a Desiderium* characterized by that subtle infusion of the meaning and the music of language whice touches the deepest springs of emotion. It is in the truest sense 'ceol le bri.' One of the gems of the language this Gaelic poem utters the longing of the soul after a higher spiritual life, pain and weariness with the present being more acutely felt through the sancity of a pure human affection. When the rays of the Absolute Love penetrate the human mind for the first time, the consciousness of sin awakes, while the Divine Life, equally conservative and self-impartive, cannot allow of the immediate absorption of its riches without the purification of the innermost depths of the spirit. God speaks and the man learns by experience there is a love which is a consuming fire. If man's true self would live in him, he needs to die. The quiet repose of the idyll, the bliss of the finite cannot stay: man feels he has no helper. It was such a state he told of to a friend who afterwards recalled 'the deep pathos with which he recounted his own troubled and unresolved questionings on the great truths of Divine revelation. Many a day, when his spirit was thus stirred within him, did he wander in secret among the sea-shore rocks of Harris, alternately praying to Him, who, he confessed was at that time to his soul "the unknown God," and in persuing the Bible, but finding no rest.' Like as sheep grazing peacefully in Rodel's grassy dale were often scattered to and fro by dogs, he saw himself and others also as sheep without a shepherd and he sang:

> When as I did refrain for lóng,
> Age smote my bónes and sórely;
> Age smote my sóng with silent wróng
> Age smote me lóng and lówly:

Not as of yóre in weakness stróng,
Time but prolóngs my stóry—
Grief and death's bónd to me belóng,
Save Heavenly Sóng restóre me.

My heavy heárt adds to my smárt,
Like to a hárt when woúnded,
My steps abóund but still I stárt,
And fall athwárt confoúnded:
Though all aróund I seek the Híghʼst,
No one is nigh or róund me,
To smite sweet chórds upon my lyre
And so in sighs I'm groúnded.

The dove so swéet no longer gréets,
Nor lambkin bléats to chéer me;
Nor emblems déar of Him whose féet
Are drink and méat when néar me:
These though so méet to bridge deféat,
The bruiséd réed to réar me,
The smoking lint I miss, albéit
I still entréat Thee héar me.

Thick fall the clóuds along the gléns
The mists are dénsely véiling,
No pastor's zéal the missing kéns
Who o'er the béns are stéaling;
Such shepherds seréen the loss imménse,
Without the sénse of féeling;
And if one léad and leap the fénce
Dogs fiercely rénd and bléed him.

But now and yét 'tis my regrét,
That I must frét so déedless;
That vanities my follies whét
And that my stép is spéedless:
O would a slíng my hand had mét
With sword a-sét, nor méedless—
Goliath thén I'd smitten déad
Upon the héad and héedless.

My grief so kéen consumes my cálm,
I need the bálm of Gilead:
My glimm'ring líght is lacking wármth
My faint steps lácking léading;
I need the réading of the psálm,
God's guiding árm and pléading;
I need the bléeding of the Pálm,
I need the Sáviour's féeding.

Each hour and hóur I weep and griéve,
And frét in melanchóly,
That sin and fólly do decéive,
And oft beréave me whólly
Of Thee, though lóvingly I'd wréathe
My sins with léaves of hólly,
Till songs I'd wéave and sunlight bréathe
The dew benéath the ólive.

. . . . . . .

Meanwhile in Ferintosh there was one whose sympathies were profoundly stirred on behalf of a solitary people. The

c

apprehension of the world as a history of rescue touchingly moved a great imagination. Dr. Macdonald was always alive to the needs of others. He performed a service which he perceived to be a sphere of practice appointed him and his self-forgetfulness crowned him with achievement. Nominally at the request of the Society for Propagating Christian Knowledge but in reality of his own disposal, the Apostle of the North set out for St. Kilda in the year 1822. On the 7th Sept. he reached Rodel where he was compelled to put up through stress of weather. Though weary after a long and troublous voyage he preached the Holy Doctrine of the Cross. His Christ-like demeanour charmed and won the crowds. On an evening meeting having been announced, John Morison, having listened once, was anxious to hear again. Sublime eloquence of such sort he felt he could rarely, if ever, hear. When the smith asked a friend to accompany him the answer was: oh! the house will be full. "Well well, *you* need not go but I'll go should I not get past the door. Where there's a will there's a way" (Ged nach rachadh thu-s' theid mi-fhein ann ged nach fhaighinn na b' fhaide na cul na comhla. Far am bi cail bidh cothrom). The discourse was from the words: *This is a true saying and worthy of all acceptation, that Christ Jesus came into the world to save sinners ; of whom I am chief.* There was no precentor, and Morison, known as a handy man on all and every occasion, was summoned to the desk. He had a voice of singular resonance and melody- the tones in all their modulations so clear that Mr. Norman Macleod, Free Church Elder, South Uist, a personal friend, remembers that on one occasion, having been forced before the close to leave a meeting at which the smith spoke, the poet's voice was audible upon the breeze at a distance of fully one and a half miles. At the meeting referred to he was released from bonds and after Dr. Macdonald's departure he thenceforth continued it himself. Towards the end of 1822 he sang his first sacred song on a theme formerly current in the Church of Ephesus : *Awake thou that sleepest, and arise from the dead, and Christ shall give thee light.* About the same time he was enjoying the fellowship and spiritual instruction of the famed Donald Munro (1773-1830) of Snizort, on whom he afterwards composed a memorable elegy. The conversation of this blind man was greatly to his edification and profit, and so much did he esteem him that he named one of his children after him, to wit, the late Dr. Donald Munro Morison.

Through the testimony of an eye-witness one is fortunately enabled to obtain a glimpse of a movement where one perceives anxiety to apprehend and absorb the spiritual dispensation of the Divine Life. Alexander Macleod of Ung-na-Cille, writing in 1830, gives the following narrative which throws a side light upon a touching scene :—

"John Morison in Harris by trade a blacksmith was brought under the power of the truth eight or nine years ago. He is a man of uncommon powers of mind and of great prudence. After he came to a comfortable hope through grace the state of those around him fell heavily on his soul and his first attempt to spread the light of truth was by conversation. He was regarded as having the natural use of his reason greatly impaired. While some pitied him others hoped time would cure him. In course of time he began on the Sabbath to read publicly the Scriptures in his own house; and as a matter of course the people would flock about him to hear if he should say something strange. His manner at first was to sit in some convenient part of the house and read. If he came to any striking passage he would stop to make some suitable and plain remark. It was a common thing that some one more daring than another, and sometimes two and three at a time, in one voice, would encounter him. Then followed a debate with all vigour and all was attention. Sometimes he would be hard put to, which made him study the Scriptures with patient and close attention. The debate being ended he would proceed for a while until something new gave occasion for another debate. Thus were the Sabbaths spent for a length of time. These debates, altogether spontaneous, had a happy and influential effect. The people freely brought forward their objections and their ideas of things and John Morison had thus a fair opportunity of bringing the truth clearly in contact with their notions and conditions. Thus was conviction forced upon many. Opponents lost their strength, open sins began to hide their head, the voice of secret prayer might be heard here and there and Bible rule became more regarded. Having thus surmounted many and violent conflicts, heaps of abuse, gross slander and misrepresentation, and things growing quieter, he ventured out from his own home to the neighbouring villages; and waxing bolder he attacked by the weapons of truth the strongholds of Satan and the working of iniquity. The light of truth was gradually working its way, convictions were quietly gaining ground, and John, the smith, was growing in the esteem and affection of the people. Thus were things going on when in 1828 your Society (i.e. the S.P.C.K.) gave him a commission. Since then he continues, as formerly, when his lawful calling permits him, to go about from place to place exhorting and catechising. In the course of time, when those men who had received serious impressions were grown in knowledge and experience so that they might be engaged in public prayer, he organised prayer meetings wherein three or four Gaelic teachers in the island assisted him. These prayer meetings first began, I think, in 1830. At the first of these prayer meetings at Tarbert, in the open air, the number present was said to be above two thousand persons. Only contrast this meeting with the little combating meetings in his own house in 1825 or 26. Family worship was set up in each family, and all, old and young, that could lisp, were given to frequent private devotion. All were given to silence and meditation except when two or three met each other and talked seriously of their state and of the truth.

About the same time the house of John Morison was crowded at night, at time of worship, which was a new thing; and the meetings in the part of the island where he resided were numerously and closely attended. Nothing, however, took place for several weeks. After Murdoch M'Leod left the place where the awakenings were going on he came to see John Morison and at the first meeting they held the work of awakening began. At that meeting John Morison who opened by singing and praying, while reading the chapter of Scripture, was so overcome by the truth and so overwhelmingly melted that he could not proceed to address the meeting; many of the people also were during the reading of the chapter silently melted and overcome. Thus it became Murdoch Macleod to exhort the meeting, during which more were deeply melted, and others cried out in deep distress. John Morison recovering so as to be able to speak also addressed the meeting, when the impressions were heightened and rendered more general so that there was a mighty shaking among the dry bones on this occasion. Matters continuing in this way, they found cause to hold meetings every evening, Saturday excepted, and three meetings on Sabbath. It was remarkable that at the dismissing of the meetings those awakened, with every appearance of a desire to conceal themselves, would each quietly escape to the rocks or caverns in the shore, there to pour out their souls before the God of mercy. Even a stranger could now see seriousness depicted in almost every countenance and perceive that oppression of heart, under a sense of guilt and condemnation, to which a sad countenance is an index. The vain voice now gave place to the songs of Zion: jollity and merry-making to mourning for sin, prayer and serious conversation; backbiting and abuse to the provoking to love and good works and to mutual injuries frankly confessed. The Bible covered with dust, lying in some bye corner, was now brought forth from its seclusion and its leaves opened and perused with trembling hands and profound reverence. On the sabbath morning, which used to be passed in lounging on the bed, might now be seen one going to this retired corner, another to that retired corner among the rocks and another returning from the creeks of the shore, all thoughtful, serious, or going heavily. Even the children laid aside their youthful amusements and might now be seen here and there, in furrows of the field, on their little knees, lisping their supplications to the Father of Mercies."

The sense of human helplessness (Eucomas an duine) was thus gradually borne in upon the poet's mind. His self-interrogating consciousness grew upon him till like Augustine and Pascal the deep inner ruin of man took possession of his thought. The scenery with which he was familiar from childhood was not the quiet pastoral fieldbanks nor the rural seclusion from which he could not gaze upon the sea. Oft at Rodel he would have seen distressed ships in the Sound and when mist came on he would have perceived how helpless a ship is without its compass—a simile he appropriates to express the temper of his then mood:

>Sinn mar luing ann sa' chuan gun chairt iuil
>Ceo mu 'n cuairt duinn s do 'r suilibh cha leir—
>We are ships on the sea with no compass
>Our eyes gaze but around us is mist.

Was there nothing then in the wide world on which he could lay a hold if on interrogating the depths of human consciousness he believed he could assure himself the light of his own mind to be as twilight? There was. He did not find it needful that man should necessarily know everything. Something known and something unknown is the condition of all human investigation as something subdued and something unsubdued is the condition of human happiness. We are both happy and unhappy; we both know and learn. If we knew everything we would investigate nothing: if there were nothing to know we would not investigate. Knowledge is in part. And though the apprehension of the knowledge of the Divine Life is not fully exhaustible by man, while the partial knowledge we do have is conditioned by our own character to which the Absolute Life is in reciprocal relation as a Being equally apprehensible and inscrutable, that sorrow be deprived of its bitterness and sinfulness of its sting, is it not on the presupposition, he would have said, of God, as Fountain of Human Good, being revealable in the Person of an exemplar who in love's vicariousness reconciles man to Himself, while at the same time he realises Himself *through* man? God is *in* human life and there must thus be a positive human process. Every one, from the absolute point of view, has to be renewed unto the child. *Except a man be born again he cannot see the Kingdom of God.* This holy war within the soul is the theme of *The Old and the Young Man* (Gleachd an t-seann duin's an duin' oig),—a poem which 'in its subtlety of conception, its felicity of expression, and its cunning weavings and turnings of verses'* has not its like elsewhere. It serves to show of itself that 'few men ever attained a deeper insight into the human heart, and fewer still possessed equally great poetic gifts for uttering what has been seen and felt.' The Harris girls sing the original as a waulking-song to a tune which is the Celtic basic-air of 'O'er the muir among the heather.' The subject is the

---

\* *v.* Nigel Macneill's *Literature of the Highlanders,* p. 321.

putting off 'the old man with his deeds' and the putting on of 'the new man which is renewed in knowledge after the image of Him that created him.'

"The new man in my bosom reigneth,
Where still his ground the old maintaineth,
O that the Old were mine no longer!
And that the New were dearer, stronger.

The Old from Adam I inherit,
His nature and his deep demerit;
The New from Heaven's grace-Revealer,
In whom I find my blessed Healer.
 I hate the Old who works disaster,
 I love the New, a gracious Master.

The Old Man's power has depraved me,
And by Satan's help enslaved me;
But the New has kindly sought me,
And salvation free has brought me.
 In the dust the Old Man soiled me;
 The New has washed from him that foiled me

When first the New my state regarded,
He found asleep the Old unguarded;
And when the New with power hailed him,
Then all at once the Rogue assailed him.
 When by his spear the New unveiled him,
 The Old Man fiercely armed and mailed him.

The struggle started, dark and raging,
Keen lances drawn were fast engaging;
The Old received a fatal crushing,

Through which his life-blood has been gushing.
    The Old lies wounded and inglorious,
    The New stands over him victorious.

Since then no harmony can bind them,
In discord dire you ever find them:
No common fare their spirits nurses,
The New gives blessings, the Old his curses.
    The Old delights in brutish folly,
    The New in holy virtues wholly.

Their ways are mutually repelling,
Though living in this sorry dwelling;
But this poor tent will be demolished
When all its sin is gone—abolished.
    The Old a cunning soul-constrictor,
    The New at every step a victor.

They cannot walk as friends like others,
Although they seem so like twin-brothers;
There will be conflict and disorder
Through all the march to death's dark border.
    The Old remains a filthy waster,
    The New a pure and holy Master.

The Old is foolish, the Untrue One,
The Ancient of the days my New One;
The Old, that in his evil reigneth,
A footstool to the New remaineth.
    The Old his power is forsaking,
    The New One's might is but awaking."

**Translated by Nigel Macneill in the *Highland Magazine*, p. 231-232.**

In 1830, Dr. Macdonald revisited Harris, to the poet's great delight. 'Some one,' he confided to Macintosh Mackay, 'came one evening to the smithy where I was hard at work at the anvil and mentioned that Dr. Macdonald was come. I tried to subdue my emotion; and I longed for the absence of the messenger; and whenever the messenger had gone I ran to the smithy door and bolted it. I could then, when alone, give scope to my emotions. I danced for joy—danced round and round the smithy floor; for I felt a load taken from off my spirit suddenly. I danced till I felt fatigued; and I knelt down and prayed and gave thanks.' At the same time he disapproved of promiscuous assemblies as well as of profane songs which serve to nurture the merely natural affections (orain dhiomhain a ta 'g altrum aignidhean nadurra). From his inter-communion with the poet Dr. Macdonald was able afterwards to testify at a public assembly as to a smith in Harris who had as much realised the meaning of the Good News as all the ministers he knew put together. It became his candid conviction that in comparison to the poet-smith he himself was as the moon unto the sun—a judgment entirely correct as regards one who concentrates in himself the spirit of 1843. In Morison the poet and the man were equally great; whatever, at that period, there was in his native country of piety, of poetry, of love of excellence, attained its focus in him. On the slopes of Parnassus, in the conclave of the clergy, in excellence of handicraft and in practical philanthrophy he stood equally high.

As far back as 1823 the Disruption had virtually taken

place in Harris. 'The greater number of the parishioners at that time forsook the parish church and its ministrations. The causes which led to this it would be unedefying now to detail. But in that movement it is well known to us that John Morison was *not* a leader though he united himself with the body of the dissentients. It was subsequently that he evinced his stedfastness, his penetration and superior enlightenment as well as his practical sagacity when attempts were made to detach those dissentients from the Church of Scotland. John Morison then stood forth a leader and manfully resisted those attempts, proving to his fellow-parishioners that the evils—the yoke of bondage under which they groaned—arose not from the scriptual constitution of the church but from the mal-administration of its government; and his counsel was to wait for better times and to trust to the Church's Divine Head for the time and way of its deliverance. Here, indeed, he *was* a leader and continued thenceforth to be so. And on a subsequent and to him specially a trying occasion, when he and those in the parish who knew and appreciated the truth and understood their own rights strove to vindicate these and to assert their spiritual privileges at the induction of a new incumbent and were foiled in the attempt, he suffered in that cause to the legal 'spoiling of his goods' by what all who knew the circumstances understood to be ecclesiastical influence. He took this, if not 'joyfully,' at least patiently; and the injuries sustained in their temporal lot by himself and his family we have no desire to dwell upon. In the judgment of charity we would hope that the doers of those injuries have seen cause deeply to regret them. While thus suffering, however,—himself and his family houseless and homeless—John Morison was steadfast, patient and meek. An aristocrat of nature's creation, his noble spirit rose above the trial. And although we had the privilege (nor do we count it a small one) of fully enjoying his confidence, never have we heard a word of bitterness escape John Morison's lips against his persecutors. They could spoil him of his worldly all but they could not bring down his spirit to the level of their own. Had he but let loose his poetic vituperative powers on this occasion we would little envy his persecutors. We believe no man could more thoroughly have done what Lord Byron threatened his reviewers with,—to 'make their ribs gridirons to roast their hearts'; but grace prevailed, and John Morison followed ' a more excellent way.'*

His vituperative power asserted itself in the Stroud Session dispute when the Rev. Francis Macbain who died as Free Church minister of Fort Augustus was the object of his satire. The Gaelic poem, *Seisean Shrannda*, sparkles with humour, as the sequel to it *An Sgiobaireachd* is full of strength and wisdom, while the English one illustrates his attempt in a foreign language to give vent to his mood in rhyme:—

> A key to penetrate the lock
> Of Stroud Session's secret plot,
> As the roots and fruits thereof
> Sprout with force and vehemence:

* The Rev. Dr. Mackintosh Mackay in the *Witness* of January 19, 1853.

I could not like their piety,
I loathe to feed on theory
But rather a pure vehicle,
The Bible's my true theologue.
Now, my friends, mistake me not
When constrained to break off
Conversation with such sort,
Should they my note obliterate:
Though language be magnificent,
From tongue of a collegiate,
I loathe the lips delicious
When self is so perspicuous.
I loathe the evangelical vice,
The legalist's pretended rights,
Attentiveness to solemn rites,
Deism and carnality:
For I detest in candidates,
When wanting true humanity,
Presumptuous verbality
Without the fruits of charity.
Of my skill I cannot boast
In geographical discourse,
Therefore do not me reproach,
I own that I am ignorant;
Yet I am not ambiguous
When chiding the ambitious,
Nor am I yet oblivious
To venerate your dignity.
But pay you homage I would slight,
And rather would forsake the filth,

Since the nuisance of your skirt
Made my escape expedient:
Observing that your false designs
Was our freedom to purloin,
I hasted to escape the vile
Fruits your pride did generate.
Assuming that your lordly right
Over consciences to strike,
Such intrusion brought dislike
And disgraced your character:
For such a hurtful malady
Must in the end prove fallible,
But, call me not unmannerly,
I cannot play the parasite.
Novices you may escheat
To submit to your deceit
At the Throne which you entreat
To increase your levity:
If this be called charity,
Stroud Session's rare amenity,
Which boasts so much of lenity,
I hope will use severity.
For it is now so evident,
And learned of due experience,
You failed in your prosperity,
Aspiring at pre-eminence:
Therefore I chose brevity,
And shall not further penetrate
In quest of such an enemy
As pride in Presbyterians!

> Should of folly I recant,
> Being constrained to leave their arts,
> From their envy should I smart,
> Making me delirious;
> Should I deem them blamable,
> Call not my talk severity,
> Herein I use sincerity,
> Though in a part satirical.

Mr. Macbain and he got reconciled and lived for the future on terms of amity and esteem—the self-conceit so apt to flourish in certain clerical youths having been nipped in him in the bud. When the poet had finished *An Sgiobaireachd* he began the *Millenium* and absorbed himself more and more in contemplation of the Divine Nature and in meditating on the state of man. He loved the Sabbath quiet, which he kept after the fashion of the Puritans of the best walk. On that day he suffered no bread be cut with a knife; dishes, on one occasion, washed by his servant, contrary to the rules of his household, he ordered to be put outside and never allowed of their use for the future. He never retired to bed on Saturday until the Sabbath broke nor on Sabbath till 12 p.m. He kept the day on principle as holy unto the Lord, his whole being being pervaded by memories of *the resurrection and the life*. Yet he was not morose; it was after one of those Saturday watchings that he took his son in his arm and composed the reel—

> Mulaidh air Domhull Munro
> S mor mo thoigh umad fhein:
> S nam bu choltach thu ri Domhull
> S ann bu mhogha bhiodh do speis—

adding verse and verse till midnight made him break off.
When at home he held nightly catechisings when every
responsible member of his household had to repeat scripture
passages and psalms. He disciplined and drilled whosoever
chose to come to him in the prophets and poets and history
of the Holy Land. He held monthly meetings at Scarista,
Leacli, Finnsbay and Stroud, which involved much hard
walking and mental exertion. Among the sick and needy
he distributed medicines, and when he could, gratuitously.
He had the capacity of absorbing himself so deeply for a
time in one direction that he seemed as if abstracted from
the world in which he lived, but which, at times, was no
longer capable of exciting interest or attention. On one
occasion he so far forgot himself as to be on the point of
buying one of his own cows. When addressing an audience
he never brought out his watch but directed a boy to pull
his coat as a reminder. Having once unconsciously con-
tinued longer than his wont he remarked: *cha 'n eil fhios
nach eil an tim an aird* (i.e. perhaps the time is up) on
which a listener ejaculated: *a mhic s a dhallta 's ann tha
sin thairis!* (my son and stepson, that is long since). But
what a Bernera man said of his poems to a companion is to
the point here: *tha iad mi 'm beatha dhomhsa ach gheobh-
adh tusa am bàs ri 'n taobh* (they are life to me but very
death to you). After the lengthy and manifold labours of
the day he sometimes fell asleep at prayers through weari-
ness and sheer exhaustion. In every sense he was a father
among his people. 'They looked to him with confidence
and undisguised affection: and his own meekness and
suavity, though joined with uniform firmness and decision,

attached them to him in bonds peculiarly strong. In the midst of all their temporal privations and sufferings of late years it would appear but as marvellous to tell the succours and relief out of his own penury ministered by him from day to day to the poverty-stricken people around him. His largeness of heart, his christian generosity made the case of each one of them his own. *To the last morsel of food in his dwelling and when he knew not when the next supply could be had would he share it with the needy and starving around him.'*

On his generous hospitality his fame brought him many obtruders. For the convenience of those from a distance he in his own house set up seven or eight beds. Among many excellent persons thus brought into connection with him there were also the wolves in sheep's clothing, persons more bent upon the comforts of this life than thirsting for the milk of the Word. On a set of such he once played a prank with the intent of letting it be seen wherein they put their trust. A neighbour having provided a quantity of kail at a hard time of the year these sanctimonious pretenders were served with it several times in succession as the chief article of diet. This kail became afterwards celebrated as Càl Alasdair Oig, for on the third trip the poet was unmolested. A saying of his on the occasion has passed into the proverb: *Se càl a dhearbhas an creidimh*, the proof of faith is ill-fare (literally, 'Tis kail that tests the creed).

Luke-warmness could never win the approbation of a spirit which in times of persecution would like a martyr have laid his head upon the block. Alongside of this,

the note, predominant in earlier days, of a Divine purpose
carried out regardlessly of human feeling, became softened
in him through an harmonic blending of apparently discor-
dant notes which yield more and more to the attractive
power of the Divine Love—a feeling which attained to true
majesty of tone in *The Ark*, a symphony of heavenly love
in which fulness of rhythm and charm of diction are
magically and inevitably blended. Written on occasion
of the awakening which gave rise to the Free Church, it
has a speculative and religious motive which enlarges
and supersedes the long dialogue poems with their more
apparent hortative and didactic tone. Its uniformity of
chastened excellence, not the imaginative force of isolated
expressions, reveals his genius not so much an exceptional
faculty as the nobly impassioned movement of his whole
moral and intellectual being. His simplicity, his sincerity,
his courage, his speculative, his observant and reverential
faculty the heart of the man is here. In one who at the
instance of Dr. Duff was not unwilling in his 60th year to
qualify at college for sacred enterprise in the East know-
ledge and feeling moved in the same plane. The result is
a poem of exuberant and prodigal fullness, the absolutely
triumphant expression of a theme which the genius of
Händel has given to music as an abiding possession
*He shall reign for ever and for ever*. The original being
melic poetry the stanzas here rendered must not be read
but sung in chant, with tone-emphasis on the syllables
**accented.**

    Of Jerúsalem glórious
    Erst chósen of Gód

Sing alóud and victórious,
Harp and vóice in accórd,
Songs melódious and jóyous,
For the Lóve which o'ertlóws
To consóle and restóre thee
Of thy bódy is Lórd.

With heavy sórrow down-láden,
Sick and áiling with páin,
He sustáins thee down-wéaring
The arch énemy's cháin:
Hark the Béarer most grácious
Of the tále whose refráin
Wafts the stráins which are précious
If ye héar not in váin.

Some who súpped at the Táble,
At the Sáviour's Bóard,
Human wéakness disábles
And ill-sávours with sóres:
One who wépt over Lázarus,
His eye fráil ones well knóws,
And doth gráciously aid them
Much amázing their fóes.

One in héart give your áid then
And be fáin to remáin
In his tráin who has máde you
And his réign still maintáin:
Every gáin that is fáted
Or narráted unféigned

## MEMOIR.

He will déign to those mated
Till all who sérve Him He sate.

Soon the times and the days come
When Love alóne will be king
When divísions and parties
Droop awáy as vain things:
Friendly árms inter-cróssing
With brethren bróthers will sing
With harmónious vóices
Their hearts' óff'ring will bring.

His loving féllowship chérish
Loving bréthren alwáy
Love's salvátion ne'er pérish'd
For whoso rélish'd His swáy:
Soon shall down fall from Héaven
Joy to léaven your práyer;
Darkness fádes at His présence
As fails the déw with the dáy.

To wipe the swéat off bow'd fóre-heads
And soothe the sórrowful sigh
From on High left the Gód-Head
For men to súffer and die:
Thought's entírety knóws not
Rarer lóve neath the sky
To Paradíse He restóres us
As pearls and jew'ls óf His éye.

Vain regréts are not lásting
Though flesh has shrúnk at the thórn

Suffering,—sorrow is past us
Thou alóft hast us bórne:
Day has dáwned for the wátchers·
Zion's shádows have flówn—
With low devótion they heárken,
Now they knów as they're knówn.

For the words of welcome, *Whosoever cometh unto Me I will in no wise cast out*, he had now a particular fondness. In speaking of the Divine fore-ordination, the internal depths of the Divine Will where Love is thought of as in self-legislative council, he urged the entering in at the strait gate. At a sacramental gathering at Uig, in Lewis, he insisted on the *humanity* of Christ, pointing to his human need and bloody sweat on being deserted in his agony in the garden while his companions slept in Olivet. The matter waxed hot. As he put it: *Bhuail an Cocair buille de na chléaver orm s thilg e m' fheoil do na coin. An sin dh' eirich Mhr. Fletcher leis an ardan s thubhairt e: Bha thu fhein ag urnuigh air do shon fein s cha robh feum agad air urnuigh duine; shaltair thu an t-amair fion na d'aonar s a h-aon do na sloigh cha robh maille riut.* On the question being referred to an Edinburgh Committee a verdict was returned in favour of the Poet.

After the death of his second wife, Catherine Macleod, by whom he had issue a son and a daughter, Donald Munro and Catherine, he married Mary Macaulay. The issue of this marriage: Louis, who died in infancy; John, Roderick, Margaret, William, Donald, Macintosh (after Dr. Macintosh Mackay). On his death the widow emigrated to North

America. Writing from Harris on 28th April, 1855, the late beloved Mr. Davidson of Manish informs Mr. John Gillies:

"I was so busy and had so many things to attend to that I could hardly spend as much time as to look over Morison's Poems. They are lying in the bottom of a trunk so that I could not easily get at them. But in course of time, if necessary, I will be glad to give you all the information in my power about them. . . . The widow with her family of six children is making preparations for emigrating to Upper Canada, and she has requested me to write to you to ascertain about a ship. . . . The widow would be willing to leave in the course of a month or five weeks. . . . She with many others has suffered so much in Harris during last winter that she is willing to take the earliest opportunity of leaving; I trust you will make arrangements for her departure better than I can express it. The widow and the fatherless and the remembrance of the *dead* demand it at our hands to do all we can to facilitate her journey. Necessity in a manner compels her to leave her native land and to seek for her livelihood and the upbringing of her family on a foreign shore. She has six of a family, five boys and one girl, two of the boys above fourteen years of age."

In 1843 the Poet was appointed Catechist to the Free Church, which at that time fostered the 'Men' of whom so many have been rightly esteemed for singular ability and worth. Letters in his own hand give glimpses of the time. From Obbe, 9th November, 1844, he informs his eldest son that he has brought his corn into the yard 'three stacks of oats, two stacks of barley and a small one. We have got our potatoes also into the barn, six score and fourteen sacks.' Generally, he concludes with an ejaculatory exhortation, as when writing from Leacli, 14th February, 1848: 'beseeching you as the fruit of my loins to abstain from bad company and every appearance of evil, and to ponder always upon the depravity of human nature which is totally corrupt, and to ponder on the desireableness of free grace, which is only attainable through faith in the Redeemer, and to read and muse on the Scriptures, the unerring guide and rule which is able through the spirit of grace to make you wise unto salvation through faith in Christ Jesus.—That the keeper of Israel preserve and defend your soul and body and lead you in the path of duty is the prayer of your affectionate Father.' As the Church of Manish was being erected under his supervision, Coals, Blasting-Powder, Joiner's Gauges, Quarrying Tools, Plans, Specifications and Men's Wages,—all receive his attention. On 26th June, 1848, he is anxious to attend the ordinance of the Lord's Supper at Crossbost and expects Mr. Davidson, his friend and minister, at Leacli the same week. In a postscript he adds:— 'I hear that you are playing the bag-pipes, which I do not believe' and concludes with the entreaty: 'frequent the throne of grace and the outward means of grace, and may the Lord keep his fear before your eyes.' Ere October, he communicates with the Fishery Office and gets up petitions on behalf of the poor. He is anxious now to see large farms distributed in lots. Dr. Mackay, who had been at Leacli with him, left on the 30th October and the Poet is busy with plans and specifications of the new church as well as with medical remedies for the relief of the sick. By November 15th he inquires if there is any hope of getting Dr. Mackay as pastor of Stornoway Free Church. On 6th December, 1848, he writes his eldest son, Mr. Eoghan Morison, then at Lewis Lodge: 'Mr. Donald Macdonald, Taransay, met me on the way to Tarbert and told me that you were to be espoused on the Thursday after his parting with you but I was not able to go myself at that time. Your step-mother, little Rory and Mary your sister were not well, and Angus could not go because of a sore foot (it had been trampled on by a horse), but myself and Mary intend going to Stornoway, if we be spared, to have the pleasure of seeing you and your new partner together.' In referring to another matter he exhorts as follows: 'But my dear, remember to implore the blessing of the bestower of all saving grace so that you should be led to make the best use of the dispensation by which you are now relieved from part of your own folly, and repent of your sin and reform in all conversation through grace to the better. When graceless men are under the wounds of their own conscience they generally try to ease themselves from the burden of one sin by committing another, changing resolutions and situations, thinking (Cain-like) to escape the chastisements and stripes by which they are followed of the Lord for their sins. But you know that the children of adoption when corrected always return in submission to their Fatherly call, acknowledging and confessing their sins with sorrow and grief to the blood of atonement, soliciting and supplicating mercy and the grace of repentance unto salvation, resolving through grace of renovation to refrain and amend in everything in which they offended. O my dear, seek the favourable grace of the Lord that you may also do the same as other children of regeneration and adoption, which should cause the heart of your Father to rejoice.' He sends 'his warm and kind love to his daughter-in-law' and concludes with benediction: May the Lord of His free grace bless your souls and bodies in bonds of love in Christ Jesus and prosper with you and make you a comfort and blessing to each other, with long life and happy enjoyments to the praise of the glory of His free grace, the good of your bodies and the salvation of your immortal souls, which is the prayer of your affectionate Father!

The two following Letters may be quoted in full :—

LEACLI, HARRIS,
*5th April, 1849.*

MY DEARLY BELOVED SON,

I received your letter sent by Donald Morison, Quidnish, but received neither the Almanack nor the Spectacles you mentioned therein. O my dear and fruit of my loins, what a cause of joy and gladness have I to praise His name who has lifted you up from the gates of death and preserved you from the jaws of destruction by his blessed providential recovery of you from falling a victim to that raging distemper which proved fatal to so many, which dispensation should impress and urge upon your soul through his blessing the merciful exhortations of his love to his regenerated and adopted sons, so as to constrain you to show forth his praise in the gates of the Daughter of Zion and rejoice in his salvation. O! my dear, strive to know the Lord in the judgments which he executeth, so that your soul may taste of the solace and sweetness of his spiritual comforts in all times of trouble. That the Lord may be your strength and song and become your salvation! That you should be mentioned among the righteous in whose Tabernacle is heard the voice of rejoicing and salvation for the right hand of the Lord doeth valiantly! O! that your soul might sing with David, "I shall not die but live and declare the works of the Lord. The Lord hath chastened me sore but he hath not given me over unto death." My dear, let me know by your next letter, which I shall be expecting on receipt hereof if spared, when the fierce agonies of the disease griped on your inwards, what gleaning could your soul make at your looking back upon the least or greatest of past sinful pleasures to your succour or comfort; and also on the other hand, what value would your soul put upon the testimony of a good conscience purged in the blood of atonement purified from dead works to serve the Living God in newness of life. This, my dear, should make you consider and weigh things in the balance of the sanctuary, and cause you to make not only the law of the Lord but especially the Mercy-seat at the throne of Grace your spiritual ocular objects, so as to prepare your soul to meet death with holy resignation and defy the sting of death which is the reward of sin through the Lord who destroyed him who had the power of death to deliver them who through fear of death were all their life-time subject to bondage. If at all death and judgment were brought before your conscience so that you would not rejoice but mourn in reminding how you spent your natural vigour and bodily health in times past, O! how should the goodness of the Lord, sparing and delivering you and giving you time to repent and crush sin at least in its action, lead you to amend and improve your health and all other means and priviliges he may chose to bestow upon you at present, and for the time to come to work out your salvation with fear and trembling for it is the Lord that worketh in you both to will and to do according to his own free grace. Remember, my dear, whatever change might come upon your judgment at the time of your trouble that it did not proceed from any change in Infinite Immutability who is unchangeable in all his Glorious Attributes. Therefore, my dear, use all endeavour to make your calling and election sure by making your choice of the one thing needful which shall never be taken from any who will make their choice thereof.

Let me know by first chance if you gave the Spectacles and Almanack to Donald Morison. I had no time to write you by Norman Macleod, Leacli, when he went to Stornoway, but sent a verbal message with him so that you could send the wood and ironhooks for the vessels you wanted, for I have neither wood nor hooks. Margaret and the young child are well. Neither your step-mother nor Mary your sister are very stout in health but are able to go about. Mrs. Mackay is frequently enquiring for your welfare. People are much distressed here for want of food. I have no strange news to relate to you at present but we have got lands from (our?) cousin, Mr. Macdonald, Taransay, to set potatoes therein at Airdvie. Inform me how they are pleased at Stornoway with their new probationer and give me all the Stornoway important news and give my respects to all friends there. I must conclude: I am just going to the meeting. My kindest regards to your spouse and mother-in-law.

Plead for the Holy Spirit at the Throne of Grace to reveal the mysteries of the Kingdom of Heaven out of the Bible to your soul and frequent the means of grace at all convenient times, especially on the Sabbath days. It is not easy for me to go from home at present but I intend to give you a visit whenever I can, if spared. I wish you could get some quantity of Juniper Berries to keep them in your pocket, chewing one of them now and then, for they are very powerful to keep off any contagion.

That the Lord of His free grace may bless His dealings towards you to the glory of His free grace and the salvation of your immortal soul is the Prayer of your affectionate Father,

JOHN MORISON.

P.S.—Write me by the very first opportunity you see coming the way. You need not be at trouble of mind for not sending me bag-meal at present.

LEACLI, HARRIS,
15th June, 1849.

MY DEAR FRIEND,

I received your letter concerning Bishop Philpot's Sermons and much regret to say that owing to the destitution prevailing so much through this island so very few amongst us are able to subscribe for want of money. If that had not been the case a considerable number would subscribe for them. I spoke publicly to the people about them after the Prayer meeting at Tarbert and found that a number of them were willing though they would not venture to give their names fearing that they could not have the money in hand in due time to be able to pay it on demand. However, I think I may safely say that at least twenty copies may be sent to Harris, for which the money may be paid on demand according to your own proper direction.

I have no strange news to inform you of at present, only that poor people about us are very much distressed for want of food after which their general cravings are aspiring. I am sorry to own that broken sighs under the feeling of spiritual destitution are not so numerous. Give my respects to Mr. M'Lean, to John M'Innes, concluding with my kindest regards to Mrs. Gillies, etc., and not forgetting yourself.

I remain, my Dear Sir,
Your most sincere well-wisher,
JOHN MORISON.

The year 1849 witnessed the production of the *In Memoriam* on Dr. Macdonald, published in 1852. 'We cannot,' says Dr. Mackay, 'forget the ardour and delight with which a beloved friend, and surely an acknowledged judge, the late Dr. Maclagan of Aberdeen, came up to us after having read this poem, his countenance made thoughtful enough at the time yet beaming with joy, saying, —"Ah how the metaphysics of Christian doctrine are here grasped and delineated, and in such floods of true poetry."

In the spring of 1850 he did not feel very well on account of the cold watching and fasting which he was obliged to undergo owing to the illness of his son John, during which he put off no clothes for nine successive nights till the fever and inflamation abated. In an interesting reference he writes from Leacli, 2nd April, 1850: 'I had a letter from Dr. Mackay of late, he was preparing to go to London at the time he wrote. It seems that he is wishing to get the elegy on Dr. Macdonald printed. You did not tell me at all if you received the second part that I sent you of that song, or if you could get the air of it put in order. You may keep this to yourself.' The people of Harris were then destitute of food and John Morison was engaged in distributing meal and salt for the Relief Board as well as in superintending the building of the Church. On the 29th April he complains of 'not being in sound health of body. My legs got so very sore, since I wrote you last, with the old complaint (rheumatic pain) that I could not go from home since then.'

Still, the beginning of winter saw him set out on his tour on behalf of the Church of Manish: he was desirous to collect funds that, on being opened, it might in every sense be a *Free* Church. On this occasion he wrote *An Cuart Cuan*, a composition full of grateful memories, breathing in its lines the atmosphere and ozone of the sea. From Greenock, on 6th January, 1851, he writes he has 'come to-day from Dunoon wherein I met with much kindness and left Dr. Mackay and the Mrs. well in health. I intend going instantly to Glasgow so that I cannot wait at present to say much. I have not heard a word from home since I left, which gives me much uneasiness not knowing how they are.' In Glasgow he met with a most warm welcome from Campbell of Tullichewen, well remembered for his princely benefactions in 1843 (v. An Cuart Cuan. xxxviii). As the poet was leaving the shop of this merchant he was called back and was urged by Tullichewen to leave a memento of his visit in the shape of an *Impromptu on the Duke of Argyle*, then a young man, who had caused great commotion by his celebrated letter to Dr. Chalmers. The poet was not willing to comply at first and pointed out that he was not accustomed to compose in English; on which Campbell of Tullichewen added 'it is not every day we have the like of you.' The merchant's benevolence was so great that Morison could not refuse him what his heart was so set on and wrote the first stanza straight off upon the counter. It is to the metre of Donnachadh Bàn's well-known *Ben Doraìn*, and the whole, which he wrought up to about six hundred lines, must not be read but intoned with the varying emphasis suited to Gaelic Piobaireachd. A consonantal language like English hardly admits of the effectual use of this metre to any extent; only a Gael who appreciates the soft flexible vocalic tones of his native speech can fully sympathise with the poet's meritorious striving against such overwhelming odds. At the same time, the poet's readiness and command of English ought to be patent to everyone.

'Being urged by a friend
Who propósed to me
Something to describe
Of the nótional
Subject awful vile
The Duke of all Argyle

Who wrote against Divines
And their godliness;
Pity to remind
Such a fop of pride
Issued from the loins
Of his forefathers:
His judgment has beguiled
Him who formerly
Seemingly designed
In conformity,
To the Truth Divine
To fight wind and tide
Holding Christ His reign
And prerogative;
Much to our surprise
We found him in disguise
A turncoat. O fie!
Such a nobleman.
Was it fear or bribe
Or diplomacy
Caused him to backslide
So notoriously:
Was it his desire
To be much admired
By the present blind
Aristocracy?
Obviously despised
Of relatives in mind
To the famous tribe
Cameronians.

The Free Church's enterprise
He did corróborate,
Self to idolize :
By his górgeous
Intellect and mind
Excellence of style
Much he thought sublime
To be glórified :
Losing hope to find
His object this side
Charged her with the crime
Of dislóyalty.
He devélopt his mind
Being errôneous,
Understanding neither
The fórmula,
Which the Church subscribed
Ratified besides
By the State and Kingdom
Accórdingly ;
Nor the bonds and ties
Parliaments cognize
Stablished by the members
As vótaries ;
Giving forth his aid
So deplórably,
'Gainst the Solemn League
And its cóherents :
Confession of the Faith
Wishing to degrade

And the Reformation
Abrógated:
Heeding not the fate
If so consummate
Subject at the end
To Victória.

His error has entirely
Expósed him
To the vigile eye
Of the gódly men,
Who observe him void
Of power to decide
Between well and vile
In his prósody'

And after having continued the subject for several hundred lines, depicting the Duke as tumbling in the mire of ignominy, he concludes:—

I end with heavy sighs
And invókings
That the Duke may lively
And thóroughly
Shortly be revived
Through free grace Divine
Enlightening his mind
To true thóughtfulness,
Making Truth his guide
That he may betimes

>       Turn with weeping eyes
>       Like the pródigal.

Towards the end he adds:—

>       'Spurious are the keys
>       Sacerdótally
>       Hung upon the sleeves
>       Of the cóvetous
>       Bishops dogmatized
>       With seculary fees
>       By human vile decrees
>       Though debónairly
>       So's to domineer
>       To such a huge degree
>       Over souls with mere
>       Ceremóniousness.'

And finishes up with what is unsearchably disposed:—

>       'By the King of Kings
>       Accomódately
>       On his gentle string
>       Transacting every thing
>       To His Will and Pleasure
>       In Hóliness.'

From Edinburgh where he had met with much kindness and cheerfulness he was preparing to return home about the 17th February, 1851. There he fell in with a celebrated phrenologist who from a reading of his head declared it to be that of a great poet—a saying which his modesty would not suffer him to hear repeated. During his stay of about six weeks he lived with Alexander Maclean, who in 1861 brought out at Toronto an edition of some of the poems. To Edinburgh he always looked back with pleasure; he had many kind friends there. To Highland Students of the University literary and philosophical classes his earlier poems were known as far back as 1836, chiefly through the admirable services of Hector Macdonald who in that year made a transcription of many of the poems in a hand equal to that of the best Irish scribes. By Summer he was returned, via Stornoway, to Harris in plenitude of thankfulness and faith and comfort of the Holy Spirit. He was finishing *An Cuart Cuan*, a poem celebrating his voyage in the 'Breadalbane,' a yacht presented by the then Marquis of Breadalbane to the Islesmen of the North and West. Towards the Autumn he reports himself as 'daily on foot but not able to put either shoes or stockings on owing to the old complaint, viz:—rheumatic pain. . . . May the Lord bless unto us all the dispensations of His Providence in which He speaks to us. O! that we would hearken unto the rod and understand the voice of Him who appointed it.' After inquiries and directions as to more mundane matters he concludes with benediction: May the Lord bless His outward dealing with you to your inward Spiritual comfort and edification which is the prayer of your affectionate Father!

Amidst the ordinance of earthly weakness he was fired with a Divine energy, supported by the Everlasting Arms. He now in the evening of his days broke forth into flower of perfect song. *Am Fear Pòsd* (*i.e.* The Bridegroom) is a poem that must be lived and read in order to be duly felt. Throughout its many triumphant stanzas it represents the Divine Spirit comforting the good through the mystic love of the Divine Spouse, with life as an alterneity of rests and labour, the meaning of which is only fully understood when the last of life's serial changes are complete.

The life which was now wearing away in Harris was more and more absorbed in the wonderfulness of the Divine Love than in the wonderfulness of the external world or the wonderfulness of the human passions. A man of noble genius, to appreciate his character he required to be personally known. 'His powers of mind,' says one who knew him well, 'were eminently high while the simplicity and modesty of his personal demeanour concealed them at first from view. Never was the apostolic injunction *slow to speak, swift to hear* more practically verified than in his case. Parading of his knowledge or obtruding of his Christian profession was altogether foreign and strange to him; and with all this in time of need none did or could more realise the 'village Hampden.' . . To those who could at all appreciate his high advancement in Christian life his personal deportment was peculiarly attractive. While it was continually manifest in him that his affections were set on things above his charity was seen to be bland, while he accommodated himself with lamb-like simplicity and meekness to such as could be counted only children or 'babes' in Christ. His wide-reaching comprehensive interest in the Redeemer's cause was eminently catholic and the extent of his information upon subjects affecting this cause, considering his exclusion from the ordinary channels of knowledge, was a remarkable feature in his conversation when among such as encouraged him or of whom he could make enquiry. And with a spirit of mind seen to soar to things unseen and eternal, nothing so greatly cheered and elevated him as good tidings of the gospel's progress. It was then peculiarly that his unaffected humour, the playfulness of his imagination and the readiness of his native wit brightened and shone and threw an indescribable charm about the converse of this godly man to those who could enjoy it in his own native language. And we have seen this man of prayer, of devout meditations, of severe thought relax into uncontrollable laughter under his keen sense of the ludicrous. How mistaken and narrow the opinion that such amenities of life are confined to what the world would call the privileged classes of its own society! The gospel in the heart is indeed the treasure of every believer, but peculiarly is it the poor man's treasure; and its riches elevate and refine his mind. Never was this more strikingly illustrated than in John Morison's life and demeanour.'

Macintosh Mackay, who wrote for Hugh Miller the article in *The Witness* from which the above is quoted, used to say that in Harris he had met both the most courteous and the most pious man he had ever fallen in with: the former was Dr. Macgillivray the naturalist, and the latter John Morison.

Among the qualities which attach men to one another he excelled all his fellow-countrymen; candour, loyalty and piety in him lived anew. Yet in exhibiting that sincerity of nature by which he won the love of his friends and the respect of his acquaintances he never forgot the peril which lay close upon the prize. Among those who gave themselves to free service in the interest of what is best in man scarcely any man of his own land, everything considered, seems to deserve so high a rank. His intellectual power and pure life, with deathless devotion to the highest art, may well touch the imagination of his countrymen as the sweet qualities of his nature awoke the reverence of his friends. The feeling which his intimates and acquaintances entertained towards him is justified by the impression he produces on his attentive readers—an impression of sanctity as of one who lived in touch with higher realms of being. The reverential love inspired by him is something distinct from the recognition one involuntarily gives Mac Mhaighstir Alasdair in virtue of mastery and strength, different from one's affection for Donnachadh Bàn of Glenorchy, friend of the huntsman and mountain-rambler, the lover of the corrie and the ben, mental companion of one's wandering through the haunts of the deer and of the roe, the man of inevitable social charm. With Morison one is in presence of a mind rather akin to Ewen Maclachlan, though of very different training and development,—capacities of the first order with every chord in harmony. What both undertook they did with ardour, completeness and thoroughness. In them discord, like a dream, dreamed itself away until they lived awake. Morison's work was in its own way the result of his devotion to the highest interests of mankind: and he did it untutored and unaided, in midst of toil and poverty, often cruelly distracted by malice as well as folly of men. His whole career was one of undeviating consecration of all his extraordinary genius, of all his powers of heart, mind and body to the service of the love of God. Chaste as Joseph, faithful as Abraham, courageous as David, he propagated an inspiration from on High till he received the Crown of Christ. He neither kept aloof from his share of the human task nor allowed himself be buried in details of finite existence. He ever abounded in cheerfulness and helpfulness. With his sisters, Mary and Eiric, both poetesses of merit, he was as closely bound in sympathy as Andrew of Ireland, disciple of Donatus of Fiesole, was to his own sister, sweet Brigit of Kildare. Time has tried the value of his work. He lives on the mouths of his people; they sing his words; he has won their hearts. He moved more profoundly than most of his time in the deeper currents of emotion in the sphere of religion and morals, with the result that his works can fittingly be presented to the world as those most completely representative of the deepest sentiment and highest mood of his countrymen of his own day. To the awakening of his own time he was somewhat similarly related as Jacopone da Todi to the religious renaissance of St. Francis of Assissi, a movement which in the thirteenth century reached its prime and perfect bloom in the renascent Italy of Dante and of Giotto. His devotion to duty and his consuming zeal for men's welfare on the ground of the worth of the individual soul in God's eyes occasioned the severe rheumatic fever from the effects of which he sank so suddenly away. Four hours previously he rose and dressed, wishing to bid good-bye to assembled friends. Having done so he gave directions as to his interment,—the coffin wood of pitch pine having been previously seasoned by himself. He then asked Mr. Davidson, his friend and pastor, to sing in the fourth psalm:

> An sìth-shaimh luidhidh mi faraon
> is coidlidh mi le suain :
> Oir 's tusa mhàin bheir dhomh, a Dhé
> fo dhìdean, còmhnuidh bhuan

—after which he 'changed away' in sleep, having committed all and everything to the Lord.

The type and temper of his mind gives him rank among the goodly fellowship of the poet-prophets, whose goodness conventional mediocrity has ever condemned with the same readiness as it would the miscreant and the knave. Prophets are not appreciated till they die. He might be said to be the glorification of the Free Church than whom a nobler son was not found within her pale were it not that among the long list of Saintly names which adorn the Christian centuries and which by deeds of devotion or carols of Heavenly melody have shed lustre on humanity few greater can have arisen. But he lived in a lonely nook of a remote isle, apart from the learned and the great, toiling at the anvil and soaring into song, a witness to the all-embracing Love which seeketh to speak peace, to give comfort unto His people, till after a life in which not a little of Christian joy and Christian sorrow were commingled, he died the death of a Saint at Leacli in Harris 6th December, 1852.

The pomp of wordly splendour and the shows of rank were inconspicuous at the funeral of one whose last remains were interred amidst the unspoken grief of his friends and fellow-countrymen. On the brink of the grave stood one who in life was hostile to him but who then confessed: *there lies one of the noblest of men.* In Rodel, the West minster of the Isles, they laid him to rest amid the low supplicating voice of psalm and prayer in thankfulness to Almighty God for having lent his children one whose thoughts were as a temple, an ecclesia not made with hands; the snow-capped Hills of Harris were in the background, with the eternal Hebridean sea murmuring a last farewell.

> When two and three score summer suns he bore
> In Harris born, beside St. Clement's Tower,
> Belov'd of yore by the familiars nine,
> The song-smith's voice has ceased for ever-more,
> His lyre is mute, in Rodel lies Iain Gobha:
> The symphony, the harmony divine
> Which momentarily paused in peace has now
> Exchanged the tumult for the inner calm
> Our troubles cannot know. For it was thine
> To stand amid thy peers in harmony,
> Prince of the Gaelic Bards, suave and large,
> Thine was the harp of pastoral Donnachadh Bàn
> And thine the voice of Ossian like the sea,
> Thou bad'st thy waves to be,
> And floods of song rolled forth upon the beach
> Which ne'er were heard before within our ancient speech:
> The song remains although the song-smith died
> Whom sorrow cannot stain nor song embalm,

The voice of mirth, the voice whose higher birth
Left earth less tuneful by his music's power,
Makes heav'n more sweet with song of hallowed psalm
And flower of perfect speech: Faith, Hope and Love
With Christian minstrelsy in thee did meet,
And joy and human tears are off'rings at thy feet.

# Dain Iain Ghobha.

## AN IONNDRUINN.

### I.

"AIR fantuinn dhomh gu fad a'm' thamh
 Luidh air mo chnamhaibh aois,"
Luidh dusd us sgeo ro mhor us bàs,
Luidh duibhr' a ghnàth us daors,
Luidh tosd us bron air iomadh fàth,
Luidh cuing an aite saors,
'S mur faigh mi fuasgladh nuas o 'n aird
Dhomh 's dualach smaig an aoig.

### II.

Mo chridhe trom gun fhonn 's mi sgith,
Us mi fo mhì-ghean mor ;
Gu bruit a'm' chom gun fhois gun sith
Mi sìor dhol cli fo neoil :
Ged fhiosraich mi mu Fhear Mo Ghaoil
Cha 'n eil a h-aon a'm' chòir
Bheir sgeul no seoladh dhomh san raon
Gu faotuinn saor o m' bhron.

### III.

Cha chluinn mi guth a' cholumain chaoin
No comhradh caomh nan uan,
Mu cheusadh Chriosd no air a ghaol
Cha chluinn mi aon 'to'air' luaidh
A thogadh m' aigne s m' fhonn le saod ;
S cha 'n fhaic mi 'n raon mo chuairt
Chuile bhruit no lion na smuide caoil
Ri 'n cleachduinn saors car uair.

### IV.

Na neoil air comhdachadh nan gleann
Gun bhoillsg bhi ann bho 'n ghrein,
Na caoirich sgapt air feadh nam beann
Gun bhuachaill ann ri feum ;
Droch aodhairean cinn-iùil nan dall
Gun tuigs air call an treud,
S ma bhriseas aon a mach bho 'n mheall
Bidh coin gu teann na 'n deigh.

### V.

Is aobhar m' ionndruinn air an àm
Mo neart 'bhi fann s mo spéird,
Mo ghoruich s m' aimideachd ro mheallt
Ga m' chumail mall san t-streip ;
Gun chrann-tabhuill bhi na m' laimh ; –
Mo lann a bhi gun ghleus
Le 'm buailinn Goliah sa' cheann
S gu 'm faodainn damns us leum.

## VI.

Is m' ionndruinn mhor s mo bhron an tràths
Cion foills air gras an Lèigh,
Nach faod run m' inntinn us mo ghnàths
Ri Fear mo Ghraidh bhi reidh;
S e meud mo theagaimh—m' aobhar cràidh!—
A deagh-ghean s fabhar Dhe
Thaobh cruas mi-chreideamh air a shlaint
A dh' fhag mi 'm' thraill dhomh fein.

## VII.

Is aobhar m' ionndruinn air gach uair
U's fàth mo ghruaim s mo thurs
Mo pheacaidh ghraineil s m' inntinn thruailt
Bhi folach bhuam a ghnuis
U's m' ardan ceannairceach s m' fhein-uaill
A' glasadh suas mo chiuil,
Mo chridhe naimhdeil aingidh buairt
Mar theas a' fuadach driùchd.

## VIII.

Bidh mis an sàs gun bhaigh gun truas
Fo bhuille chruaidh an uird
Bidh mi gun tamh fo amhghar truagh
Gu 'n cluinn mi fhuaim às ùr;
Gu 'n sil e ghras o 'n aird le buaidh
Gu 'n seall e nuas le shùil
S gu 'n sin e lamh a ghraidh mu m' chuairt
Ga m' tharruing suas ris dluth.

## IX.

Tha cuid ro lobhte laist a'm' chre
O ghrunnd ro bhreun us searbh;
O 'n nimh ro throm tha' m' chòm ri streup
Ga m' lot gu geur le chalg :
N uair 's fearr mo ghleachd an aobhar Dhe
Tha cuid dheth 'n stéidh o'n chealg
S dhomh 's eigin teich' le luaths mo cheum
Gu uamh an t-sleibh air falbh.

## X.

Ged sheideadh stoirm us toirm ro bheur
Chur chreag gu leir na 'n smur,
Beithir, crith-thalmhainn gharbh le cheil
Le 'n criothnaicht sleibht o'n grunnd :
Ged thigeadh teine 'losgadh gheug
Gach lus gach feur na 'n smùid
Cha 'n fhaigh mi fois gu 'n cluinn mi fein
N guth caoin o'n bheul 'tha ciùin.

## XI.

Is m' ionndruinn air a chomunn thlath
Dh' fhag guin a'm' àirnibh geur;
Us air an eifeachd ta na 'phlasd
A dheanamh slan mo chreuchd :
Ta m' ionndruinn air a choimhneas ghraidh
Chur blas a ghrais na m' bheul
A chuireadh casg air gath mo namh
A tha do ghnath ga m' theum.

## XII.

Mo ghoimh gun lasachadh gach am
Mo chreuchd a' diultadh phlasd
Gach buaidh dheth m' anam lan dù dh' fhannt
Mo chreideamh gann gach tràth,
Mi triall san dorchadas mar dhall
To'airt beum do 'n cheannard ghraidh,
Ga mheas gu leir mar shruthan meallt
S gun m' earbs ach fann na shlaint.

## XIII.

Mi 'g ionndruinn geall a chumhnaint réit
Trid aona Mhic Dè nan Dul
A dhaingnicheadh gu teann le sheul
Le 'n deidheadh gach beud air chùl,
Le 'n gluaiseadh m' anam na chois-cheum
San leanainn e gu dluth
Le aomachd ghlain a spioraid féin
S le tarruing threin a chùird.

## XIV.

N sin dh' eireadh m' eallach dhiom bha trom
Ga m' chumail crom ri lar
U's leumainn ealamh air mo bhonn
U's bhiodh mo chonn ni b' fhearr ;
N sin dhannsadh m' anam na mo chom
Le oran fonmhor ard
S bhiodh fois aig m' inntinn a bha trom
N uair bhiodh gach tonn na tamh.

## XV.

'N sin bhiodh mo chomaltradh gu leir
'N co-chomunn seimh a ghraidh
Bhiodh tosd air cosgaraich na beisd,
Mo chridh air ghleus a ghrais;
Gach buaidh dheth m' anam cur gu treun
Na oibre s reidh ri 'àithn
Gun sri gun easonachd le chéil
'S bhiodh prois us fein fo thair.

# BUADHANNAN AN T-SLANUIGHEAR.

### I.

'S e sgeul an aoibhneis ta ra inns
   An cluas gach ni dheth 'n t-slogh ;
Do chuid a bhios na sgeula sith,
Do chuid na dhiteadh mor,
Gun dh' fhoillsich solus ann san t-saoghal
An uair bha daoin fo sgeo,
Gu 'n cuirt an dorchadas a thaobh,
Gu 'n sgapt le sgaoth na neoil.

### II.

Ach 's naigheachd bhronach ta ra inns
Am measg na mith s nan òg :
An aireamh mhor a tha dol cli
Nach pill ri sith d' an deoin ;
A ghradhaich dorchadas na 'n cridh
A bheir gu crich am bròn
Nach eisd guth lòin an fhaidh Righ
Tha gairm gach dith o 'n leòn

### III.

Is faidh grasmhor, cairdeil, caoin
Mac caomhach Righ na Glòir,
A ghairdean laidir baigheil gaoil
Ga chumail sgaoilt gach lò
Ri pobull comh-runach ro bhaoth
Nach taobh ri glaodh a bheoil,
E tairgse dhoibh-sa sonas saor
Bhi measg nan caorach beo.

## IV.

O! sibhse ta 'nur cridhe cnamh
Nach duisg ur pràmh gu luath
Mu 'n tig an uair s an guth gun dail,
Us cunnart bais 'nur suain
Mur tig ath-nuadh'chadh oirbh tre ghras,
Mur teich sibh trath o 'r truaigh
Thig binn ur sgaraidh bhuan gun àgh
Le sgrios gun bhaigh gun truas.

## V.

O 'n tha sibh marbh as eugmhais grais
Us feartan slaint an Uain
Mur mosglaibh suas us gairm a ghraidh
A nis gach là 'nur cluais,
Teachd gu beatha leibh cha 'n àill
Ach dol 'nur smàl bith bhuan,
Mur dean sibh luathachadh fhad s is là
S e ifrionn s bàs ur duais.

## VI.

Nach gabh sibh ris an gairm a ghraidh
Mun tig am bàs gu luath?
E tairgs a shluagh deagh bheatha ghnàth
Ribh sint tha lamh gach uair
Gu 'r to'airt o dh' uambarr dh' ionnsuidh slaint
Bho bhi 'nur traillibh truagh
Gu seilbh gach buaidh ann fein s compàirt
Ta fhacal grais a luaidh.

### VII.

Le 'fhuil a dhortadh ás a chridh
Thug e mor chis na 'r càs ;
U's thug e 'n àird a shlogh bha clìth
Bha teann an lìth a bhàis :
N uair thug e buaidh air uaigh le strì
Thug spùill le spìd o'n namh
Le eirigh suas mar Uan an Righ
Chuir e 'n droch ni na smàl.

### VIII.

Nach b' uamhasach an tair ro gheur
N robh aon Mac De an sas ?
Bu trom a spairn, a leon s a phein
N uair leig e 'n eubh an aird :—
" Mo Dhia ! Mo Dhia ! O c'uime threig ?"
E goirt an eiginn chraidh
A' giulan truaigh gu 'n d' thug e geill
Le 'n d' phàigh e 'n éiric lan.

### IX.

Bha naimhdeas ifrinn guineach geur
An toir air féin gu teann
Bha diobhla' fuilteach borba breun
Bu neimheil beur us sgreann :
Bha siol na nathrach neimheil gleusd
Ga 'lot na chre s na cheann :
Bha fearg us doinionn s mallachd De
Air anam seimh na 'n deann.

X.

N uair chriochnaich Ios' an iobairt réit
Air crann na ceusd na bhàs,
N sin luaisg an talamh s chriothmaich sléibht
Cruaidh chreagan fein ghrad sgain,
Do dhiult a ghrian a fianuis fein
Us dhubh na speur' gu h-ard
Brat-roinn an Teampuill shrachd us reub
S na mairbh ghrad leum á 'n àit.

XI.

Mar sin gach anam mar an ceun',
Gu 'n tig an sgeul le ghras,
Theid dorchadas an inntinn fein
A chur na 'n léirs gun dail:
Ni 'n cridhe sgoltadh s fosgladh geur
Us plosgadh réidh le gràdh,
Bidh gnuis-bhrat teann na h-inntinn' reubt,
S bheir iad grad leum o'n bhàs.

XII.

S e 'n iobairt shiorruidh choisinn saors
Le iocshlaint chaoimh na slaint,
Thug beath o shuas a nuas do dhaoin'
Tha cuan a ghaoil gun traigh
S e 'n cuibhrionn bhuan fad cuairt an saogh'l
S e 'n stòr, 's e 'm maoin a ghràs;
Fo bhrataich bhuadhmhoir bheir iad faobh
Us creach far taobh an namh.

### XIII.

S e 'n sagart siorruidh feadh gach re
Thug gradh nach treig d' a shluagh,
S e thug na 'n àit an iobairt reit
S an claidheamh geur ga 'n ruag:
O theine cuartlan s mallachd Dhe
S e theasairg treud a chluain
Fo bhuille cruaidh nan sleagh s nan spéic,
Troimh chorp s a chre trom-bhuailt.

### XIV.

S fear tagraidh shuas air luach us craobh
Na fola 'thaom gu làr,
Tha 'g eadarghuidh air son nan naomh
Reir toil an aoin a's aird;
S e 'n t-eadar-mheadhon-fhear ro chaomh
Na Dhia faraon s na Adh'mh,
S e sheasas aobhar s aite dhaoin'
S thaobh Dhe 's e 'n t-aon a mhain.

### XV.

S e dhuisgeas iad le Spiorad Naomh
Tre bhriathraibh caomh a ghrais,
Le 'm faigh iad eolas air gach saod,
An grunnd s am faontradh cearr:
S e bheir dhoibh foillseachadh faraon
Air olc us gaoid an gnàis,
Le 'ghrasaibh tais mar fhrasaibh maoth
Gu cur droch sgaoth fo smaig.

### XVI.

S e sheid le anail orra gaoth
An Spioraid Naoimh o'n aird,
Chuir gradh na' n anam dha us gaol
Air nach tig traoghadh gu brath:
Le meud a charthanais d' an taobh
Tha 'n abhuinn saor nach traigh
Mar chuan a ghlanas o gach gaoid
Le 'm bheil an aomachd lan.

### XVII.

Tha neart a ghairdein laidir treun
Do 'n neach tha 'n eigin chruaidh,
S e iochd a bhuaidh bheir fabhar Dhe
Do luchd nan creuchd fo ghruaim;
Do luchd a chluain fo chridh reubt
S e dhoibhsan leigh nam buadh
S e bheir am plasd nach failnich beud
Ged bhiodh am feum thar luaidh.

### XVIII.

S e 'n cuspair graidh gu brath nach treig
A chuideachd fein ni 's mo;
S e fein a phaigh na 'n ait na feich
Air crann na ceusd ga 'leon:
O bhinn a bhais 's e shàth an cud,
Fhuair ceartas Dhe lan chòir
S e theasairg iad o mhàig na beist
A bha le beichd na 'n toir.

### XIX.

S e 'n t-aodhair ard os cionn a threud
M bheil beath nach treig us lòn
Ni 'n ionaltradh gu ciùin us seimh
Air raontaibh rèidh an sòigh ;
Ged ni na nathraichean an teum
An lot le pein us leon
Na fhuil tha 'n t-slaint oir their e 'n cubh :—
O feuch mi ceusd air pòil !

### XX.

S e 'n garadair s an fhionan fhior
Nach tamh ach dian ri feum :
Fear-aitich tha do ghnath ri gniomh
Ni maiseach fiamh nan geug
Ni 'n uisgeachadh gu pailt s gu fial
Bheir meas bhios liont na dheigh ;
S o fhiacla mhadradh 's e ni 'n dion
Ged bhiodh am miann na 'n teum.

### XXI.

S e rinn an sgaradh o'n stoc chrion
A shearg o chian s a chnamh
Gu 'n d' phlanndaich e iàd na lios-fion
A thaobh ro mhiad a ghràidh :
Do ni e 'n glanadh o 'n droch fhriamh
S an to'airt o nial a' bhàis ;
A chum an toradh tho'airt am miad
Thig dealt us grian a bhlàthais.

## XXII.

S e 'm fionan maiseach a's glan fiamh
Nach mill an sion a bhlath ;
Tha gheugan ceangailt ris gach iall
Ag gabhail dian fo sgail,
Tha millseachd fhallain s bainne chioch
A' teachd o chliabh gu 'm fàs,
Tha chuisle siubhlach 'sruladh nios
Do reir am miann gu 'n sàth.

## XXIII.

Ged tha na sionnaich carrach dian
U's seolta riamh mar bha,
Cha ruig iad orra chum an crion,
Oir 's teann tha 'm friamh an sàs ;
Tha fheartaibh glormhor dhaibh cho fial
S na 's leòr gu 'n dion na ghràs ;
S e ghliocas mor an seol s an rian
S an treoir fo sgiath gach la.

## XXIV.

Tha bhuille smachdachaidh d' a chloinn
A' gineadh aoibhneis mhoir ;
Ach àm a bualaidh chionn gu 'n d' thoill
Bidh dhoibh na oidhche bhroin ;
S thig dealaradh a ghnuis le foills,
An àm an teinn ro mhòir,
A chuireas fuadach air gach sgoim,
S a bheir dhoibh aoibhneas ceoil.

## XXV.

N uair ghuileas Criosd os-cionn a shluaigh,
Bha marbh san uaigh gun deò,
Cha chum an Satan, bàs no uaigh
Iad shios fo 'n truaigh ni 's mò :
Theid cuibhrichean a' bhais gu luath
Ghrad fhuasgladh dhoibh le deoin ;
Thig beath nan gras o lath 'r a nuas
Ni 'n àrach suas gach lò.

## XXVI.

N uair ghuileas Ios' thig iads' o'n bhàs
Le gairdeachas us ceòl,
S ni Criosda subhachas gu h-àrd
N uair shileas iads' na deoir ;
Oir 's ann tre bhron-san fhuair iad baigh
Tre 'fhuil na 'n àit a dhoirt :
S o'n rinn e'm peacadh searbh dha 'n cail
Bidh 'n gairdeachas an gloir.

## XXVII.

S e leagas sios s a thogas suas
Us se bheir uath am bron :
Se lotas iad air iomadh uair
Le claidheamh cruaidh a bheoil :
Se meud an calldach s an an-uair
Bhios dhoibh na bhuannachd mhoir
S à crann na ceusda ni iad uaill
Le h-aiteas s luathghair ceoil.

## XXVIII.

Si fhuil am plasd 'a bheil a bhuaidh
Gu leigheas suas an leoin;
Se 'sholus dealrach thig a nuas
N uair bhios iad truagh fo neoil:
S e 'n comhfhurtair tha lan dü thruas
N uair bhios iad buailt fo 'n ord
Se shlànuicheas an cnàmhan suas
Bha brist s bidh 'n uaill na threòir.

## XXIX.

S o'n rinn e 'n saoradh o gach beud
Us o'n an-eibhinn mhoir,
O dhammadh ifrinn s mallachd Dhe,
O ghal s o éigh a' bhroin,
Le saors o'n mhallachd dh' ionnsuidh réit,
S a bheannachd fein gach lò
Ged gheibh e 'n gaol cha n ioghnadh e,
Le aont us géill d' a ghloir.

## MAISE CHRIOSD.

THA cliù an t-Slànuighir bhith-bhuan
   R'a sheinn le fuaim a ghnath,
A thaobh a ghrais s a ghraidh d' a shluagh,
Bho 'n 's E 'rinn suas an slaint ;
Cha dean iad tamh gu bràth dheth 'luaidh
Ach gloir s gach uair 'tho'airt dha ;
S o'n thaom e 'ghaol na 'n cridhe le buaidh
Tha 'n oran nuadh gach tràth.

### II.

O'n dh' fhosgail E an suilean suas
Bha duint fo dhuathar bàis,
Bho nochd E dhoibh E féin na thruas
Bha 'n ceum gu luath na dhàil ;
Oir dh' fheuch E dhoibh fior dhreach A ghruaidh
Us mais' A shnuaidh le fàilt,
Le 'n d' lean iad E s gach ceum mu 'n cuairt
Gu dlù, mar fuaight ri 'shàil.

### III.

Oir 's maisich' E no clann nan daoin'
An àilleachd s aobhachd snuaidh :
Tha 'chomunn gradhach, grasmhor, naomh,
To'airt beath' o'n aog a nuadh :
Tha 'ghradh cho blath ro bhaigheil caoin
S gu 'n leagh e 'n daor-chridh cruaidh ;
B 'e 'n sòlas lan 'bhi 'm pàirt A ghaoil,
S na ghlacaibh caomh do-ghluaist'.

B

### IV.

Tha dreach A phears us mais A ghnuis
Thar cainnt us ciùil r 'a luaidh,
S e dearg us geal ; tha 'anail cùbhr',
Mar ròs fodh dhriuchd sa' chluain :
Tha 'àilcadh glan do 'n anam chiùrrt,
Tha 'shealladh sùl làn truais,
Tha 'bhriathran fallain' reidh' làn iùil
Tha ghealladh ciùin do 'n truagh.

### V.

Bhi dearg le fuil gu léir mu 'n cuairt,
Fo 'n fheirg throm-bhuailt a dhoirt
Air còm a ghraidh tha lan de thruas
Dh' fhag maiseach snuadh A neoil
Do 'n pheacach leointe fo 'n gheur-ruaig,
An ceartas cruaidh na thoir :
Se siud an sgàil bho 'n mhallachd bhuan ;
S o'n teas s o'n fhuachd se 'n cleoc.

### VI.

Bhi geal le fireantachd neo-thruaillt,
Le naomhachd bhuan gun sgleo,
Gun smal gun spot gun ghaoid r 'a luaidh,
Ni 's glaine snuadh no 'n t-or :
Se siud a's trusgan réidh d' a shluagh
A chreid binn fhuaim A sgeoil,
A fhuair compàirt na ghràs s gach buaidh ;
Gu bràth se 'n uaill 'chrun gloir'.

## VII.

S E' n t-Iongantach am measg an t-sluaigh,
S nan ainglean shuas an glòir;
S E thug an gràdh an aghaidh fuath,
Nach fhaodar 'luaidh le beòil;
An coslas pheacach 'theachd a nuas
A dh' fhulang truaigh' 'san fheòil;
Bhi 'n nadur duine 'bhos air chuairt
S 'n A naomhachd shuas bith-bheo.

## VIII.

S E Righ nan Righ gach linn gu bràth,
Tha 'nis am Pàras shuas;
Tha 'nainmhdean ceannsuichte fodh shàil
Oir chur E 'm blàr le buaidh;
Tha 'cheannardachd a nis cho làn,
Tha neart a ghàirdean buan:
Tha gach uil' iomlanachd a' tamh
N Emanuel nam buadh.

## IX.

S e 'n Tì ro mhor, Ichobhah 'n àigh,
S mòr inbh' ro ard r 'a luaidh;
Tha aingl' A ghloir' le 'n ceol na 'làtha'r,
Ri seinn nan dan 's binn fuaim;
A' comhdachadh an gnùis le sgàil,
Le dealradh lan A shnuaidh,
A tilgeadh sios an crùin gu làr,
To'airt umhlachd dha gach uair.

## X.

Tha aoibhneas lan, tha gràdh gun tnu,
Ri 'mhealtuinn dlùth fo 'sgéith
Tha beath' us slàint' am fàilt' A ghnùis
Do neach fodh chiùrradh geur;
Tha 'ghealladh gràis 'to'airt blaiths ás ùr
Do chuid 'tha 'n tùrs fodh chreuchd;
Ach 's bron s is bàs do chàch A chùl,
Nach d' chlaon an sùil na 'dheigh.

## XI.

S E 's sgiamhaich' cas a dh' imich feur
Gun lùb na 'cheum gun fheall;
Tha dealradh glan na 'eudann réidh,
Mar dheàrrsadh gréin air bheann;
Tha 'chonaltradh cho bàigheil, séimh,
S E 's milse beul us cainnt:
N àm comhraig, carraid, strith no stréup
Cha 'n fhàilnich beum A laimh'.

## XII.

An cruas A ghleachd bha 'thapadh treun;
Bu sgaiteach beum A lann;
Fhuair buaidh a' chath mar ghaisgeach gleust,
Le 'chumhachd féin 's gach ball;
Na 'uachdranachd air uaigh s air eug
Tha neart nan neamh na 'laimh;
Le 'eirigh chuir E 'n nàmh fo stéill;
Oir lot E bheist sa' cheann.

## XIII.

Tha còm A ghràidh cho làn de ghaol
E mall chum fraoch s chum fearg ;
Tha 'iochd s A ghras do phobull naomh
Am bann do-sgaoilt' nach searg ;
Cha sgar gu bith bhuan olc no aog
Aon anam saort' air falbh
O chaidreamh blàth A chàirdeis chaomh,
Ged robh 'n droch aon ga 'n sealg.

## XIV.

Tha E cho geur an leirsinn sùl
Gu 'm faic E 'n smuirnean meanbh
Tha E cho glan na bholadh cubhr'
Gu 'n to 'air E 'ghnuis air falbh
N uair gheibh E goirteachadh 'san tùis:
Bidh samh gach sgùm leis searbh,
Gu 'n dean E 'n lot gu geur ás ùr,
Gu sgrios gach grùid us searg.

## XV.

Tha 'bhrollach fiorghlan siorruidh làn
De 'n bhainne 's fearr do chlann ;
Beò-uisge fior bho chliabh A ghraidh
A' ruith gun tàmh na dheann :
Tha 'uchd ion-mhiannaichte cho blàth,
Cho maoth, lan bàigh 's gach àm—
S mo mhiann cha riaraichear gu bràth
Gu 'm faigh mi dh' àit 'bhi ann.

# FOGHAINTEACHD GRAS DHE.

### Earrann. I.—Mosgladh.

"*Mosgail, thusa a tha a' d' chodal, agus éirich o na marbhaibh, agus bheir Criosd solus duit.*"—Ephes. v. 14.

O m' anam! mosgail suas ás
    Do shuain s na dean dàil!
Gabh ri tairgse luachmhoir
An Uain, fhad s is là,
O 'n dhoirt e fhuil ro uasal
Gun duais air do sgàth,
Mar iobairt chum do bhuannachd,
Us t' fhuasgladh o 'n bhàs.

### II.

Gabh ri Iosa Criosda,
Gu d' dhion ás gach càs;
Mar do bhunadh diongmholt,
S do dhaingneach o d' nàmh;
Mar do charraig dhìdinn
Nach dìbir gu bràth;
Feadh gach àl mar t' fhireantachd
Do shith us do shlàint.

### III.

Gabh ris mar an fhirinn,
Ni lìrt thu o 'n chàin :
Mar an aisridh chinnteach,
Tha direadh an aird ;
Mar a bheath' nach criochnaich,
S nach dìthich ach lan ;
Mar thobar glan na fior uisg,
Gu siorruidh nach traigh.

### IV.

S e ceannard treun na slaint chuir
An namhaid air ruaig,
A bhuinig a bhuaidh-larach,
Fo spairn bha ro chruaidh,
Fo phiantaibh fuar a bhais a
Chum tearnaidh d' a shluagh,
S tha 'g ullachadh dhaibh àit ann
Am Paras tha shuas.

### V.

Na fannaich an àm gàbhaidh,
Do d' namhaid na striochd,
Na biodh geilt na sgàth ort,
Bi laidir an Criosd ;
Bi earbsach ás a ghairdean,
Nach failnich gu sior,
S biodh 'bhratach-san mar sgail dhuit,
Gach là chum do dhion.

## VI.

Gabh an cuireadh fial s e
Ga d' iarruidh gu teachd,
Na biodh geilt no fiamh ort,
Ge cianail do staid;
Se fireantachd fuil Chriosda
Ni sgiamhach do dhreach,
Cho cinnteach s tha a bhriathran,
Bithidh Dia dhuit mar thaic.

## VII.

Gun leisgeul dhuit ri fhaotainn,
Mar fritheal thu dha,
S a bheannachdaibh gun chaochladh,
Gun traoghadh air àgh;
Do ghalairibh ro lionmhor
Gu 'n lion e le phlàsd,
S ro aimideach an gniomh dhuit,
Mur striochd thu na thràth.

## VIII.

S ro aimideach an ni dhuit,
Mur aontaich thu dhà,
S a gheallaidhean ro phrìseil,
Chaidh innse mar tha;
O 'n cheannaich e cho daor thu
Le maoin bha ro ard,
Gu 'n gabh e riut gu faoilteach,
Nach caochail a ghras.

## IX.

O gabh ri cuireadh Dhia tha
Ga d' iarruidh le ghlaodh,
Le cuireadh failteach fial gus
Do dhion o gach daors;
Se bheir dhuit slaint us siochaint,
Trid Iosa Mhac gaoil,
Dhoirt fuil a choi-cheang'l shiorruidh,
Mar thiodhlaiceadh saor.

## X.

Na mealladh dia an t-saoghails'
A ris thu mar thraill,
Se t' allaban us t' fhaontradh,
An ni leis a 's fhearr;
Grad dhealaich ris s na taobh e,
Bi cuibhteas dheth 'phairt,
U's teich gu d' bhaile didein,
O dh' iobradh t' Uan caisg.

## XI.

Dean faireachd us bi stuama,
Le cruadal gu feum,
Mar neach s a nàmh ga 'ruagadh,
Grad luathaich do cheum,
A chum gu 'n glac thu 'n duaise
To'airt buaidh 'sa bhlàr-réis,
Gu 'm faigh thu 'n crùn neo-thruaillte
Ri 'bhuannachd na dhéigh.

### XII.

Tho'air fainear cho anabarrach
Cealgach s tha bheisd,
Le innleachdan a' sealg ort
Gu d' thearbadh na dhéigh ;
Cho lagchuiseach neo-chalma,
S tha t' anfhainneachd fein,
Am feum th' agad air earbsa
San targaid nach tréig.

### XIII.

Tha iomadh namh ma 'n cuairt ort,
Ga d' ruagadh gu cuil,—
Tha Satan ga do bhualadh
Gu cruaidh mar le dhuirn ;
Tha 'n saoghal 'g iarruidh buaidh ort,
Le 'bhruadair nach fiù ;
An fheoil le 'miannaibh truaillidh,
Ga d' bhuaireadh gu dluth.

### XIV.

Tha 'n cridhe graineil fuar lan,
Do thruaillidheachd bhréin,
Lan salachaireachd mi-stuama,
Gu smuainteach dhroch bheus,
Lan aingidheachd us uamhair,
Lan uaill us fein spéis ;
Gach naimhdeas 'g eiridh suas ann,
Le fuath 'n aghaidh Dhé.

## XV.

Tha carairneachd do naimhdean,
Le fealltachd co mòr,
A' feuchainn riut gach ainneirt,
S iad teann ort an tòir,
Gu d' tharruing dh' ionnsuidh t-aimhleis,
Gu d' shleamhnach o 'n ròd,
Us gun do nearts' ach fann gu
An ceannsach no 'n leon.

## XVI.

Tha 'n fheoil le h-anamiannaibh,
Do-riaraicht a stréup,
Ga d' bhrosnachadh gu t' fhiaradh
O riaghailtibh Dhe;
A tograidhean cho ciocrasach,
Diorrasach geur,
Ri 'n ceannsachadh 's ro dhiomhain
Dut fiachainn leat féin.

## XVII.

Tog ort us glac deagh earbsa,
Na dearmaid bhi gleachd;
Ged tha do laigs ro an-fhainn
Neo-dhearbht agus tais,
Gu tagradh na bhi balbh, 'g iar-
Raidh tearmuinn us neirt,
Gu 'n deonaich Dia le airchios,
Dut armachd nam feart.

## XVIII.

Na gabh an armachd fheolmhor,
Tha breoite gun sgoinn,
A dh' fhailingeas na d' dhorn thu
N àm foirneart us teinn,
Ni gealtair dhiot 'san tòrachd,
Gu t' fhogradh le sgaoim,
N uair thachras riut Apoluon,
Gu d' leonadh le foill.

## XIX.

Ach gabh ort airm Iehobhaih,
Tha ordail s nach pill,
Tha spioradail us beothail,
N àm comhraig us stri,
Us laimhsich iad gu h-eolach,
Reir ordugh an Riogh,
Le beumaibh gaisgeil, seolta,
Ni 'n leomhann a chlaoidh.

## XX.

Se armachd fhallainn Dhe 'n àm
Nam feum a bhios ceart,
Bhios ealant agus gleusda,
Nach géill an àm gleachd,
Bhios barant ann san t-stréip s nach
Pill eiginn no airc,
Gu cur na ruaig gu treun air
A bheist le geur speach.

## XXI.

S ro acfhuinneach an armachd,
Neo-chearbach san t-stréip,
An creideamh bhios neo-chealgach,
S deagh-carbsa da réir,
N àm eirigh do 'n gheur-leanmhuinn,
Se dhearbhas bhi treun ;
Tha chuspair laidir calma,
S a leanabaidh cha tréig.

## XXII.

Se Criosd a charraig ailbhinn,
Da leanabanaibh fein ;
Se o gach beud us anagnath
Ni 'n teanachdsa gu leir ;
Se 'm bunait e nach cairichear
Se 's tearmunn da threud,
Ged bhuail an tuil s an stoirm orr',
Bithidh 'n carbsa fo sgéith.

## XXIII.

Is gasd an armachd chomhraig,
Deagh dhochas tre ghras,
Le irioslachd gun mhorchuis,
Neo-bhosdail do ghnàth
Le dilseachd ris a choir ann
An roidibh na slaint,
S bhi toilicht le do chò-roinn,—
Sco-choirdte le gradh.

## XXIV.

Gradh do Dhia na faoile
Na d' dhaonnachd gach àm;
Gradh do 'n Mhac, t' Fhear-saoraidh
Thug daor na do gheall;
Gradh do 'n Spiorad Naomha,
Le faoilteachd gun fheall;
Gradh do 'n lagh tha aont ann
Am firinn gun mheang.

## XXV.

Gradh do 'n chinne-daonna,
Le gaol mar dhuit fein;
Gradh brathaireil nach dean aon lochd
Do dh' aon neach fo 'n ghrein;
Gradh cathrannach ro-chaomhail,
Gun ghaoid gun droch bheus,
Bheir creideas do gach aon ni
O 'n fhirinn gun bhreig.

## XXVI.

An gradh a chaoidh nach fuaraich
Gu fuath chur air chùl;
An gradh a sheasas suas gu
Bhi fuadach gach tnù;
An gradh a ghnà bheir buaidh air
Gach fuachd us mi-rùn,
S a bhios gu brath le luaghair
Do 'n Uan a' seinn cliù.

## XXVII.

Biodh claidheamh 'n Spioraid Naomha
Nach claon ann do laimh;
Biodh sgiath a' chreideimh daonnan
Ga d' dhion air gach àm;
Biodh clogad slaint us saorsa,
Gach aon uair ma d' cheann;
S cha dean do namh dhuit baoghal
Le faobhar a lann.

## XXVIII.

Na gabh fois no comhnuidh,
Fo sgleo nach bi ceart;
Ma d' pheacadh bi ro-bhronach,
Na sòr ris bhi gleachd;
Biodh iotadh ort mu 'n chòir s cum
An fheoil fo throm smachd,
Trid Chriosda bhi mar threoir dhuit,
Gu d' dhòruinn a' chasg.

## XXIX.

Cum agad gach ni fhuair thu
O 'n Uachdaran chiuin,
Mu 'n glac neach eil' an duais ort,
S gu 'm buanaich e 'n crun;
Dean dichioll agus cruaidh-spairn,
Le cruadal s le surd,
Gu 'm faigh thu steach do shuaimhneas
Bith-bhuan Righ nan dul.

## XXX.

Cum siorruidheachd a ghnàth ann
An sàr bheachd do shùl,
Tha àm cur dhiot a phailliun
Tigh'nn gearr ort us dlùth;
Na to'air mi-bhuil á gras thig,
Am bas an gearr uin,
Gun ghealladh dhuit air là chur
Ri aireamh do churs,

## XXXI.

Bi tagradh ris an Ard-Righ,
Air sgath fuil an Uain,
Do dh' fheartaibh pailt a ghrais ort
Gu 'm bairig e nuas,
Na neartaicheas tu 'n gradh dha
Fad laithean do chuairt,
Gu 'n seilbhich thu am Paras
A lathaireachd bhith-bhuan.

## XXXII.

A Thi sin a tha saoibhir
An caoimhneas do ghnàth
A dh' fhuasgail bruid á geimhlibh,
S á cuibhrichibh bais;
O taisbein dhomh le aoibhneas,
Glan fhoillse do ghraidh!
Thoir neart dhomh 'n aghaidh saighdean
Ro theinnteach mo namh!

## XXXIII.

O thus ! a Righ nan neamhan,
Tho'air eisdeach dhomh 'n traths
Air sgath na Ti a cheusadh
Gu threud tho'airt gu slaint,
O doirt do Spiorad fein us
Lan eifeachd do ghrais,
Air anamanaibh luchd leughaidh,
Us eisdeachd mo dhain !

## XXXIV.

Chum peacaich thruagh a philltinn
O mhilltear nam breug,
An tarruing dh' ionnsuidh t' oighreachd,
S bithidh aoibhneas air neamh ;
O beannaich iad trid caoimhneas,
Us toillteanas an Léigh,
Sam faigh thu 'n cliu tre linne
Nan linntibh, Amen !

---

### Earran II.—Iompachadh.

## I.

BHA mis a' m' chreutair truagh ann
    An duathair a bhais ;
Air m' fhoirgneadh leis an diabhol,
A' gluasad na cheaird ;

Air m' iomain leis mu 'n cuairt, an
Daors chruaidh aig mar thraill,
Beo-ghlact na ghoisnibh buairidh,
S fior luaidh agam dha.

## II.

Is ann na oibre truagha-san
A ghluais mi gach là;
O 'n thuit o 'n bhroinn a nuas mi,
Mo thruailleachd bha fas;
Bha phuinnsean nimheil fuar a
Tigh'nn suas rium gach trath,
Ga m' dhalladh leis gach tuaileas,
Lan fuath do gach àgh.

## III.

Se iomhaigh sgreitidh dhuaichnidh,
Bha fuaight agus càirt,
Air m' anam san staid thruagh sin,
O 'm dhualchas ri Adh'mh:
Us chit' air m' aodach uachdair
A shnuadh anns gach pairt;
Bu shoilleir dha 'n an t-sluagh e,
Thaobh gluasaid mo ghnais.

## IV.

Nam foghnadh misg us poite
Cluich, ceol agus danns;
Le anacainnt s mionnan mora,—
Gach droch ghloir bha na m' cheann,

To'air masladh do 'n ainm oirdhearc,
Le spors anns gach àm,
Ga luaidh na m' bhilibh neo-ghlan,
Gun sòradh do m' chall.

### V.

Bha mi na m' fhear striochdaidh
Do dh' iodhalaibh breig;
Leis gach sòlas diomhain
A riaraich mo chre;
Gach salachaireachd ga m' lionadh
Le mianntanaibh breun;
S mo chridhe 'ghna sior fhiaradh
O iarratas Dhé.

### VI.

A ghloir a dhlighear dhasan
A mhain o gach aon—
An riaghladair a 's airde,
Tha thamh os ar ciunn,
Thug mise 'sheirbhis Shatain,
To'air graidh dha gu saor;
Ris cul a chur cha b' aill leam,
S mi 'n sàs aig air taod.

### VII.

B' fhear truaillidh mi do ghnath air
Na Sabaidibh naomh
Eas-umhail s a to'airt taire,
Do m' pharantaibh caomh;

A' m' mhurt-fhear air mo bhrathairibh,
Mi 'm 'nàmhaid da 'n taobh ;
S neo-gheanmnaidheachd ro-ghraineil
Ga h-àrach na m' chaoch.

### VIII.

S mi 'n gaduiche ro dhàna,
Gun naire gun fhiamh,
Ri slaid, ri braid s ri meairle,
Air àithnteanaibh Dhia ;
Mar bhreugair thug mi 'm barr air
Neart chaich ann sa ghniomh,
S thaobh sannt cha 'n fhaodainn tharsinn
Lan shasachd do m' mhiann.

### IX.

Cha 'n eil àithne sgriobht ann
Sa Bhiobull gu leir,
Air nach d' rinn mi striopachas,
Dimeas s neo-speis ;
Le buairidhean a mhilltfhear,
Ga m' shior chur ris fein,
Mo chogais ga mo dhiteadh
Gu binn na sgrios léir.

### X.

Tha mo pheacaidh graineil,
Do-àireamh am miad,
Is ciontaich mi na Satan,
S na thàrmaich a shiol ;

Oir bha mi na m' fhear aicheadh
Air nadur an Dia
A ta na ghloir a' dealradh
Ni 's àillte na 'ghrian.

## XI.

Na Iudas cha mhi b' fhearr, ged
Bu ghràineil a ghniomh,
An uair a reic e Shlàn'ghear
Ri cach air bheag fiach ;
Oir dh' ionnlaid mi mo lamhan
Gu dana na chliabh,
Le ith aig bord na làth'r,
Gun fhios a'am ciod bu chiall.

## XII.

Gach teagasg gheur no chruaidh, riamh
A chual mi ri m' là,
Bha cogarsaich o 'n diabhol
A' m' chluasan ag radh :—
Cha bhuin e dhuits' am fuaim ud,
Na gluais ris an traths
S gun ann ach bagradh fuathais
Tha bualadh air cach.

## XIII.

Bha cealgaireachd mo namhaid
Ga m' thaladh cho meallt,
Ga m' theannachadh na ghairdeainibh
Grannda gu teann ;

Am b' ioghnadh leibh mar bha mi
Na m' thraill dha gach àm,
Us mi cho dluth dha 'n cairdeas
Thaobh naduir le bann ?

## XIV.

Do sheirbhis an droch aoin thug
Mi gaol agus toirt ;
To'airt cluais do dhia an t-saoghails'
S mi aontach dha thoil ;
O b' e m' oid fhoghluim s m' aodhair,
Mi daonnan na sgoil ;
Gun churam bais no caochlaidh,
Gun smaoin air mo chor.

## XV.

Gu 'n d' fhuair mi buille threun le
Sar bheum a bha ciùrrt,
Le 'n d' shaoil mi gu 'n robh 'n t-eug le
Ghath geur orm cho dlùth,
Gu 'n d' fhosgail ifrinn s leirsgrios,
A beul air mo chùl,
Gach carbsa s dochas threig mi,
Dh' fhag deurach mi s brùit.

## XVI.

Mo pheacaidhean ro mhor
Thainig comhla na m' chuimhn,
Gach aingidheachd mhi-nosach
O m' oig rium bha straoi ;

Bha toillteanas gach do-bheairt
Ga m' leon s ga mo chlaoidh,
Dh' fhàg ceartas Dhe na gloire
Mi' m' dheoiridh fo 'n chuing.

### XVII.

Ach 's ann do dh' iochd s do throcair
Iehobhaih na slaint,
Nach d' thilg e mi gu doruinn,
Gun dochas ri baigh ;
Nach d' sgrios á tir nam beo mi,
Gu dòlas gu brath ;
Bu cheart a bhinn dha m' fhògradh
O choir air gach gras.

### XVIII.

Bha mo dhuil nan eirinn
O 'n phein bha ga m' chradh
Gu fasainn na m' nuadh chreutair
Na dheigh sin gun dàil,
Gu 'n coisninn saors us reite,
Tre gheill tho'airt do 'n àithn,
S nach deanainn claonadh ceum air
Gloir Dhe gu tigh'nn gearr,

### XIX.

Bha Belial co luaineach,
Le chluaintearachd mhor,
Ro mhiodalach mu 'n cuairt dhomh,
Le bhuairidhean seolt,

Ga m' chumail mar le buaraich,
Fo dhuathar gach sgleo,
Nach fhaoduinn teicheadh uaithe
S mi 'n tuaicheal fo spoig.

### XX.

Nuair fhuair mi seorsa faothaich,
S a lughdaich mo bhron,
Bha mi 'm beachd ri m' shaoghal,
Nach aontaichinn dho,
Gu leanainn ceum na naomhachd
Gun aomadh gun gho,
Nach mealladh e air aon achd
Mi thaobh o na choir.

### XXI.

Ar leam gu 'n d' thug mi buaidh air,
Gu 'n d' fhuair mi e 'n sàs,
Ach b' aimideach mo smuaintinn,
San uair sin s bu bhàth,
Na h-uile ceum an gluaisinn
Ga m' fhuadach o ghras ;
Ga m' mhealladh leis gach tuaileas,
Tobhairt fuath dha mo shlaint.

### XXII.

Oir stiuir e mi an duathar
Le bhuairidh ag radh ;
Tre 'n lagh gu faighinn fuasgladh
Gu luath o mü chàs,

Ga m' dhireadh le m' throm uallach
A suas ri Sinài,
Gu 'n d' mhothaich mi 'm mor-uamhas
Ma 'n cuairt orra bha.

## XXIII.

Bha lasraichean a' dearrsadh
Mar gharadh mu 'n t-sliabh,
Le dealanaich us tairneanaich,
Ard us tiugh nial;
Chuir crith us giorrag bais orm,
Ga m' ghnà leagadh sios,
A' cur dhomh 'n ceill mar bhi mi,
Na m' nàmhaid do Dhia.

## XXIV.

Bha tuillte feirg an Ard Righ
Ga m' chradh s mi gun chli,
Thaobh bristeadh air gach àithn dheth
N da chlar sin tha sgriobht:
S gach puing mi bhi tigh'nn gearr air
Gloir àluinn an Tri,
Thaobh truailleachd mo staid naduir
A dh' fhag mi fo 'n chis.

## XXV.

Bha mallachd Dhe a' bualadh
Le fuaim orm o 'n aird,
Chuir deibhreach s gaoir a' m' chluaisibh
Air luaths iad nach fag;

Laidh tromadas air m' uallach,
Dubh ghruaim s mi 'n riochd bàis,
Cha b' ioghnadh sin san uair ud
Bu truagh bha mo chàs.

### XXVI.

Us bha mi treis an sàs ann
Sa chàs sin fo bhron,
Mar neach an galair craiteach
Gun chairdean na chòir,
Gun neart gun luths gun tabhachd
Lan failinn gun treoir,
Fo chuibhrich aig mo namhaid,
Gun bhaigh aige dhòmhs.

### XXVII.

Gu 'n cuala mi 'n guth graidh sin,
O Ard Righ nam feart :—
" Gach neach a ta fo àmhghar,
" No 'n sàs ann an aire,
" Bheir mise fois us sàmchair,
" Mo ghrasan cho pailt,
" S nach dìbir mi gu bràth sibh,
" Ma 's àill leibhse teachd.

### XXVIII.

" Oir bhrist mi 'n geata pràisich,
" Le tabhachd mo neart,
" Gu priosanaich a thearnadh
" Bh' aig Satan fo ghlais ;

" O dh' oibrich mi dhuibh slainte,
" Fo spairn us cruaidh ghleachd,
" Gu 'r fuasgladh o gach trailleachd
" Gu Pharas a steach."

## XXIX.

Leum mi 'n sin le baoim ann
An aoibhneas ro mhor,
Le duil gu 'n d' fhuair mi cuibhteas
Gach cuibhreach us leon,
Nach rachainn ceum o 'n aoidh sin,
Gu m' aimhleas ri m' bheo
S nach cuireadh feachd nan deamhnean
Gu faing mi ni 's mò.

## XXX.

San àm sin bha m' dhuil gu
Robh chuis mar mo mhiann,
Nach b' eagal dhomh co-dhiu s gu 'n
Robh m' iompachadh fior,
Gu 'n deanainn fein an t-iul gus
Mo dhluth' chadh ri Dia,
Gun fheum air gras gu m' stiuireadh
A dh' ionnsuidh fuil Chriosd.

## XXXI.

Ri Satan chuir mi cul, bha
Mi 'n duil ar leam fein :
Bha m' inntinn dhorcha, mhuchaidh,
Co dùr s nach bu leir

Dhomh 'n namhaid bhi na dhuisg le
Chuid chuilbhearta gleust,
S mo bhàs a bhi na rùn le
Dhroch ionnsuidhean treun.

## XXII.

Nuair shaoil leam chuir mi cul ris,
S nach b' fhiu leam a rian,
Se sin a nuair a dhluthaich,
As ùr rium a bhiast
Le charaireachd mhi-runach,
Ga m' stiuireadh na lion,
Cur dalladh air mo shuilibh,
Ga m' lubadh o Ios.

## XXXIII.

Oir bhrosnaich e gu luath mi
Le uabhar ro mhor,
Ga m' thogail ann an uaill 'g iar—
Raidh buaidh le fein ghloir;
Na m' fhireantachd ro thruailleadh
Ga m' shuaineadh le bosd;
Air dhomh bhi' m' chreidmheach nuadh dh'at
Mi suas mar thubhairt Pol.

## XXIV.

Tha 'chealgaireachd s a' dhraothachd,
A' stri rium s a' streup,
Ga m' tharraing s ga mo shlaodadh,
Le innleachdan breig;

S e 'g iarraidh fàth gach aon uair,
Gu m' aomadh ris fein ;
A shaighdean teinnteach daonnan
Na m' chridh gu ro gheur.

## XXXV.

Tha trioblaidean us amhghar,
A ghnà rium a' streup ;
Cur bacadh air mo shlainte,
Ga m' thaladh o 'n Leigh ;
Nuair shaoileas mi bhi sabhailt,
Gun ghàbhadh, gun bheud,
Air ball 's ann tha mi 'n sàs aig
An namhaid air éill.

## XXXVI.

Tha uamharrachd us aing'dheachd,
Gach àm orm a' leum,
Le ribeachan mo naimhdean
Cho teann air a chéil' ;
Le lionmhoireachd s na th' ann dhiubh,
Do rannsaicht dhomh mheud,
S nach cuir mi cunntas ceann orr,
Le peann no le beul.

## XXXVII.

Si 'n uideil bha dhomh 'n dualchas,
O ghluais mi an tòs
Air oiltheireachd mo chuairte,
Is mi 's truaighe dheth 'n t-slògh ;

Mo nàmh a ghnà ga m' ruagadh,
S ga m' bhualadh a dhorn 'bh,
Le piobraichean a bhuairidh
Gach uair ga mo leon.

## XXXVIII.

Tha phiobraichean gach uair ga
Mo bhuaireadh san fheoil,
Gun chomas dhomh am fuadachadh
Uam le mo threoir ;
Fo chuibhrichean mar chruaidh-shnaim,
S mi 'n truaghan is mò,
Co nis a nochdas truas dhomh
Na dh' fhuasglas an cord ?

## XXXIX.

Co dh' fhuasglas ach an aon Ti
A shaothraich fo m' chradh,
Leag braighdean bha 'n cruaidh dhaorsa
Fo sgaoil trid a bhais,
A dhoirt an iocslaint phriseil,--
Fhuil rioghail gu lar,
S thug tiodhlacan do dhaoinibh
Air dha direadh an aird.

## XL.

An Ti thug bruid á priosan,
S a chriochnaich dhaibh slaint ;
An Ti tha tairis naomha,
S nach traogh neart a ghrais,

Do chuspairean a ghaoil se 's
Bun didean gu brath,
Tha fheartan pailt us saor daibh,
Lan caomhalachd us graidh.

### XLI.

Tha fheartan pailt us saor daibh,
S a chaoidh iad cha treig ;
Tha ghealladh dhaibh gun chaochladh
Chaidh innse le bheul
Gu 'n ceannsaich e gach aon olc,
A dh' fhaod riu bhi streup
Fad reis an cuairt gu h-iosal
An saoghal nan deur.

### XLII.

Gad gheibh iad tailceas s dimeas
O dhaoine s toibheum ;
Ged gheibh iad masladh s mì-chliu,
Cha chlaon iad s cha gheill ;
Tha buaghaibh am Fear-saoraidh
Ga 'n sior chur air ghleus,
Le neart an Spioraid Naomha
Ga 'n aonadh ris fein.

### XLIII.

Tha feart an Spioraid Naomha
Ga 'n aonadh ris fein,
Cha deireas dhaibh mar chaoraich,
Tha 'n Aodhaire treun ;

Cha laidh orr' gort no caoil ach
Tigh'nn daonnan fo sgeimh,
S a' bheath nach leir do 'n t-saogh'l orr
Ga taomadh o neamh.

### XLIV.

O thusa! Dhe na naomhachd,
An Righ sin a's aird,
Air sgàth do throcair chaomh ann
An aon-ghin do ghraidh,
Do shochairibh na saorsa
Dean mi' m' fhear co-pairt,
Gu teann le bann neo-sgaoilte,
Reir maoineachd do ghràis.

### XLV.

Chum s gu faigh mi saorsa,
Trid Chriosd agus slaint,
O mhallachd an lagh naomh air 'n
Robh mi deanamh tair;
Gu 'n tarruing cord do ghaoil mi,
Gu aontachadh dha,
Le m' thograidhean bhi daonnan
Sco-aomaidh do 'n àithn.

### XLVI.

Gu 'n gabh mi ris gu caomhail,
Le faoilteachadh gràidh,
Le inntinn fhallain aon-fhillt,
Gun chlaonadh gun sgath,

Gloir Dhe a bhi gach aon uair
Na m' smaoin mar chrich aird ;
U's diomhanas an t-saogh'l chur
A thaobh mar fhaoin sgail.

### XLVII.

O gearr mi o 'n stoc chriomaich !
N t-seann fhriamh sin a chnamh,
U's suidhich mi na d' fhionan,
Tha fior mar tha 'n radh ;
U's doirt do dhealt a nios orm,
Saor thiodhlac do ghrais,
Gu toradh tho'airt am fianuis
Bhios ciatach s deagh bhlath.

### XLVIII.

Air sgath na h-Iobairt reitich,
Bi fein dhomh mar threoir,
Do Spiorad doirt o neamh orm,
Gu ceusadh na feol ;
Gu fuadach na fein-speis rium
Tha 'g eiridh gach lo,
U's stiuir mi ann do cheumaibh
Gu reidh mar is coir.

### XLIX.

O glan mi o gach cucail,
M fuil chreuchdaich an Uain !
Dean m' aodach loithreach, breun, dhiom
A' reubadh a nuas ;

D

Le t' fhireantachd dean m' eideadh,
Le sgéimh a bhios buan;
S mo naomhachd dean da réir o 'n
S tu fein a bheir buaidh.

## L.

Dhuits' Athair chaoimh na siochaint,
An riaghlaidhear is mo,
Do Mhac do ghraidh-san, Criosd thug
An iocshlainte ri h-òl,
Do 'n Spiorad Naomh ion-mhiannaicht,
N t-aon Dia sin tha beo,
Tre linntinnibh neo-chriochnach
Na siorruidheachd biodh ghloir!

# CUIREADH CHRIOSD.

"*Thigibh a m' ionnsuidh-sa.*"—Mata xi. 28.

### I.

O 'n tha sinn uile le ceannas,
O dhualchas mearachd ar naduir,
A' bruchdadh aimhleis us ceannairc,
Am buaireadh meallaidh ga 'r taladh,
Le saighdean teinnteach ro nimheil,
Mar chuinnsear sparraidh ga 'r sàthadh,
O bhrùchd puinnsean na nathrach,
S na dh' inntrig caiireachd Shatain.

### II.

Cò ris an dean sinn ar gearan,
Mur gabh sinn aithreachas slainteil?
O bhàirig Dia oirnn am beannachd,
Le Iosa thabhairt ga 'r tearnadh,
Le 'n d' chuir e crioch air a ghealladh,
Roimh laimh a labhair Righ Daibhidh,
Gu 'm faisgeadh Criosd an gath nimheil,
Bha teann fo theangaidh an dragoin.

### III.

Gur h-ole an draothachd s an dalladh,
Na liontaibh meallaidh a chàireadh,
Le dia an t-saoghails' an caraibh,
Gach aon nach dealaich ri 'n trailleachd,
Nach iarr gu gluasad s nach caruich,
Gu 'm buail trom ghalair am bais iad;
Gur truagh ma 's crioch air an anam
Bith-bhuan a sgaradh o ghrasan.

### IV.

Tha truailleachd naduir ga 'r mealladh,
Le iomadh car agus fiaradh
Ar cridhe cealgach neo-fhalluin,
Lan aimhleis ain-iochd us diorrais,
Gur tobar salchair e s drabhais,
A' bruchdadh nimhe bho 'n iochdar,
Gu 'n oibrich gràs ann san anam,
Le gradh us dealas do dhiadhachd.

### V.

Gur sgeula duilich ri aireamh,
Us sgeula cràiteach ri sheanachas,
Ma ni sinn fuireach na 'r traillibh
Do 'n pheacadh, namhaid ar n' anma',
An Ti a dh fhuiling an taire,
Fo osna bhais gu ar teanachdsa,
Ag inns' ar cunnairt gach là dhuinn,
Mur gabh sinn trà ris an tairgse.

### VI.

Ciod e seo ni sinn, a chairdean,
An t-olc a ghnàth ga ar leanmhuinn,
Mur cuir sinn cul le fior ghrain ris,
S gu 'nochd an t-Ard Righ dhuinn airchis!
Ma 's ann air eiginn a thearnar
Am firean c' àite am bi 'n t-aingidh?
A reir na firinn, a bhraithrean,
Bidh 'n dara bas dha mar chrannchur.

### VII.

Cha seas a chuiseag 'sa bheunna
Roimh chorran geur an fhir-bhuana,
No duileag sheargta na geige
Roimh stoirm a sheideas le fuathas;
Mar sin cha seas luchd na h-euceirt,
An uair theid le leirsgrios am fuadach,
Gu iomad duibhre, gun leirsinn,
Fo gheimhlibh peine gun fhuasgladh.

### VIII.

Gur ni gun stà dhuinn bhi diospad,
Ma 's e s gu leig sinn air dichuimhn;
Oirnn fein a dh' fhagar a chionta,
Bhi dh' easbhuidh fiosraich air diadhachd,
S an t-Abstol Seumas to'airt fios dhuinn,
A leigeadh ris dhuinn na bhriathraibh,
Gach aon tha dh' uireasbhuidh tuigse,
Gu 'm faigh e gliocas r' a iarruidh.

## IX.

Ma's e s gu 'n iarr sinn le creideamh,
Gun bhi 'cur teagaimh na bhuannachd;
S gu 'm bi sinn cinnteach, neo-ghcilear,
Le inntinn sheasmhach, gun luaisgein;
Tha Dia ro shaibhir gun easbhuidh,
A ghras, gun teirc, bheir e uaithe,
Ma bhios sinn earbsach, neo-eaglach,
Gu 'n doirt E fhreasdal a nuas oirnn.

## X.

An uair thig am breitheanas eaglach,
S a dh' fheumar seasamh na làthair,
Is e dh' fhagas shios sinn gun leisgeul,
Gun seol air freagradh gus aicheadh,
Cho lionmhor uair ann san eaglais,
A dheisd sinn teagasg na Sabaid;
Gach puing a chual' sinn dheth 'n Sgriobtur,
Gur truagh mur creid sinn le gradh e.

## XI.

Gur cruaidh am bagradh ro-chianail,
Air luchd mi-rian theid a dhortadh,
Nach striochd do Shoisgeul na sithe;
S an dream air Dia nach gabh eolas,
An uair theid an aicheadh le Criosda,
Gun duil ri siochaint, no trocair,
Ach sgrios o làthaireachd shiorruidh,
S o ghloir neo-chriochnaicht a mhorachd.

## XII.

Gach aon nach eisd ris an fhacal,
Nach geill do 'n reachd s nach to'air cluas da,
Tha àm a dhìolaidh am faisg air,
Sa 'm faom an t-achmhasan cruaidh air,
Gun àite tearmaid no fasgaidh,
No seol air seachnadh an fhuathais,
Ach claoidh le doruinn gun mheachain,
Fo phiantaibh lasraichean truaighe.

## XIII.

Am faod do chridhe-sa ga fhulang?
No 'm faod, a dhuin', thu bhi laidir,
N uair thaomas 'fhearg-san mar thuil ort,
Cia 'n taobh is urrain thu tearnadh?
Cia 'n taobh am fiar thu o 'n chunnart
Gu d' dhion o bhuilibh a ghairdean,
Mur iarr thu Criosda mar t' Urras,
S mar dhaingneach muinghinn do shlainte?

## XIV.

Thig sgrios air luchd na mi-dhiadhachd,
Nach d' aomtaich riamh do na h-àithntean,
Nach gabh ri teachdaireachd Chriosda,
Nach geill do bhriathraibh a chairdeis,
Gu slochd an dubh-aigein iochdraich,
M bi bron ro-chianail us canran,
S nach muchar teine no griosach,
A' chnuimh gu siorruidh nach bàsaich.

## XV.

Gur geur am peanas s an doilinn,
A thig air muinntir an ditidh,
N uair thig a bhinn a bhios oillteil,
A mach o cheannard na firinn:
Bhi triall gu ionad gun chaoimhneas,
Fo chuibhreach teann ann am priosan,
San fhurnais ifrinneil, theinnteich,
A measg nan deamhnean a diosgail.

## XVI.

Nochd Dia a chaoimhneas ro chaomh dhuinn,
An uair thug e Aon-ghin a ghraidh dhuinn,
An uair chuir e nuas am Fear-saoraidh,
A chriochnuich saothair na slainte;
A thug e fein suas mar Iobairt,
Gu clann nan daoine bhi sabhailt,
Gun duais ga iarruidh air aon neach,
Ach cridhe maoth le teas-ghradh dha.

## XVII.

Cha 'n fhaod sinn gaol tho' airt do Chriosda,
S a bhi ri dimeas air aithntean;
Cha 'n fhaod ar gradh dha bhi dileas,
Us fuath na 'r cridh' do 'r co-bhrathairibh;
Mur bi ar n' aidmheil s ar saothair,
Co-shint an aonachd tre 'ghrasan,
Bidh ar crideamh marbh dhuinn na aonar,
Mur nochd ar gniomh a dheadh bhlàth oirnn.

## XVIII.

Is e Dia a ghlorach' s a mhealtainn,
A dhaoin', air fad ar crioch araidh ;—
Is e rinn an sgriobtur a nasgadh
A nuas le 'fheartan o 'n airde,
Le Spiorad Naomh rinn e 'dheachdadh,
Mar sheol gu 'r n' altrum s gu 'r n' arach,
Gur trom an diteadh do pheacaich,
A bhi le taileeas ga 'aicheadh.

## XIX.

Nan coisneadh aidmheil dhuinn réite,
S gu 'm b 'ann bhiodh eifeachd chum slainte,
Co b' fhearr na sluagh Laodicea,
Na 'n suilean fein a bha sàthach?
Gu 'n d' mhaoidh am bagradh bha geur orr',
A' sgeith á beul an Ti 's airde ;
Bha 'm barail mheallta gun fheum dhoibh,
S nach d' fhuair Mac Dhe ach meagh-bhlath iad.

## XX.

Nan deanadh aidmheil na h-aonar,
As eugmhais naomhachd ar tearnadh,
Cha bhiodh ciont' Annanias,
No lochd Saphira cho graineil ;
An uair dhearbh spiorad na firinn,
An cridh' bhi lionta le Satan :
An uair chaidh le Peadar an diteadh,
S a bhuaileadh sios gu grad bhàs iad.

## XXI.

Oir reic iad seilbh an cuid fearainn,
Gu dream bha 'n amairt a chomhnadh,
Ach pairt dheth luach rinn iad fholach,
An duil nach aithnicht an seoltachd ;
Mar sin do 'n bhreug bhi fo' n teangaidh,
S an sannt ga 'n tarruing o 'n eòlas,
N uair fhuaradh teann iad 'sa mhearachd,
Air ball ghrad sgaradh an deo asd'.

## XXII.

Ged a dh' fhaodte leinn aireamh,
Sios an clar air a sgriobhadh,
Gach olc a thuinich s a tharmaich,
O thuislich Adhamh, ar sinnsir ;
Gach murt us neo-ghlain us meairle,
Gach mallachd thainig r'a linn oirnn
Is ann air a pheacadh a dh' fhagte
Gach lochd thaobh naduir us gniomha.

## XXIII.

Is e 'm peacadh ùghdar gach amhghair,
Gach ànradh 'thainig a nios oirnn :
Is e 'n tùs a choisinn am bas dhuinn,
Is e mharbh na faidhean diadhaidh,
Is e choisinn masladh do 'n t-Slanuighear,
A chuir gu nair' e ga 'r dion-ne,
S cha 'n fhaod sinn smaointinn, a chairdean,
Nach 'eil e graineil na' fhianuis.

### XXIV.

Luchd draothachd, adhaltrais us bhreugaibh,
Luchd breith-air-eigin s luchd foirneart,
Luchd mhionn, luchd feirg us mi-réite,
Luchd iodhal-aoraidh s luchd cò-stri,
Luchd braid s luchd naimhdeis da chéile,
Co-fharpais, striopachais s connsaich,
Gach aon tha leanmhuinn nan ceum sin,
Cha seilbhich oighreachd na gloire.

### XXV.

Luchd misg us raoit us luchd tuasaid
Luchd murt, to' airt fuath da 'n co-bhrathairibh,
Luchd sannt, luchd goid us luchd fuarchaint,
Luchd neo-ghlain, uaibhrich s luchd ardain,
Luchd macnuis, anacaint s luchd tuaileis,
Luchd saoibh s luchd truailleadh na Sabaid,
An uair theid an aireamh sin fhuadach,
Cia tearc an sluagh theid a thearnadh!

### XXVI.

Ciod nis a ni sinn, a dhaoine?
Cia 'n seol, ach aon, air bhi sabhailt?
Cha saor ar gniomharan fhìn sinn,
An lagh ga 'n diteadh s na h àithntean;
Cha 'n ann o 'r n' oibribh thig fireantachd,
Ach 'mhain o shaothreachadh grais oirnn,
Gu creideamh, treibhdhireach, dileas,
An Iosa Criosda chum slainte.

## XXVII.

Ach, cho mòr s dheth 'n d' chaith do ar n' uine,
Air slighe dhùr na mi-cheille,
Tha Iosa Criosda le durachd,
To' airt cuireadh dhùinne o leirsgrios ;
G iarruidh tionndaidh an ùmhlachd,
Us tarruing dluth ris gu rèite,
Oir tha e macant us ciùin ruinn,
S a chuing r 'a giulan cho eutrom.

## XXVIII.

Is ann dhuinne thigeadh bhi taingeil,
Sinn fein a stannadh gu ladair,
Fo laimh na Ti rinn oirnn amharc,
Air dhuinn bhi 'n teanndachd s an àmhghair,
Choi-lion na briathraibh a gheall e
Roimh-laimh, do chlann Abrahaim,
Le teachd 'n Fhir-shaoraidh o Shion,
Gu tionndaidh aingidheachd o Iacob.

## XXIX.

Ged bha siol Iacoib na 'm muinntir
Bha lionmhor, dumhail ri 'n aireamh,
Tha 'm faidh Isaias to' airt cunntais,
Gur fuighleach dhiubh theid a thearnadh ;
Ach cliu do Ard-Righ nan duilean,
A reir a ruinteamaibh grasmhor,
A dh' fhàg seachd mile gun spùileadh,
Nach d' lub an glun do dhealbh Bhaail.

## XXX.

Cliu do Ard-Righ na cathrach,
Dia nan aingeal s nam buadhaibh,
Is e throcair chaomh a bhi maireann,
A ghras bhi tairis do thruaghain,
Chuir Mac a ghraidh, an sar charaid,
A nuas ga 'r glanadh o thruailleachd,
Gu leigheas eucail gach galair,
S a reiteach bealach an fhuasglaidh,

## XXXI.

Is e Iosa Criosd', an sàr ghaisgeach,
A bhuin a mach sinn á gàbhadh,
A dh' orduich Dia dh' fhuasgladh pheacach,
S nan truagh bha glaist an cruaidh-chasaibh;
A thog e suas, le buaidh thapadh,
Le ghualainn neartmhor s le ghairdean,
Mar cheannard, cruadalach, smachdail,
Thug buaidh, le ghleachd, thar ar nàmhaid.

## XXXII.

Le teich o 'n fheirg tha ri teachd dhuinn,
Mu 'm buail i cas oirnn le farbhas,
Bidh Criosda fein mar chul taic dhuinn,
Cho fial s a tha fhocal ga' thairgse;
Bidh sinn fo sgaile a bhrataich,
Gu 'r dion mar achdair ar n' anma;
Is e 'n daingneach laidir us neartmhor,
Sa 'm faigh sinn fasgadh us tearmunn,

## XXXIII.

Tha' chuireadh grasmhor gach uair dhuinn,
Ga 'r gairm o thruailleachd s o dhòlas,
An uair tha e' g eigheach ruinn bualadh,
Gu 'm fosglar suas dhuinn a chomhla ;
Bheir e dhuinn furtachd o 'r n' uallach ;
Tha' iochd cho buan s a chaomh throcair,
A ghlaodh to' airt saorsa do thruaghain,
Gu sonas us suaimhneas a ghloire.

## XXXIV.

Is e ni o shlighe na doruinn,
Ar cas a threorachadh direach,
Ar ceum a shocrachadh comhnard,
Air sligh' an t-solais s na sithe ;
Is e 'n fhior chairt-iuil ni ar seoladh
Gu cala 'n dochais s na firinn,
Gu tobar dh' uisgeachan beotha,
San caisg na sloigh ann 'n iotadh.

## XXXV.

Is e 'm bunait diongalta, daingean,
Ri stoirm no gaillion nach caraich ;
Is e 'n t-Urras treun air ar n' anam,
A dhiol fo fhallus ar n' ainfheuch ;
S le luach cho daor rinn ar ceannach,
Le dortadh fhola gu 'r teanachdsa ;
Is e ghaol do 'n t-sluagh a bhi maireann,
Thug buaidh air nimh an fhir chealaich.

## XXXVI.

Ma 's e s gu 'n geill sinn do 'n ordugh,
Thug Righ na gloire mar àithn dhuinn,
S gu 'm bi sinn diongmhalt an dòchas,
Le creideamh beò trid a ghrasan,
Bidh Dia na siochaimt s na trocair,
Mar thaic s mar threoir dhuinn tre 'n fhasach,
Gu 'r cur air ceumaibh a roidean,
Air curs' an colais gu Pàras.

## XXXVII.

C' uim' nach deanamaid cabhag,
Gu tir a gheallaidh, le durachd?
Tir far bheil mil agus bainne,
Nios mar abhuinn a' sruladh;
Craobhan fiona gun ghainne,
Le meud an toraidh a' lubadh;
S gach miann a riaraicheas anam,
Co liont an sealladh an suilean.

## XXXVIII,

Ged tha laigs agus failinn,
A' ruith an nadur na feòla;
Ged tha teachdaire Shatain
Ag iarruidh fàth gus ar leonadh,
Thig dhuinn gleachd ris gu dàicheil,
Le carbsa laidir s le dochas,
S bidh Spiorad neartmhor nan grasan,
Mar thaesa ghnath leinn 'sa chomhrag.

### XXXIX.

B 'e 'n solas inntinn s a mhuirne,
Bhi triall gu duthaich an aigh sin,
Duthaich far an criochnuich ar tursa,
S ar snuadh air tionndadh gu àilleachd;
Ri gleusadh teud ar cruit chiuil dhuinn,
A chum bhi seinn dha 'n an Ard Righ,
Am bannal aoibhneach a chùirte,
San nuadh Ierusalem àghmhor.

### XL.

An là na h-aiseirigh eiridh
Na naoimh, le seul an Aoin ghloirmhoir,
O 'n 's iadsan caoraich a threudsan,
Bidh iad na 'sgeimh air an comhdach;
Bidh seilbh gu siorruidh air neamh ac',
Oir bheir Mac Dhe dhoibh an còir air;
S cha sgar am bas iad o chéile,
A' bheath' nach treig bidh mar lòn dhoibh.

### XLI.

An uair thig Breitheamh na glòire
Air carbaid neoil o 'n an airde,
S a theid na firean na chòdhail,
Le aoibhneas mor s le luath-ghaire;
S a theid an truailleachd air fògradh,
Bidh 'n cruth mar lochran a' dearsadh,
Ag dol gu oighreachd an t-sòlais,
Gu tir nam beo mar thom-tàmha.

## XLII.

Cò nach strìochdadh le cùram?
Nach deanadh umhlachd do 'n Triath sin?
Cò neach nach lùbadh a ghlùin dhuit,
Le cridhe brùite 's le diaribh?
Cò 'm beul nach aidicheadh cliu dhuit,
O Righ nan dul le sàr mhiann ort?
'S nach iarradh solus do ghnuise,
Gu bhi mar stiuir gus an riaghladh?

# EU-COMAS AN DUINE.

### I.

S ni ro-àraidh tha 'n tràths ann a' m' rùn,
Le comhnadh grais ga mo stiùireadh sa' cheum,
Mu eu-comas chloinn-daoine teachd dluth,
No staid an naduir a mhùthadh dhiubh fein;
O'n tha ar truailleachd cho uabharach dùr,
Duibhre duathair ga 'r mùchadh gu leir
Sinn mar luing ann sa' chuan gun chairt-iuil,
Ceò mu 'n cuairt dhuinn s do 'r suilibh cha leir.

### II.

"Tha do bhriathraibh ro-dheuchainneach leam;
S caimnt gun riaghailt, gun sudh, tha na d' bheul;
Cha 'n 'eil mo thuigs a' co-sheasamh ri d' phuing;
Tha do theagasg gun ghrunnd leam s do sgeul:
C' àit an cual thu no 'n d' fhuair thu ás ùr,
N cràbhadh fuar sin chuir thu ás do cheill?
S creideamh nuadh e nach cualas o thùs,
A rinn thu chnuasach o t' ughdarras fein."

### III.

Tha e coslach nach d' smaoinich thu riamh
N cudthrom feirg us an doimhne do thruaigh,
Fo na thuit thu an cumhnant nan gniomh,
Trid eas-umhlachd do shinnsir gu tuaitht;

Dh fhàg thu 'd namhaid an-iochdmhor do Dhia;
Na do thraill do d' anamianna gach uair:
Na d' mhac do Shatan á Pàras thuit sios:
'S na d' oighre graineil air piantaibh bith-bhuan.

### IV.

"Cia mar dhearbhas tu 'n seanachas sin domhs'?
Cha 'n 'eil do theagasg a' cordadh ri m' chàil;
'S buaireadh eanachainn leam labhradh do bheoil;
'S teagasg chealgach do *storie* a bharr:
Na bi ga m' leanmhuinn le d' anacaint gun doigh;
Caisg air falbh dhiom do chomhradh gun stà:
Cha 'n 'eil mi dearmad leas m' anma cho mor;
Ma bhios mi beo ni mi 'n corr mu 'n tig bas."

### V.

Tha sinn na 'r coigrich gun eolas air slaint,
Fo pheacadh graineil s ar nadur cho truaillt,
Duinn fein 's eu-comas ar saoradh o 'n bhàs,
An ni a bhagradh air Adhamh mar dhuais;
Tha brat an dorchadais druit oirnn mar sgleo,
E air iathadh mar chleoc oirnn mu 'n cuairt,
Gus am boillsg oirnn a ghrian tre na neoil,
Leis an soillsich a ghloir a bheir buaidh.

### VI.

"Bheir mi comhairl' ort s gabh i gu luath,
Na bi ri aimid gun bhuannachd gun sta;
Gabh ri m' earail s leig tharad do smuain,
Na bi 'g aithris air tuaileas cho bàth,

Mu 'm bi cairdean an nimh riut s am fuachd,
Cuid mu thráth dhiubh ri luaidh ort le grain:
Tu' d' chuis fhanaid a ghnáth measg 'n t-sluaigh,
S iad ri fuarchaint le fuath ort gach la."

## VII

O' n chaidh ar nadur a thruailleadh an tùs,
S ni tha dualach do 'r durachd bhi cearr ;
Tha sinn buailteach do dh' uamhar s do thnù,
Leis gach tuaileas cur diombaidh air cach ;
Tha siol na nathrach cho aingidh us dur,
Ann an naimhdeas s mi-run do luchd grais ;
S nimh a phuinnsein fo 'n teangaidh gu dluth,
Gu sliochd na mna a ghrad chiurradh gu bas.

## VIII.

"Thubhairt mi cheana gu 'm 'mhearachd do sgeul,
S tha mi 'm barail nach breug dhomh ri radh ;
Tha do chainnt cho do-bhreithnicht leam fein,
S nach 'eil m' inntinn to' airt geill dhuit sa' phairt ;
Is ann tha t' eachdraidh mar neach ás a chéill :
Threig do bheachd thu le leubhadh cho ard ;
S mar a caochail thu t' fhiacla gun fheum,
Cha bhi tlachd dhiot no speis ann sa chearn-s."

## IX.

O' n chaidh ar sinnsir a bhuaireadh le ceilg,
Rinn iad taileeas le cheil air an àithn ;
Rinn iad dimeas air iarratas Dhe,
S thug iad eisdeachd le speis do 'm fior nàmh ;

Dh' fhag siud an àlach ro bhuailteach na 'n deigh,
Gu to' airt cluaise do 'n eacoir a ghnàth,
Le bhi to' airt geill agus creideas do 'n bhreig,
S a' deanamh dimeas air sgeula na slaint.

## X.

" Cha d' rinn mi dimeas le tair na neo-speis,
Air briathraibh firinneach Dhe no air slaint,
Bha mi oidhearpach s dileas 's gach ceum,
A' cleachdadh dichill gu geill tho' airt do 'n àithn ;
Bha mi teo-chridheach s iochdar le cheil,
A' to' airt seachad mo dheiric mar chàch :
S bidh mi ghnath ga mo bheannachadh fein
Air gach tràth 'n àm dhomh eiridh us tàmh."

## XI.

Ma bhios ar n-earb-s às ar fireantachd fein,
Bithidh ar n-urnuigh gun eifeachd s ar bron ;
Bithidh ar saothair gun bhrigh dhuinn s gun fheum :
S ann bhios ar n-eaceart ag eirigh ni 's mo :
Cha bhi stàth dhuinn n' ar n-oibre gu leir,
Ged bheir sinn deachamh us deiric gach lò ;
S ann bhios ar peacaidh ag àt mar na sleibht :--
Tre lagh nan aithntean cha teid aon gu glòir.

## XII.

" Tre lagh nan aithntean mur tearnar a h-aon,
Cha 'n fhios domh fàth air an saorar neach beo ;
Bidh siol Adhaimh gu brath dheth fo dhaors,
Oibre lamh an Ti naomha tha 'n glòir :

S ni do-radht e ri àireamh le daoin',
Gu 'n sgrios an t-Ard Righ a shaothair gu bron;
An Ti tha throcair us fhabhar co caomh,
Cha to'air e sgriob cho di-mhillt air an t-slogh."

## XIII.

Tha e iochdmhor us teo-chridheach caoin,
S deigh ro-mhor aig air saothair a lamh;
Chaidh a throcair thar eolas chlann-daoin,
Ach tha 'cheartas neo-chaochlach gu bràth;
Cha saor e 'n ciontach a sheasas cho dian
N aghaidh firinn na briathraibh a's fearr,
O 'n teine lasara dian-loisgeach, Dia
A mach á Criosda, Mac siorruidh a ghraidh.

## XIV.

"Cha 'n 'eil mo pheacaidhean graineil ro mhor;
Cha 'n 'eil mo nadur ni 's mò co ro thruaillt:
Cha bu tric mi air mhisg san tigh òsd,
S riamh o m' oige gu neo-ghlain cha d' ghluais;
Le neo-gheanmnaidheachd cha d' bhrist mi snaim-posd,
Cha d' thoill mi masladh no beol-bheum an t-sluaigh;
S o nach d' choisinn mi fein dhomh do-bhron,
Gheibh mi coir air an t-sòlas tha shuas."

## XV.

N uair dh' aontaich Adhamh le Satan s a chlaon
Ann sa gharradh, le innleachdan breig,
Rioghaich peacadh us bas air gach aon
Dheth 'n an àl bha gu cinntinn na dheigh;

Dh' fhàg siud a chruitheachd ag osnaich fo dhaors ;
S i mar mhnaoi ann an saothair s am pein,
A' feitheamh fuasglaidh o thruailleachd chlann-daoin',
Gu 'n togar suas iad an naomhachd clann De,

### XVI.

" Cia mar dh' fhaodainns' bhi 'n sàs cho ro-theann
Ann sa chumhnant a bh' ann o linn chéin?
Ged chiontaich Adhamh s ged dh' fhailling e ann,
S ann bha amhghar s a challdachd dha fein ;
Cha robh mis' ann san t-saoghal 'san àm
San deach a bhuaireadh le mealltair nam breug,
S o nach robh bidh mi saor o na chall,
S cha teid mo dhìteadh na gheall-san gu pein."

### XVII.

Thaobh s gu 'n d' chiontaich e 'n coimhcheang'l nan
    gniomh :
Chaill e iomhaigh an Triath sin a's aird :
Chaill e comunn ro-bhlasda ri Dia,
Thuit e sios mar chraoibh chrionaich gu làr ;
O b' esan 'n stoc dh' fhàs na mhosgan gun bhrigh,
Tha sinne, 'mheanglain, mar 'n ceudna gun bhlàth,
S tha sinn buailteach do dhoruinn r'a linn,
O 'n thuit sinn cho luath fo 'n bhinn us fo 'n chradh.

### XVIII.

" Tha thusa dàna gu labhairt le bosd,
Ag iarraidh seoil air seann nois a chur cearr :

Tha thu 'm barail le mearachd do sgeoil,
Gu 'n tilg thu thairis an doigh a bh' aig cach ;
Ach 's meanbh an earrann a leanas do sgeul-s',
Na bheir aire no eisdeachd do d' dhàin,
No bheir cluas do d' chainnt mheallaidh le speis,
Mur to'air amadain géill di 'bhios bà."

### XIX.

Tha 'n duine neo-iompaicht gun chiall,
S e na choigreach air briathraibh na h-àithn',
E na umaidh gun eolas air Dia,
Olc an comhnaidh s mi-rian ris a' fas ;
Tha staid a naduir cho truaillidh s a chridh'
S e ga 'bhuaireadh le innleachdan bàis,
Gun chomas dusgaidh, gun umhlachd do 'n Triath
Gu 'n oibrich ùghdarras Chriosd air le gras.

### XX.

" Ma bhios mi saothreach le dichioll o m' chridh',
Mu leas m' anma, gu m' shaoradh o 'n bhàs,
Tha mi 'n dochas nach fagar mi shios,
Ged robh failinn na m' ghniomh ann am pairt ;
Cha 'n 'eil mo ghluasad no truailleachd mo chré,
Ann an uabhar air direadh cho ard,
A chuid nach faod mi choilionadh dhiom fein,
Ghabh Criosd 'air fein iad gu leir air mo sgàth."

### XXI.

Tha slainte trid Chriosda gu dearbh,
Ach cha 'n ann air son airgid no feich ;

S ged tha 'n ioeslaint ro phriseil ga 'tairgs
Cia mar ghlacas sinn seilbh orr' dhinn fein :
Tha ar saothair s ar gniomh dhuinn gun stà,
Tha ar n-oibre gu bràth dhuinn gun fheum,
Gu 'n tarruing Dia sinn le liontaibh a ghraidh,
Gu creideamh slainteil 'san t-Slanaighear threun.

### XXII.

" Cha 'n 'eil mo pheacaidh cho graineil a thrian
S a tha mi claistinn o bhriathraibh do bheoil-s',
Cha d' rinn mi gadachd no meairl air neach riamh,
Cha d' rinn mi murt no droch ghniomh air neach beò;
Cha d' bhrist mi 'n t-sabaid an là sin tha naomh,
Ghabh mi tamh oirr' o shaothair mo dhorn ;
S ma 's ni e tharlas nach sabhalar mi,
Is trom an aireamh a dhìtear dheth 'n t-slogh."

### XXIII.

Tha binn an lagha ga d' dhìteadh gach uair,
S a' teachd a nios ort le fuathas nach tlàth,
Air son smaointinn do chridh' 'bhi gu truagh,
A' sior chlaonadh gu truailleachd do ghnàth
Tha tein' us tairneanaich ard-ghuthach cruaidh,
O shliabh Shinai a nuas teachd a d' dhàil,
A' bagradh mallachd us bas ort gun truas,
Gu 'n oibrich gras Righ nam buadh ort chum slaint.

### XXIV.

" Na bi 'cur dragh orm s bi dealachadh uam,
Cha bheag a charraid measg sluaigh thu le d' ghnàs ;

Ma bhios mi caillte 's mi fein dheth bhios truagh,
Us cha tusa bheir duais ann a' m' ait ;
Caisg dhiom tabhunn do theanga gu luath,
S e mar ghabh ann na m' chluais s na chuis ghrain ;
Na bi ga m' leantuinn s tho'air aire dhuit fein,
Ma bhios tu sabhailt dhuit fein a bhios àgh."

## XXV.

Gur truagh an gliocas, an tuigse s a chiall,
Dà luchd mi-riaghailt a bhi 'n diorras co ard,
Nach dean iad striochdadh do fhirinn an Triath,
S a chuireadh fial dhuinn ga 'r n' iarraidh gach là ;
Tha ghairdean sìnte s a ghlaodh ruinn gach ial,
Chum ar tearnadh o liontaibh a bhais,
S o chumhachd Shatain gu sabhail e sinn,
Ma bheir sinn aoidheachd na 'r cridh dha le gràdh.

## XXVI.

"Cha 'n fhaod thu dhearbhadh na chomhdach a chaoidh,
Nach faigh mo dhichioll gu cinnteach dhomh bàigh ;
Nach faigh mi duais le lan bhuanachd gun dìth,
Ma bhios mi gluasad 's na gniomhaibh a's fearr,
Ged thigeadh buaireadh air uairibh a' m' chrìdh',
Ni mi fhuadach ás m' inntinn gun dail ;
S mur faigh mi trocair tre 'n doigh sin, cha 'n fhaod
Mi bhi 'n dochas á saorsa gu bràth."

## XXVII.

Tha staid do naduir ga d' fhàgail fo 'n chìs,
Gun chomas tearnaidh o 'n bhinn sin leat fein ;

Gun ghnè ach grainealachd tàmh na do chrìdh,
S a chuid a's fearr dheth do ghniomh mar shal breun:
Leanabh feirg thu gun teanchds theid gu dith,
S diomhain t' earbsa ri siochaint no rèit,
As eugmhais aithr'chais thaobh t' anma trid Chriosd,
Le gras ath-ghin'mhuinn saor thiodhlaca Dhe.

## XXVIII.

" Cia nis an ceol air an sabhalar mi,
Ma 's e 's gur firinn air chinnt tha thu 'g radh?
Teagaisg dhomhsa cia 'n doigh air am faod
Mi bhi 'n dochas á saorsa o 'n chàin:
Ma tha thu 'g radhtinn nach stà dhomh bhi 'stri
Ri lagh nan aithn'tean gu m' shith dheanamh slan;
Nochd dhomh 'n trasa cia 'm fath air mo shith
A dheanamh 'n aird ris an Ti sin a's aird."

## XXIX.

Chaidh an sgriobtur a dheachadh gu leir
Le Spiorad neartmhor an De a's ro aird',
Chum ar mosgladh le brosnachadh geur,
Leis an nochdar dhuinn eucail ar craidh;
Tha dorus fosgailt am Focal A Bheil,
S fuaim an t-Soisgeil ag eigheachd gu h-ard,
A chum A thruaghain 'bha 'n truailleachd gu leir,
A thogail suas le fior eifeachd a ghrais.

## XXX.

" Mur dean mi aon nì le m' shaothreachadh fein,
S gu bheil mo dhichioll gun fheum dhomh gun sta;

Urrad s creidsinn an Criosda chum réit
Nach faod mi dheanamh ás eugmhais neart grais;
Ciod a ni mi? cia 'n taobh gus an teid
Mi ga iarraidh s mi 'n eigin an sàs?
Cha 'n 'eil mi smuointinn cia 'n t-innleachd fo 'n ghrein
Le 'm faigh mi fabhar an Leigh a chum slaint."

## XXXI.

Iarr bainne fior-ghlan an Fhacail gu luath,
Leis an nochdar dhuit buaghanaibh Dhe:
Ciod am fios duit nach pill e le truas,
S nach fag e beannachd bheir buannachd na dheigh,
Le 'n tig am grais ort a nasgaidh gun duais,
Gu cur a phlasd riut, fuil luachmhor a' Leigh;
S e Spiorad neartmhor nam feart 'thig a nuas,
Chuireas smachd dhuit air truailleachd do bheus.

## XXXII.

"Ge do theannainns ri leubhadh gu dluth,
Bithidh mo chairdean rium diombach le grain;
Mas e 's gu leag mi gu leir air mo ghrunnd,
Bheir iad beum dhomh s cha diu leo mo phairt;
Ge do lubainn le durachd mo ghluin
Ann an urnuigh le umhlachd gu lar,
S ann lasas blàths agus naire na m' ghnuis,
Le eagal tair' agus cùl-chaint o chach."

## XXXIII.

Cha dean eagal thaobh dhaoine dhuit cuis,
Biodh t' eagal druiteach le curam thaobh Dhe;

Cha dean aon leisgeul do dhion aig a mhùd,
Nuair a ghairmear gu cuirt thu o neamh;
Ma bhacas nair' thu o 'n t-Slanaighear chiuin,
Tha 'bheul ag radh s cha dhubhradh leis breug,
Gu 'n gabh e naire dhiot s baigh cha 'n faigh thu,
Ach sgrios gu bas s do ghraul sgiursadh gu pein.

### XXXIV.

" Mas teagasg fhirinneach briathraibh do bheoil-s
Tha mis' gun dochas á trocair no sith,
Mi mar neach fo dhubh neul ann an ceò,
Gun fhios cia 'n doigh air mo threorachadh nios;
Cha 'n eol domh innse cia 'n t-innleachd no 'n seol,
Air mo shaoradh o 'n doruinn gun chrich;
Dh' fhàg mo thacsa, mo neart mi s mo threoir,
Bithidh mi bronach air m' fhògradh dìth."

### XXXV.

Bi ri tagradh le durachd ri Dia,
Bi ri urnuigh gu dion air son grais,
Chum s gu 'n nochd e dhuit deadh-ghean trid Chriosd,
O 'n 's e 'n Iobairt thug dioladh na d' àit';
O 'n 's e 'm Faidh, an Sagart s an Righ,
Bhios gu siorruidh os cionn luchd a ghrais;
Dhoirt e fhuil doibh mar ioeshlaint gu saor,
Gu casg an iotaidh s cha traogh i gu bràth.

### XXXVI.

" Ma dh' ordaich Dia dhomh le riaghladh a ghrais,
A dheadhghean s fhabhar 'n deigh trailleachd mo bheus,

S gu 'm faigh mi fuasgladh tre bhuaghaibh a ghraidh,
O chuibhreach Shatain 'bha ghna rium a streup,
Ciod an truailleachd theid fhuadach o m' chàil,
Bha ga m' bhuaireadh s a' tamh na mo chre?
Ciod na subhailcean caomh thig na 'n àit,
A bhios a' fas rium gu laitheil na 'n deigh?

### XXXVII.

Nuair thig an Spiorad ro-naomh ort a nuas,
Traoghaidh t' àrdan us t' uabhar s t' fhein-speis,
Theid do nadur ath-ùrachadh suas,
Creutair nuadh thu na d' bhuaghaibh gu leir;
Tobair grais theid dhuit fhosgladh gu luath,
Gu tobhairt neart dhuit gach uair an àm t' fheum;
Lasaidh blàths ann san àit an robh fuachd,
Teine graidh far 'n robh fuath mar nimh geur.

### XXXVIII.

" Ma thig an t-oibreachadh grasmhor mu 'n cuairt,
S gu 'm faigh mi fuasgladh o m' dhualchas ri Adh'mh,
Ciod am beannachadh àdhmhor us nuadh,
A theid a dhortadh a nuas orm o 'n aird?
Leis am fairich mi 'n caochladh gu luath
Air mo smaointibh us gluasad mo ghnàis?
Leis am faod mi bhi cinnteach gu 'n d' fhuair
Mi lamh-an-uachdar us buaidh air mo nàmh?"

### XXXIX.

Teichidh talach us farmad us tnù;
Teichidh cealgaireachd lubach s mi-bheus;

Teichidh macnus us anacaint gun sudh,
Cainnt neo-tharbhach s baoth shugradh gun fheum ;
Theid an-togruidhean talmhaidh air cùl,
Bha ga d' thearbadh o churam thaobh Dhe ;
S e Criosd a leanmhuinn rùn t' anama 's gach cuis,
S cha dean thu earbsa ni 's mò na d' neart fein.

### XL.

" N teid mo chaochaladh gu h-iomlan 'san uair
O m' uile thruailleachd bha fuaighte ri m' chré ?
No 'm bi mi foirfe an naomhachd cho luath,
An teid mo thionndadh gu nuadh us ùr-sgeimh ?
No 'm faigh am peacadh a steach air mo smuain
Gu crioch mo shaoghail s mo chuairte fodh neamh ?
No 'm faigh fath orm gu bràth o sin suas
Gu 'n teid mo chaireadh 'san uaigh leis an eug ?"

### XLI.

Cha bhi thu iomlan an naomhachd a chaoidh
Gu crich do laithean s do shaoghail fo 'n ghrein,
Gus 'n tig cuireadh a bhais ort o 'n Righ,
Mar theachdair samhchair gu oighreachd nan neamh ;
Ach uile thogruidhean t' anma bidh stri
Gu plaigh us salachar do chridh' chur ri srein ;
Tha gras ro-neartmhor do d' anfhainneachd o Chriosd
Gu casg gach anabas s droch ghaoid riut tha streup.

### XLII.

" Mur faigh mi cuibhteas an truailleachd gu bràth
Gus an la 'n tig am bas air mo thòir,

S gu 'm bi 'm peacadh rium fuaight' ann am pairt
Gus an la ann sam fag mi an deo ;
Dean domh innse gu cinnteach an tràths
Cia mar dhìreas mi 'n aird air le treoir ?
Ciod na buaghaibh 'san gluais mi gach la,
Ri ré mo chuairte am fasach nan deoir ?"

## XLIII.

Bithidh tu basach' do 'n pheacadh le buaidh,
S tigh'nn beo do fhireantachd suas, ceum air cheum
O neart gu neart bithidh tu fas o sin suas,
Ann sa ghras bheir dhuit fuasgladh 's gach beud ;
Bithidh t' earbsa laidir á fabhar an Uain,
A dh' oibrich slaint' dhuit le bhuaghanibh treun ;
Is e chaisg do nàmh dha 'm bu traill thu bha truagh,
Gath-nimh an dragoin 's e bhuail le sàr bheum.

## XLIV.

" Nach robh na creidmheich a b' airde a dol clì,
Mar tha sgriobtur a Bhiobuill 'to'airt sgeul ?
Mar tha e 'gradhtin mu Dhaibhidh an Righ,
S a chuid a b' fhearr dheth na naoimh sin gu leir ;
Gu 'n robh iomadaidh failinn na 'n gniomh,
Bha ga 'm faomadh o iarratas Dhe ;
S an gearan bromach bh' aig Pol mar an cian',
Air gach leon a bha tiachain ris fein."

## XLV.

Bha iomadh tuisleadh ro bhuailteach do naoimh,
O fhuigheall truailleachd bha stri riu san fheoil ;

Bha Daibhidh suairce ga bhuaireadh s ga chlaoidh
S caochladh uairibh a claonadh o 'n choir,
Bha saighdean cràiteach a ghnà' teachd gu chrì,
Teachdairean Shatain bha sior ghleachd ri Pol ;
Is cumhachd grais bha ga 'n tearnadh gu saor,
O neart a namhaid bha dian orra 'n tòir

### XLVI.

" Ma bhios mo namhaid a' streup rium s a' stri
Le saighdean siobhaide siubhlach ga m' leon,
Am faod mo choguis bhi reidh rium le sith
Ma bheir e beum dhomh s gu 'n claon mi o 'n chòir !
Ciod e bheir sòlas no dochas dhomh ris
Gu 'm faigh mi trocair o 'n Ti sin tha mor ?
Gu 'm faigh mi seilbh air an oighreachd gun chrich
Tha 'measg nan ainglean an rìoghachd na gloir ?"

### XLVII.

Bithidh do choguis a ghnath na glan duisg
Air eagal sleamhnachadh cuil a chum lochd :
Bidh Spiorad Naomha nan gras ort mar stiuir,
Is e 'neart a shabhalas tu o gach lochd :
Ged fheuch do namhaid gach innleachd na run,
G iarruidh fàth gus do chiurradh gu goirt,
Bithidh Criosda laidir mar gheard air do chul,
Gu casg gach amhghair s droch ionnsuidh thig ort,

### XLVIII.

Ged thig do namh ort le draothachd mu 'n cuairt,
Cha dean thu faomadh le bhuairidh ga d' dheoin,

F

Ged gheibh e fàth ort gun fhios duit air uair,
Dol fo imcheist trom-uallach s fo bhron,
Le diobhail misnich ged thuit thu fo ghruaim,
Bheir gras t-Fhir-saoraidh dhuit fuasgladh us treoir,
S cha bhac geur-leanmhuinn no anacaint an t-sluaigh,
Thu gun soirbheachadh suas an deagh nos.

### XLIX.

Cha bhac geur-leanmhuinn no anacaint chloinn daoin,
Thu gun ghaol a tho'airt daonnan do 'n àithn:
Cumar thu le a bhuaghaibh ro chaomh,
Gu tigh'nn suas ann an naomhachd s an gras,
Gu 'n tig an t-àm faisg air laimh ann san triall
Thu gu saoghal na siorr'dheachd gun dail,
S an giulain ainglean air culthaobh an sgiath
Thu gu luchairt an Dia sin a's aird.

### L.

Theid casg air bron, sguiridh deoir agus caoidh,
Lasaidh sòlas s toilinntinn na 'n àit;
Theid gach dòlas air fogradh a chaoidh,
Bha ga d' leonadh fo chuinnsear do namh;
Bithidh cliù Iehobhaih mar cheol duit gach uair,
Gloir an Uain, o 'n 's e bhuanaich dhuit slaint;
O chumhachd Shatain se dh' ardaich thu suas,
Le neart a ghairdein thug buaidh le cruaidh spairn.

### LI.

Nuair a sheidear an Trombaid le fuaim,
Le guth an Ard-aingil nuas o na neoil,

Leis an duisgear na mairbh ann san uaigh,
Bha gu h-iosal na 'n suain fo 'n an fhod,
S a thig am Breitheamh, le 'n gairmear an sluagh,
Leis an cruinn'chear iad suas chum a mhòid ;
Gheibh thusa seilbh air an oighreachd neo-thruaillt,
Nuair theid na h-aingidh air fuadach gu bron.

## LII.

Nuair theid na h-aingidh gu priosan na chaoidh,
Do 'n ifrionn iochdraich 's nach cluinntear do cheol,
Ach gul us giasganaich fhiacal us caoidh,
Sgreadail chianail fo phiantaibh us deoir,
Bithidh aoibhneas siorruidh, nach criochnaich a chaoidh,
Do 'n mhuinntir dhiadhaidh a chiosaich an fheoil,
Oir trid an Uain fhuair iad buaidh air gach baogh'l,
S bithidh 'n crun neo-thruaillidh measg naoimh dhoibh
    an glòir.

# AN NUADH BHREITH
## NO
## GLEACHD AN T-SEANN DUINE
### AGUS
## AN DUIN' OIG.

"Gu 'n cuir sibh dhibh, thaobh a' cheud chaithe-beatha, an seann duine, a tha truaillidh a reir nan ana-miann cealgach; agus gu 'm bi sibh air bhur n-ath-nuadhachadh ann an Spiorad bhur n-inntinn; agus gu 'n cuir sibh umaibh an nuadh-dhuine, a tha air a chruthachadh a reir Dhe am fireantachd agus am fior-naomhachd."—Ephesianaich iv. 22-24.

### LUINNEAG.

THA duin' òg us seann duin' agam,
Tha duin' òg us seann duin' agam:
Nach robh 'n seann duin' air mo chulthaobh,
S an duin' òg ni 's muirnich agam!

### I.

Seann duin' mi o leasraidh Adhaimh
O 'n do shiolaich mi thaobh nàduir,
Ach duin' og tre Léigh na slàinte
Shaor o 'n bhàs mi tre ghràs naisgte.
Nach robh 'n seana duin' na ghrain domh
S an duin' òg na ghradh ni 's faisge

## II.

Rinn an seana duin' daor-thràill dhiom
Thug mi 'm braighdeanas do Shàtan,
S e'n duin' òg a shaor o mhàig mi
Dh 'ionnsuidh slàint o phlaigh a' pheacaidh.
    Leag an seann duin' ann san ùir mi
    S e'n duin' òg a dhuisg a mach mi.

## III.

N uair a thàir an t-òg a m' ionnsuidh
Fhuair e'n seana duin' na dhùsal,
Le cheud fhàilte rinn e dhùsgadh,
Siud fo lùirich thugadh braidean!
    Chaidh an seana duin' fo luirich
    S e'n duin' òg a ruisg am brat deth.

## IV.

Air a bhonn do chaidh an comhrag
Tarruing lann ro ghleusd' air gheòiread,
Fhuair an seann duin' buille leonaidh,
Nach cuir e ri bheo ás altaibh.
    Chaidh an seana duin' gheur chiùrradh
    Sheas an t-òg a chuis mar ghaisgeach.

## V.

Riamh o sin cha 'n fheud iad còrdadh
Ann an rèit cha 'n fhan iad còmhlamh,
Cha 'n àraichear le aona sògh iad
S iad an còmhnuidh a' co-ghleachdadh.
    Ach tha 'n seana duin' cho brùideil
    S an duin' òg cho cliùiteach tlachdmhor!

## VI.

Dithis iad nach còrd an càraid
Ged tha 'n còmhnuidh san aon àros,
Gus a leagar nuas am pàillium
Ann sna ghabh iad tàmh mar chairteal.
    N seana duin' gu carach lubach
    S an duin' ur to'airt cuis gach gleachd deth.

## VII.

Cha dean imeachd iad mar chàirdean
Ged a shaoilt gum b' iad na bràthairean,
Bhi co-chàirdte san aon nàdur
Air an taobhs do 'n bhàs cha tachair.
    N seann duin' lan do chàil na brèine
    S an duin' òg na bheus cho maiseach.

## VIII.

Is e'n seann duin' neach a's gòraich,
Ach 's e Aosd' nan làithean m' òig-fhear
An seana duin' na riogh an tós orm,
S ni an t-òig-fhear na stòl-chas e.
    An seana duin' s a lus ga 'fhagail
    S an duin' òg a' fas ni 's neartmhoir.

## IX.

Is e'n seann duin' leam a's annsa
Ach 's e cusbair m' fhuath us m' anntlachd,
S ni do 'n òig-fhear am bith naimhdeis
Ged 's e m' annsachd e s mo chaidreamh.
    An seana duin' na ghalair bais domh
    S an duin' òg air gras ga m' altrum.

### X.

Tha mi bàit' an cuan an t seann duin',
Fo gheur fhuar-dhealt s fuachd a' gheamhraidh
Thig an t-òg na ghlòir gu 'theampull
Chuireas mis' a' dhanns' le m' chasaibh.
      Is e'n seann duin' chuir fo neoil mi
      S e'n duin' òg mo lochran laiste.

### XI.

Ged is duilich leam an sgeula
An seana duin' bhi dol g'a cheusadh,
Aig an òg bidh buaidh an t-sèisdidh
S ann leam fein gun bhreig is maith siud.
      Bidh an seana duin' fo mhùiseig
      Cuiridh 'n t-òg an cuil gu grad e.

### XII.

Bheir an t-òg fo bhuaidh an seann duin',
Ni e òglach dheth fo cheannsail,
Dhidean leagaidh e s a dhaingneach
Le thréin laimh gu 'm prann e 'chlaigeann.
      An seana duin' ri dealbh dhroch innleachd
      S an duin' òg a' sior tho'airt chreach air.

### XIII.

Is mor ioghnadh e le reusan
Teagasg diomhair seo mo sgeula:
Na leth-aona seo bhi 'm' chreubhaig
S gur mi féin le chéil' mu seach iad:
      Is mi seann duin' do thaobh nàduir
      Ach duin' òg tre ghras a nasgaidh.

### XIV.

Mar tha 'n seann duin' s an duin' òg ud
Ann an aon a' gabhail còmhnùidh
Aon diubh neamhuidh, aon diubh feolmhor,
Toimhseachan ro mhor gun ag e.
    N seann duin' miannachail us geocach
    S an duin' òg o ghloir na feartaibh.

### XV.

Aon air mana teachd beo dhiubh
Aon air dusalach an otraich,
Mis' an cuimrigeadh an comhnuidh
S an aon lòn nach cord ri neach dhiubh.
    N seana duin' do reis na feola
    S an duin' òg cha chord ris srad deth.

### XVI.

Ged a rinn an seann duin' m' fhàgail
N culaidh bhreun mo bheusaibh gràineil
Spionar leis an òg mar àthainn
Mi a mach o'n àmhuinn lasraich:
    Dh' fhag an seana duin' gun lùths mi
    S an duin' òg às ùr ga m' neartach.

### XVII.

Is mi-shon' an creutair beò e
S i thoil-inntinn meud a dhòlais
Shonas ri a chàil neo-choirrdte,
Miann a shòlais sa ga chreachadh.
    Seann duine ga m' chradh le bhuairibh
    S an duin' òg ga m' fhuasgladh asda.

## XVIII.

Ni ach corruich Dhé cha 'n òl e
Ioc-shlàinte cha 'n iarr ach dòruinn
S a chàil mhiannach, chiocrach, fheòlmhor,
Mhisgeach, gheòcach 'n tòir air mallachd:
      N seana duin' cho salach gruideil
      S an duin' òg cho cùbhraidh fallain.

## XIX.

S e féin-mhealltair' th' ann an còmhnuidh
S i thoil féin is iodhal mhòr dha,
A mhiann a riarachadh 's e dheoin e
Dòruinn bheir e air do-chaisgte:
      Seann duin' ga mo chlaoidh le mhiannaibh
      S an duin' òg le chiall ga 'chasg dhiom.

## XX.

Bhrù nuair lionas e gu sàthach
Le chuid féinealachd ga àrach,
Eiridh suas gu h-ana-dàn e
A shràidimeachd air bharr nam baideal:
      N seana duin' ag iarraidh 'n aird orm
      S an duin' òg le ghras ga 'bhacadh.

## XXI.

Cia cho mòr s a thogt an àird e
Chionn nach caochail e na 'nàdur
Thuiteadh sios e mar a b' abhaist
E na 'eabar a sàs sa' chlabar:
      Seann duin' aig na poitean feola
      S an duin' òg ri gloir dlu-bheachdaidh.

### XXII.

Fhuair na mhealltair mi e 'n còmhnuidh
Le 'chuid gealltanasaibh mòra,
Le dheis ghil a' sìor cur sgleò air
S mi 'n dùil gu 'm b'e an t-òig-fhear macant !
   Seana duin' ga m' mheall le dubhradh
   S an duin' òg to'airt sùl dhomh dh' fhaicinn.

### XXIII.

Dh' fhàg a chleasachd mi cho baoghalt
'S gu 'n creidinn 'bhriathra faoine,
E ràdh, an uair bha 'n t òg ga m' shaoradh
Uaith, gur sgriob an aoig bha 'm fagus :
   Seana duin' cur orm droch ghnuis-bhrat
   S an duin' òg ga 'rusgadh sracta.

### XXIV.

Dh' fhàg siud m' fhaireachduinn neo-stòlda,
Uair ag itealaich sna neòltaibh
Uair ga m' iomairt san dùn òtraich
Ri fair còmhlamh s mi a' m' chadal :
   N seana duin' ga m' fhagail tonn-luaisgt
   S an duin' òg mo shuaimhneas caidreach.

### XXV.

Uair s mo chas air carraig chòmhnaird
Mi gu binn a' seinn nan oran
Uair ri toirm air teud ro bhrònach
Agus bil mo bheòil gun ghabadh :
   N seann duin' dh' fhàg mo bhuadhan duinte
   S an duin' òg to'airt dhiubh nan glasan.

## XXVI.

Nuair a thig an t-òg gu sheòmar
Theid an seann duin' sin a leònadh,
Saoilimid gu marbht gun deò e
'S nach tig e beò le gradaig:
  'N seana duin' ri call a dheorachd
  'S an duin' òg tigh'nn beò air thapadh.

## XXVII.

Gus an tigeadh e na dhéigh sin
Le chuid arm gu h-ùr air ghleusadh,
Feuchainn ionnsuidh ni bu tréine
Le geal sgéimh an éididh-bhradaich:
  'N seana duin' ga mholadh féin domh
  'S an duin' òg gu treun 'cur smachd air.

## XXVIII.

Chuirinn feum air ol an ùngaidh,
Thogail lannan far mo shuilean,
Gu 'n geur amhaireinn le dùrachd
Mu an aithnichinn gnùis a' mhadaidh.
  'N seana duin' ga m' char le cuilbheart
  'S an duin' òg ri m' chùl air fhaicill.

## XXIX.

Ged is tric a rinn e tràill dhiom
To'air aobhair casaide do Shàtan,
Dh' innseadh an duin' òg gu sàmhach
Nach robh stàth dha bhi ri tagradh:
  Seana duin' cur liontaibh bais domh
  'S an duin' òg ga m' thearnadh asda.

## XXX.

Ged tha m' pheacadh dearg mar scàrlaid
Mar an corcair tre ro-dhànachd,
Trusgan sgiamhach na mor-shlainte
N làthair m'òig-fhear rinn mi maiseach:
  Dh' fhàg an seann duin' tinn le plàigh mi
  S an duin' òg to'airt slaint air ais domh.

## XXXI.

N uair a dh' fhoillsicht a ghnùis òirdheirc
Rach an seann duin' sin air fògradh,
Mach á 'chùirte le cheann còmhdaicht
Shaoilt nach tig e m' chòir ni b' fhaide;
  N seana duin' a' teich fo mhuiseag
  S an duin' òg to'airt lùiths a neart ás.

## XXXII.

Ach bha 'chealgaireachd cho lùbach
Daonnan seòlt mar shionnach chùiltean,
S ann a gheibht ri meairl an liùgair
Ann an seòmar cùil Bhenhadaid!
  N seana duin' ga fhal an cuiltean
  O'n duin' òg s e'n dùil nach glact e.

## XXXIII.

Oir tha innleachdan cho dùbailt
E'n cruth càirdeis ach droch-rùnach,
S e ghlain-amhairc dheanadh cùis domh
Rannsachadh char-lùb an t-sladair:
  N seana duin' s e ghnàth droch-runach
  S an duin' òg s gach cuis tigh'nn trasd air.

## XXXIV.

Tha a bhraighdeanas ga m' chiùrradh
Anail breun a chléibh ga m' mhùchadh,
Dh' fhàg mi fann an ceann na h-urnuigh
Dh' easbhuidh driùchd an ùraich neartaich:
  S e'n seana duin' a dh' fhàg gun lùths mi,
  S an duin' òg chuir sugh na m' altaibh.

## XXXV.

Ged tha mi s an seann duin' graineil
A' co-chordadh san aon nàdur,
S e duin' òg mo threòir s mo shlàinte
Ceòl mo ghairdeachais us m' aiteis:
  S e'n seana duin' a chlaon o'n chòir mi
  Bheir an t-òg le chord mi faisg oir'.

## XXXVI.

Chuir an seann duin' mi 'san làthaich
Ga m' shior aonagraich sa' chlàbar,
Chuir an t-òig-fhear suas mi sàbhailt
Chor us nach do thair e m' thachdadh:
  N' seann duin' g imlich na h-ùrach
  S an duin' òg gu dluth ri tagradh.

## XXXVII.

S e'n duin' òg an treun-fhear glòrmhor
Do réir m' fheumsa bheir e treòir dhomh,
Seasar eadair mharbh us bheò leis
Bheir e lòn us sògh do m' altrum:
  An seana duin' ga m' bhual le dhornaibh,
  S an duin' òg le treoir ga chasg dhiom.

### XXXVIII.

Fàilt a ghnùis is ùrach beò e,
Chuireadh lùths a' m' dhùirn gu còmhrag;
Chur air cùl an trùthair seolta
Le fiaclaibh mor le 'm b' dheòin mo chasgairt:
  Bhiadh an seann duin' mi air plaosgan
  S ghabh an t-òg na ghaol dhiom ath-thruas.

### XXXIX.

N uair bhiodh m' anmhuinneachd gun tàbhachd
Mi gun airm s tre fhailbh air fàilinn,
Thigeadh m' òig-fhear le ghnùis fhàilticht
A lann tarr'ngt le 'n gearrt righ Agag:
  Dh' fhàg an seann duin' mi lan fàilinn
  S thug an t-òg le 'ghrasaibh neart dhomh.

### XL.

Is mòr mo chall le easbhuidh graidh dha
Ged is tric a shaor o'n bhàs mi,
Tobhairt neirt domh, eòlais, slàinte,
Mo Righ e, m' Fhàidh us mo Shagart:
  N seann duin' a' cur bac' air m' urnuigh
  S an duin' òg cur tuis air m' altair.

### XLI.

Is aobhar bròin ro mhòr dhomh s nàire
Cho lion uair s a rinn mi tàir air,
A' tionndadh m' chùl ris 'nuair a bha mi
Sàbhailte fo sgàil a bhrataich:
  N seana duin' to'airt uam mo dhochais
  S e'n duin' òg mo chord us m' achdair.

## XLII.

S tric a shaoil mi gu 'm b' chrioch bàis domh
N uair bha dheiligeadh 'n rùn-gràidh dhomh,
Glanadh a' chruithneachd o an chàthaidh
A ghuit na làimh aige gu fasgnadh:
   N seana duin' a' meudach m' uamhais
   S an duin' òg to'airt suaimhneas ceart domh.

## XLIII.

Cainnt an t-seana dhuin' ga m' thàladh
Le droch mhùinnteachd s grùid an àrdain,
G iarruidh mo dhùil tho'airt deth fhàbhar
N uair b' e ghairdean mo chul-taice:
   N seann duin' deanamh daor-thraill dhiom
   S an duin' òg to'airt aite Mhac dhomh.

## XLIV.

Dh' fhàg an seana duin' cho bath mi
Fulang calldaich a' to'airt sgàth dha.
Deanamh dimeas air m' aon ghradhach
A bheireadh dhomh-sa blàths fo fhasgadh:
   Dh' fhag an seana duin' mi gorach
   S gliocas an duin' òig sior phailt dhomh.

## XLV.

Is olc an companach seann Adhamh
Beul gun bhreug thug corp a' bhàis air,
Cha sheinn e leam air a' chlàrsaich
N uair bhios mo ghàirdeachas fallain:
   Tha duin' og us seann duin' mar rium
   Tha duin' og us seann duin' mar rium
   An seann duin' a' bac mo shòlais
   S an duin' òg 'cur beo na m' anail.

## XLVI.

Is tric a sheirm e us nach b' fheairde
Mise bhrionnal baoth gun stà dhomh
S e ghuth a chluinneamaid ni b' àirde
Cluicheadh tràth air dàn a mheallaidh :
   N seann duin' ga mo dheanamh baoghalt
   S m' òig-fhear ga mo shaor o charachd.

## XLVII.

Dh' fhàg siud tonn-luaisgt mi an còmhnuidh,
Thuig us uaithe mar na Locuist,
Acrach, iotmhor airson trocair
S iomlanachd mo stòir gun ghainne :
   S e'n seana duine ao'ar mo luasgaidh
   S e'n duin' òg mo shuaimhneas fallain.

## XLVIII.

Tha mi aineolach s làn eòlais
Tha mi dubh ach geal gun sgleò mi,
N dorchadas fo dhuibhr an còmhnuidh
Solus mo lòchrain sior lasadh :
   N seann duin' ga m char an comhnuidh,
   S an duin' òg na ròd ga m' tharruing.

## XLIX.

Tha mi bochd s a ghnàth lan saibhreis
Brònach na mo chonn s làn aoibhneis,
Bacach, leòinte s mi làn-choimhllont
Mall s a' ruith gu teann le cabhaig :
   An seana duin' ga m' fhagail daibhir
   S e'n duin' òg mo shaibhreas falaicht.

## L

Tha mi dall s mo fhradarc dùbailt,
Tinn s mi slàn s a ghnàth ga m' chiurradh,
Sòlasach s an còmhnuidh tùirseach,
Gaoideil, grùideil us glan fallain :
    N seana duin' a' dall mo shuilean
    S an duin' òg to'airt dhiubh nan lannan.

## LI.

Tha mo lotan mòr s mo chreuchdan
Us mi slàn gun chàil do eucail,
Iomlan s neo-fhoirf le chéile
Sàsaicht gun éis s mi falamh :
    N seana duin' ga m' fhagail craiteach
    S an duin' òg mo shlaint o ghalair.

## LII.

Tha mi fuathar us ro ghràdhach
Tha mi duaichnidh ach ro àillidh,
G imeachd ris an ùir a' snàgadh
S a' marcachd àrd le buaidh-chaithream :
    Ni an seann duin' m' fhagail fuathar
    Ni 'n duin' òg mo shnuadh a ghlanadh.

## LIII.

Tha mi siochainteach s fo amhladh
Air bheag dòchais ach làn-earbsach,
Tuisleach tuiteannach s làn-dearbhta
Falbh nach sleamhnuich uam mo chasaibh :
    N seana duin' ga m' fhagail anmhunn
    S an duin' òg gu calm ga m' neartach.

G

## LIV.

Tha mi làg ach treun us làidir
Creachte, spùilt us m' ionntais làn domh,
Sileadh dheur s a' deanamh gàire
Maill' ri Sàrah saor tre ghealladh:
  N seana duin' ga m' lot le bheumaibh
  S e'n duin' òg mo Leigh o'n ghalair.

## LV.

Aimideach ach glic a ta mi,
Aon air faondradh mi san fhàsach,
Aon do-ghluaist air carraig slàinte
Bunait làidir i nach caraich:
  N seana duin' ga m' fhàg fo luasgan
  S an duin' òg gach uair mo charraig.

## LVI.

Tha m' iobairt gràineil agus m' urnuigh
Ach ged tha, tha m' fhàile cùbhraidh,
Theid e'n àird mar dheataich tùise
Pillidh e le driùchd nam beannachd:
  N seana duin' ga m' fhagail mùchaidh
  S an duin' òg to'airt lùthais do m' anail.

## LVII.

Is cuspair feirge mi do 'n àrd-Righ
Cuspair deadh-ghean agus fàbhair,
Tha mi mallaichte na làthair
Us beannaichte a ghnàth na shealladh:
  Thug an seann duin' mi fo dhìteadh
  S shaor an t-òg mi le daor-cheannach.

## LVIII.

S oighre mi air ifrinn s leir-sgrios
Oighr air gràs s air Paras Dé mi,
Air na h-aingidh 's mi 'n ceann-feadhna
Us mi airidh nèamh nan aingeal :
    Thug an seann duin' mi gu leir sgrios
      Dhoirt an t-òg fhuil fhein ga m' cheannach.

## LIX.

Is peacach gràineil mi us firean
Is Satan mi do reir na firinn,
Us gineil an àrd-Righ gu direach
Chaoidh nach ditear le binn-sgaraidh :
    Dh' fhàg an seann duin' naimhdeil geur mi
      Rinn an t-òg dha fein mi' m' charaid.

## LX.

Is creutair truagh mi tha do-bhronach
Sona suaimhneach le sòlas,
Cha dlighear urram dhomh no bosda
Ged 's leam oighreachd glòir us talamh :
    Dh' fhàg an seann duin' mi cho truaillidh
      S an duin' òg gach uair ga m' ghlanadh.

## LXI.

Is creutair tha gun bhuaidh gun fheum mi
Gidheadh cho luachmhor us gur éigin,
Nach bi mhuinntir fhoirf' sna nèamhan
Iomlan ás m' eugmhais mar riu :
    Rinn an seann duine cuis-ghrain diom
      S e'n duin' òg a ghradhaich m' anam.

### LXII.

Fhuair mi suilean leis am feud mi
Sealltuinn air an tì nach leir dhomh,
Amharc air-san ann san eudann
Roimh 'n teich néamh nan speur us talamh :
    Thug an seann duin' uam mo shuilean
    Thug an t-òg dhomh ungadh seallaidh.

### LXIII.

S e bhi 'g amharc na ghnùis ghlormhoir
Sòlas slàinte fhad s is beò mi,
Ach nam faicinn a ghnùis oirdheare
Cha 'n fheudainn a bhi beò na shealladh :
    Leag an seann duin' mi 'n an-dochas
    S thug an t-òg mi beo o'n talamh.

### LXIV.

Chì sibh gur mi 'n creutair neonach
Cuspair amharc aingle s shlòigh mi,
Anabas na h-uile fòtais
Ach ni 's glòirmhoire no aingeal :
    Rinn an seann duin' cuspair fuath dhiom,
    S an duin' òg thug buaidh air thairis.

### LXV.

Nach ioghnadh leibh-sa mar a ta mi
Mi bhi tinn le galair slàinte,
S m' aona-ghaoil na m' anam tàmhachd
Gun àite agam dha gu ghabhail :
    Tha 'n seana duin' a' fàs leam suarach
    S an duin' òg na luach do-cheannuicht.

### LXVI.

Ged is òigh mi tha ro fhior-ghlan
Rinn mi striopachas le briodal
An t-seana duin' a chuir fo nial mi,
Ni tharruing orm-sa priam a chadail:
    Rinn an seana duin' mo thaladh
    N uair bha m' òig fhear graidh na chadal.

### LXVII.

Mar churaidh mi a dhùisg o dhaoraich
Dh' éirich mo fhear-fair us fraoch air,
Fhuair e 'n Eglon mi fo dhaorsa
Leig e mi fa-sgaoil gu h-aith-ghearr:
    Fhuair mi fuasgladh o'n t-seann laoch ud
    Leig an t-òg a ghaorr m' a chasaibh.

### LXVIII.

Ghlac na Canaanaich mi 'n uair sin
Rinn iad braighdeanach gu luath dhiom,
Shéid iad sin an trompaid fuaimneach
Thog iad bratach suas le caithream:
    Chuir an seann duin' orm droch-bhuaireas
    Mhill mo shuaimhneas car tamuill.

### LXIX.

Ta mi fosgailt do gach buaireadh,
Mar thobar seulaichte neo-thruaillte,
Mo chridhe briste troma-bhuailte
Gun aobhar gruamain domh no gearain.
    An seana duin' ag iarr srian-fhuasgailt
    S an duin' òg le buaidh ga 'cheangal.

### LXX.

Iodhail ga mo tharr o' m' shuaimhneas
Us mi air bhi call mo luaidh dhoibh,
Is àite tàimh mi gach eun fuathar
Ged a chaidh iad uam a sgaradh :
　N seana duin' ga m' cheangal ri m' iodhail,
　S an duin' òg o' m' mhiann ga m' fharadh.

### LXXI.

Ged is ciomach mi fodh dhaorsa
Braighdeanach a bhàis gach aon uair,
Cha reicinn cuibhrichean mo shaorsa
Air saibhreas gach maoin air talamh :
　N seann duin' ceangailte fo dhìteadh
　Aig an òg fo dhaorsa-geamhail.

### LXXII.

Tha mo chnàmhan sgàint o chéile
Mar shoitheach briste breoit do chré mi,
Ach dlù-cheangailte r'a chéile
Eadar altan, fhéithean s bhannan :
　Dh' fhàg an seann duin' mi na m' eiginn
　Shaor an t-òg mi le treun tharruing.

### LXXIII.

Tha mi loma ruisgt gun chòmhdach
Fo dheis uir do dh' éideadh glòrmhor,
S mi 'n daor thràill air dun an òtraich
S Prionns ro oirdhearc chaoidh a dhealras :
　Dh' fhàg an seann duin' lomnochd ruisgt mi,
　S an duin' òg às ùr ga m' fhalach.

## LXXIV.

Is creutair marbh mi chaoidh nach bàsaich
Sior theachd beò air lòn deadh-àraich,
Bàsachadh gach là le slàinte
Seargt s a sior fhàs fo bhlàth fallain :
   N seana duin' a' searg o fhriamhaibh
   Us fàs an òig ro sgiamhach sgeànail.

## LXXV.

Ged is saor mi o gach truaighe
S éiginn domh gu 'm faic mi truailleachd,
Ged nach adhlaicear san uaigh mi
Gu là bhràch tighinn uaip' cha 'n fhaigh mi :
   Thug an seana duin' do 'n uaigh mi
   S e'n duin' òg thug buaidh air thairis.

## LXXVI.

Tha mo chaoile dhomh na reamhrachd
Tha mo ghorta daonn na saill domh,
Mo shìth a' meudachadh m' fhior ann-sìth
Us naimhdeas ri m' annsachd ceangailt.
   N seana duin' a sas san t-saoghal
   S an duin' òg o ghaol ga m' sgaradh.

## LXXVII.

Ged a fhuair mi m' aon-gaoil iarraidh
Tha mo shùil na dhéigh gu cianail,
Ged 's dlùth E eadar mo dha chiochan
S fada cian E às mo shealladh :
   Dh' fhàs an seana duin' na chuis-ghràin domh
   S an duin' òg le ghràdh ga m' tharruing.

## LXXVIII.

Mi a' deanamh ni nach b' àill leam
A' to'airt fuath do 'n ni a b' fhearr leam
A' to'airt gaoil do 'n fhior chùis-ghràine
Us gur e mo shlàint mo ghalair :
    An seana duin' air fàs na phlaigh domh
    S e'n duin' òg aon-gradhach m' anam.

## LXXIX.

Gun mi 'g amharc air ni 's réidh dhomh
Mi bhi faicinn ni is péin domh
Ta mi sealltuinn ni nach léir dhomh
Ged tha mi gu geur ga amharc :
    Dh' fhag an seana duin' cho dall mi
    Us thug an t-òg glain-amhairc ghlan dhomh.

## LXXX.

Cha mhi-fein mi féin oir tha mi
M neo-ni ; 's e'n Ti 's mi is fearr domh,
Mo chaithe-beatha ann sna h-àrdaibh
Mi m' fhear-àiteachaidh air talamh :
    N seann duin' triall gu tìr na di-chuimhn
    S an duin' òg ri Criosd dlu-cheangailt.

## LXXXI.

Sheann duin' ta ri éisneachd m' òrain
Nach do shealbhaich deadh-ghean m' òig-fhear
Mur gabh thu ri gairm a thròcair
Fhearg bidh dòruinneach do t' anam :
    Cha 'n 'eil òg ach seann duin' mar riut,
    Cha 'n 'eil òg ach seann duin' mar riut,
    Tilg an seann duin' air do chultaobh,
    S gabh an t-òg às ùr mar t' earradh.

## LXXXII.

Fòghlum faigh air brigh mo chòmhraidh
Feuch gu reusanta s gu còmhnard,
S mar treabh thu le m' agh gu seòlta
Bidh mo thòimhseachan-s ort falaicht.
  Cuir an seann duin' uait gu h-ealamh,
  Cuir an seann duin' uait gu h-ealamh,
  Fàs m' un t-seana duin' caoin-shuarach,
  S bheir an t-òg dhuit buaidh le caithream.

## LXXXIII.

Gabh sar-bheachd air luach na tròcair
Peacaich bheir o bhruaich na dòruinn,
Steach tre dheuchainnibh co mòra
Gu fairg glòrmhor 'boillsg mar ghloinidh:
  Mu 'n to'air an seana duin' do 'n uaigh thu
  Grad theich uaith a chum na carraig.

## LXXXIV.

Far an seinn iad gu luath-ghàireach,—
Clàrsaichean do Dhé na 'n làmhan,
Oran Mhaois s an Uain a ghràdhaich
Iad s a shaor o 'n bhàs trid fhal' iad.
  Dh' fhag an seann duin' thu fo 'n truaighe
  Teich gu luath oir 's luachmhor t' anam.

Na meas fonn an t-seann duin' eutrom
Ge' b' àrd fhuaim am beul an t-saoghail
Fhuaireadh leam-s e trom s gun d' shaoil leam
Gu 'm b' shlainte domh bhi saor o 'eallaich.

# A' BHUAIDH LARACH:
## NO
## AM PEACADH.

### Earrann I.

#### I.

THA mi an-shocrach, bruite,
 Tinn, fo ghalair ro chiuirte,
Dh'fhag neo-gheanail gun sunnd mi;
Fàth mo ghearain s mo thursa,
Truimead m'eallaich ri ghiulan,
Mi gun neart, mi gun luths s mi gun tàbhachd,
 Mi gun neart, &c.

#### II.

Tha uile bhuadhannaibh m' anma
Air an truailleadh s an salachadh,
Lan do thuargneadh s do anagna,
Lan do fhuath us do aingnidheachd,
Lan do uabhar s do anabarr
G àt an uaill le fior chealgaireachd Shatain.
 G àt an uaill, &c.

#### III.

Cridhe cruaidh mar an ailbhinn,
Druite, duinte gun oircheis,
Naimhdeil, graineil, neo-gheanmnaidh,
Iomad taimhe gach anamaint,—

Tobair nimhe ro shearbh e,
Lan do phiunnsean ro mharbhteach an Dràgoin.
  Lan do phiunnsean, &c.

### IV.

Tha m'inntinn dorcha gun eolas,
Mi duint an duibhre mar chleoca,
M'uile bhreithneachadh feolmhor,
Gun fhois ach daonnan neo-stolda;
Tha gach cuidhl' às an ordugh,
Mar a chuibhrig an sgleo sin mo nadur.
  Mar a chuibhrig, &c.

### V.

Tha m'uile thograidhean truaillidh,
Tha m'uile aignidhean luaineach,
Mar an fhairg'air a luasgadh,
A sheidear thuig'agus uaidhe,
Gun fhois gun tamh air mo smuaintinn,
S m'uile dhichioll gus fhuadach gun stà dhomh.
  S m'uile dhichioll, &c.

### VI.

Ged tha'n guth rium ag eigheach,
Cha'n 'eil m'inntinn 'tobhairt géill da,
Tha mo chridh'air bheag speis da,
Tha mo chluasan gun eisdeachd,
Tha mo shuilean gun leirsinn,
Mi dol clì anns gach ceum'n uair is fearr mi.
  Mi dol clì, &c

### VII.

Is creutair aimideach truagh mi,
Tha do mhearachdan buailteach,
Fein ga m' mhealladh s ga m' bhuaireadh,
G eirigh'n ceannaire s an uamharr,
Gath na nathrach ga m' ruagadh
Air gach taobh ga mo bhualadh gu laidir.
       Air gach taobh, &c.

### VIII.

Tha e daonnan ga m' ruagadh,
Air gach taobh air an gluais mi,
G iarraidh fàth air gach uair orm,
Le ghath basmhor gun truas rium,
Fàth mo chaoil agus m'uamhainn,
Dh'fhàg mo theudan gun fhuaim na mo chlarsaich.
       Dh'fhàg mo theudan, &c.

### IX.

Tha mo chlarsach gun ghleusadh,
Cha 'n 'eil fuaim na mo theudan,
Tha gach buaidh dhiom lan eiceirt,
S mo thruailleachd ag eirigh
Leis gach druaip a's mò breine,
Dol g'a fhuadach dhiom fein 's beag is feairde
       Dol g'a fhuadach, &c.

### X.

Is tusa, pheacaidh, a leon mi,
A dh' fhàg an tacaid fo m' chòta,

Dh' fhag ro mheata gun treoir mi,
Dh' fhag gun tlachd mi cho breoite,
Leis gach anabas co feolmhor,
Lan do bhreine s do fhotas ro-ghraineil.
   Lan do bhreine, &c.

### XI.

S e sgrios m'anma bu deoin leat,
U's mo thearbadh o throcair,
Thu ga m' leannhuinn an comhnuidh,
Dian an sealg air mo thorachd,
Le do chealgoireachd mhora
Milleadh m' earbsa s mo dhochas á slainte.
   Milleadh m'earbsa, &c.

### XII.

Ged is meanbh ort mo leirsinn,
Is iomadh aire agus eigin,
San do ghlac thu gu geur mi,
Ged robh m'fhaicill a' streup riut,
S beag mo neart 'n àm na deuchainn,
Gus do chasg 'nuair dheireas tu's ràs ort.
   Gus do chasg, &c.

### XIII.

Iomadh caochladh air t' iomhaigh,
Nam faodainn innse co lionmhor,
Tigh'nn ga m' bhuaireadh le d'bhriodal,
Gus mo shuaineadh na d' liontaibh;

Is tric thu mùthadh do bhiathaidh
Air do dhubhan mar iasgair ga m' thàrsinn,
    Air do dhubhan, &c.

## XIV.

Chuir thu draothachd nach beag orm,
Chuir thu m'inntinn na breislich,
Dh'fhag thu 'ni-ghean s an geilt mi,
Dol gach aon uair a léth-taobh,
Ris an fhirinn neo-sheasmhach,
Ta mi daonnan mar sgeig do m' eas-cairdibh
    Ta mi daonnan, &c.

## XV.

Ni tha ghnà dhomh na dhiteadh,
Na aobhar nair dhomh da rireadh,
Bhi faicinn chaich le mor dhichioll
Air taobh Shatain cho dileas,
Dol cho dan' anns gach stri leis,
S mise claon air taobh Chriosd us lan failinn.
    S mise claon, &c.

## XVI.

Dhaindeoin doimhneachd mo chreuchdan,
Le do shaighdean ga m' leireadh,
Ga mo leon s ga mo reubadh,
Ga mo lot mar le speicibh,
Cha 'n 'eil aon ni gu feum dhomh
Gus an cairich an Leigh rium a phlasda.
    Gus an cairich, &c.

### XVII.

Plasda leigheis gach creuchda,
M bheil an tàbhachd s an eifeachd,—
Acfhuinn shlanuich gach eucail,
A bheir slaint do gach creutair,
Ris an càirich e fein e,—
Chuireas fuadach gu leir air gach plaigh uath.
   Chuireas fuadach, &c.

### XVIII.

Siud am plasd' chuireas fogradh
Air an-earbsa s mi-dhochas,
Dh'aiseag anmaibh gu solas,
Rinn e fhuasgladh na throcair,
As gach cuibhrichean broine, —
S ni na sloigh sin a ghloir a thobhairt dha-san.
   S ni na sloigh sin, &c.

### XIX.

Righ nam feartaibh s na naomhachd,
Reir do ghraidh san Fhear-shaoraidh,
T' aon-ghin Mic thug an Iobairt,
Rinn do cheartas a dhioladh,
Deonaich comunn do ghaoil dhomh,
Ni ás eugmhais nach fhaod mi bhi sabhailt!
   Ni á eugmhais, &c.

### XX.

Ged thuitinn sios ann san smurach,
Gus'n tigeadh failinn na m' ghluinibh,

S ged robh mi'g eibheach le tursa,
A sileadh dheur o mo shuilibh,
Cha 'n 'eil eifeachd na m' urnuigh
Gu'm foillsich solus do ghnuis orm o'n airde.
   Gus'm foillsich, &c.

### XXI.

M'uile dhleasdnais aoraidh
Tha gu buileach gun fheum dhomh,
Dh'aindeoin saothair us deuchainn,
Ged robh mi doilgheasach, deurach,
Iad gu h-iomlan gun eifeachd
Dh'easbhuidh comunn us deagh-ghean do ghras-sa.
   Dh'easbhuidh comunn, &c.

### XXII.

Deonaich grasan ás ùr dhomh,
Na do staitean ga m' stiuireadh;
Blas do ghraidh 'tha ro-chubhraidh,
Chuireas m'amhghar air chul dhomh,
Lasas blaths na mo dhurachd,—
Oir is creutair gun diu a measg chaich mi.
   Oir is creutair, &c.

### XXIII.

Mi ro mhuladach, claoidhte,
Tinn fo thrumadas inntinn,
G ionndrainn comuinn do chaoimhneas,
Bheireadh sòlas dhomh s aoibhneas,

Nuair bu mho ann an teinn mi,
An dubh-bhron fo gheur shaighdean mo namhaid.
    An dubh-bhron, &c.

## XXIV.

Siud an comunn ro chubhraidh,
Comunn solus do ghnuise,
Thilgeadh geilt air mo chulthaobh.
Gach droch theagaimh tha dluth dhomh
Bheireadh eolas an iuil dhomh,
Chum do ghloir bhi mar churam gach trath orm
    Chum do ghloir, &c.

## XXV.

Ged bhagradh cach mi le muiseag,
Ged mheasadh iad air bheag diu mi,
Ged robh mi graineil na 'n suilibh,
Bu bheag mo chàs dheth'n cuid diombaidh,
Nam bitheadh do ghras dhomh mar chul-taic
Chuireadh t' aoibhneas gach tursa mu lar dhomh
    Chuireadh t'-aibhneas, &c

## XXVI.

Is iomadh sgleo agus tuaileas,
Is iomadh ànradh us duathar,
Phobull De tha ro bhuailteach,
Tobhairt fios ni's fearr dhoibh mu'n truailleachd,
'S na 'n comas fein nach dean fhuadach,
Ach bithidh 'ghras-san an uachdar gu brath dhoibh.
    Ach bithidh ghras-san, &c.

H

## XXVII.

Is iomadh teanntachd us daorsa,
S iomadh trioblaid us caonnag,
Agus naimhdeas nach aotrom,
Tha dhoibh an gealltainn o'n t-saoghal,
Ach tha'n Ceannard cho caomhail,
S e na throcair bheir saors dhoibh o'n amhghar.
  S e na throcair, &c.

## XXVIII.

Nuair is daine s is luainich,
Bhios Abadon mu'n cuairt orr',
Le bhrionnal tlà a tighn'nn suas riu,
Gus an tàrsainn le bhuairidh,
Is tus' a mhain a bheir buaidh dhoibh,
A ni'n teasruiginn uaith us an tearnadh.
  A ni'n teasruiginn, &c.

## XXIX.

Nuair thigeadh geilt agus uamhann,
Tre mhi-chreideamh air uairibh,
Bhitheadh ga'n leagadh na 'n truaghain,
Is e do dheadh-ghean ro-uasal,
S neart do ghrais thogadh suas iad,
Bheireadh treoir dhoibh s a dh'fhuasgladh o mhaig iad.
  Bheireadh treoir dhoibh, &c.

## XXX.

Oir tha cordaibh a ghaoil-san
Ga'n ceangal teann ris an aonachd,

M banntaibh co-cheang'l na saorsa,
Leis na geallaidhean caomha,
Air dha'n Spiorad a thaomadh,
Orra nuas le mor fhaoilt riu ga'n caradh.
   Orra nuas le mor fhaoilt, &c.

---

## Earrann II.

### I.

OCH a pheacaidh, a chealgair,
 S iomadh olc riut tha leanmhuinn,
Dh'fhag thu'n saoghal an aimlisg;
S tu fear ditidh nan anama,
Rinn thu milltean a dhamnadh,
Thug thu sgrìob orr' air falbh ri linn Noah.
   Thug thu sgrìob, &c.

### II.

Iomadh olc ort r'a innse,
S ann ort a dheireadh an t-aoireadh,
Is tu fior namhaid chloinn daoine,
Ge mor an gradh us an gaol ort,
Rinn thu phlaigh orr' a sgaoileadh,
Dh'fhag thu'n teanntachd s an daorsa ro mhor iad.
   Dh' fhag thu'n, &c.

### III.

Is puinnsean nimh thu ro laidir,
O ghath na nathrach, an Dragoin,

Tharruing mallachd us bas oirnn,
Iomhaigh sgreamhail an t-Satain,
S pian do'n anam a bharr air,
Do gach aon a ni taire air trocair.
   Do gach aon, &c.

### IV.

S ann ri murt us ri mi-stath,
S ann ri dealbh gach droch innleachd,
Bha thu riamh o na dh'iuntrig
Thu'sa namhaid, a' milltear
Leis'n do bhuair thu ar sinnsir,
Dh'fhàg cho buailteach do'n diteadh am mor-shluagh.
   Dh'fhàg cho, &c.

### V.

Cha robh maill' ort na d' eir-bheart,
O ghabh Satan an seilbh thu,
Gu cur aird air gach ceilg leat,
Us gach innleachd a dheilbh leat,—
Saighdean nimhe ro dheilgneach,
Siud na h-innleachdan mairbh chuir thu'n ordugh.
   Siud na h-innleachdan, &c.

### VI.

Chaidh tu mach feadh an t-saoghail,
Fad us farsuing gu chriochaibh,
Shiubhladh muir agus tir leat;
Thruaill thu uile chlann-daoine,

Cha d'rinn thu di-chuimhn air aon diubh,
Beag us mor, eadar aosd agus oigridh.
   Beag us mor. &c.

### VII.

S ann ri mealladh a bha thu
Riamh o charadh leat Adhamh,
Bha gach mallachd a' fàs riut;
Sgaoil gach carraid s droch ghnà leat,—
Dh'fhag thu Sodom na lathrich,
S thug thu sgrios air luchd-aitich Ghomorraih.
   S thug thu sgrios, &c.

### VIII.

Chuir thu braighdibh do Bhab'lon,
Chuir thu teann ann an sàs iad,
S tric a mheall thu sliochd Iacoib,
N àm bhi triall trid an fhasaich,
Le do bhuairidhean graineil,—
Sgrios thu milltean gu bas ann dhiubh comhladh.
   Sgrios thu milltean, &c.

### IX.

Rinn thu moran a thaladh
Gu tobhairt seirbhis do Bhaal,
Leig thu'n ruaig air Righ Saul,
Dh'àt thu suas e le tamailt,
Gus'n do bhuair thu gu bas e,
S thug thu buaidh air Balaam mac Bhosair.
   S thug thu buaidh, &c.

## X.

Luchd an uabhair s an ardain,
Dh'eirich suas ann san fhasach
N aghaidh Mhaois agus Aaroin,
Chuir thu'n t-iomlan mu lar dhiubh,
Clann us taighlaich s gach earnais,
Bh'aig Abiram, aig Datan s aig Corah.
   Bh'aig Abiram, &c.

## XI.

Is teann a fhreumhaich do nadur
Anns gach treubh do shliochd Adhaimh,
Sgaoil thu sior feadh gach pairt dhiu ;
Sgap do shiol feadh gach ait orr,
Siud an siol thug a' phlaigh orr,
Dh'fhàg gu truagh iad da'n namhaid n' an oglaich
   Dh'fhàg gu truagh, &c.

## XII.

Ghineadh mort agus bas leat,
Ghin thu naimhdeas s eascairdeas,
Ghin thu fuath eadar bhrathairean,
Ghin thu breugan us meairle,
Ghin thu trod agus caineadh,
Ghin thu mallachadh, a ghnath b' e 'n droch phor thu.
   Ghin thu mallachadh, &c.

## XIII.

Ghineadh farmad us sannt leat,
Ghineadh fearg leat us gannlas,

Ghineadh stri leat us aimhreit,
Ghin thu connsachadh s anntlachd,
Iodhal-aoraidh s gach aing'dheachd,
Mi-chreideamh, saobhadh, 's e'n calldachd is mò e.
  Mi-chreideamh, &c.

### XIV.

Luchd na gisreag s na draothachd,
Luchd nan òrachan baotha,
Luchd na poite s na daoraich,
Luchd gach comhraidh mhi-naomha;
Thug an treud sin dhuit aontadh,—
S tu fior shòlas luchd craois agus geocaich.
  S tu fior sholas, &c.

### XV.

Tha gach misgeir dhuit cairdeach,
Thug luchd striopachais gradh dhuit,
Do luchd macnuis cha ghrain thu,
Do luchd mhionn's tu'n oid àraich,
Ri tobhairt seirbhis da 'n namhaid,
S e fior cheannard nam ballachan òil thu.
  S e fior cheannard, &c.

### XVI.

S e bhi poit air dibh laidir,
Ceol do dhilsibh s do chairdibh,
Siud an solas s an ailein,
Sgeith mu'n bhord mar is gnàth leo,—

Bord an diabhail us Shatain,
O'n se fein tha ga'n arach 'san t-seol ud.
    O'n se fein tha, &c.

## XVII.

Cha 'n 'eil ioghnadh mar tha iad,
Ag obair daonnan 'sa cheaird sin,
Ri seirbhis mhilltich a namhaid,
Dha'n droch aon na 'n daor thraillean,
S nach 'eil aon ac' tha ghna ris,
Nach 'eil teann aig an Abharsair beo-ghlact.
    Nach 'eil teann, &c.

## XVIII.

Is fairmeil t' fhuaim 'san tigh thairne,
Nuair a chruinn'cheas do ghraisg ann,
Dh' ionnsuidh comunn na trailleachd,
S coinneamh mhallaicht na gadrisg,
Theid an ridhl ud air lar dhiubh,
An oid a seideadh s a' mhal a' to'airt ceol doibh.
    An oid a seideadh, &c.

## XIX.

Is ullamh chruinn'cheas do ghillean,
Air do ghairm s tu ga'n sireadh
Dh'ionnsuidh cuirm an fhir mhillidh,
S ged tha gairm dhoibh gu pilleadh
Is beag an gairisinn no 'n giorrag,
Triall gu furnais an teine ga'n rosladh.
    Triall gu furnais &c.

## XX.

Ged tha d' chuirm leo ro-mhilis,
Le do bhairm dol air mhire,
Mur dean Criosda riu pilleadh,
S an tobhairt o d'chuilbheartaibh innealt,
Bithidh e scorbh daibh ri shileadh,
N lasair anabaraich ifrionn na doruinn.
   N lasair anabaraich, &c.

## XXI.

Sgeul tha uamhasach buileach,
Tha ro chruaidh agus duilich,
Dh'anamaibh luachmhor na h-uiread,
Do mhuinntir thruagh an rag-mhuineil,
Bhi danns' air bruaich a mhoir chunnairt,
Aig an diabhol ga'n iomainn na ghoisnibh.
   Aig an diabhol, &c.

## XXII.

Rinn thu cealgairean lionmhor,
Tha ga'n ainmeach' air Criosda,
S nach 'eil a leanmhuinn a riaghailt,
Mar shligean falamh gun bhiadh annt',
Gun chàil na 'n anmaibh do'n diadhachd,
Iad ga h-àicheadh s a fiaradh a roidean.
   Iad ga h-àicheadh, &c.

## XXIII.

Se'm fior chealgaire dàn' thu,
Siud mar ainm ort cha chèarr e ;

A rinn luchd aingidheachd cho laidir,
Bha ri marbhadh nam faidhean ;
S tric a' sealg air luchd grais thu,—
Fior luchd leanmhuinn àn t-Slanuighir ghlormhoir.
   Fior luchd, &c.

## XXIV.

Cha 'n 'eil tlachd ort ri radhtinn
Cha 'n 'eil maise no àgh ort,
Tha thu ladurn' mi-narach,
Do gach creidmheach 's cuis ghrain thu,
Cha 'n 'eil aon do shliochd Iacoib
Nach e'n leirsgrios a b'fhearr leat gu dolas.
   Nach e'n leìrsgrios, &c.

## XXV.

Is trom a t-eallach air pairt thu,
Mheud s a bhreithnich do nadur,
Chuir thu'n gean diubh s an gaire,
Dh'fhàg thu bronach gach la iad,
Rinn thu'n anamaibh a chradh annt',
Dh'fhag thu bruit iad na 'n airnibh a' comhnuidh.
   Dh'fhàg thu bruit, &c.

## XXVI.

S iomadh creidmheach us firean
A bha seasmhach us dileas,
Rinn thu leagadh gle iosal,
Ann an eagal s am mi-ghean,

Ann an teagamh mu'n saorsa,
Greis le d' bhuairidh s le d' dhraothachdaibh seolta.
  Greis le d' bhuairidh &c.

### XXVII.

Mheud s a chreid ann san Fhirinn,
Fhad s tha'n Sgriobtur ag innse,
B' olc do theist aig gach aon dhiubh,
Le do bhuairidhean millteach,
S lionmhor uair thug thu chaoidh orr'
Le do chluaintearachd s t' innleachdan mora.
  Le do chluaintearachd, &c.

### XXVIII.

Is iomadh ciùrradh ro laidir,
Bha ro ghuineach us craiteach,
Agus cunnart us gàbhadh,
Foidh'n do chuir thu Rig Daibhidh,—
Tric a ghuil e fo amhghar,
Le do bhuilibh a ghnà bha ga 'leonadh.
  Le do bhuilibh, &c.

### XXIX.

Ged fhuair Solamh mor ghibhtean,
Ann an ciall s ann an gliocas,
Ann an rian s ann an tuigse,
Leag thu sios dha ceap-tuislidh,
Ghlac thu 'd' lion e gun fhios da ;
Chuir air fiaradh le brisdeadh o'n chòir e.
  Chuir air fiaradh, &c.

## XXX.

Bu tu namhaid nan Abstol,
Bha ga'n cradh mar throm àcaid,
Ann an amhghar s an arsneal,
Tric a dh'fhag thu'm mor airc' iad;
Rinn thu Stephen a chlachadh,
B' olc an companach astair do Phol thu.
      S b'olc an, &c.

## XXXI.

Searbh an comunn do phairt thu,
Bhlais air sonas nan grasan,
Sgreataidh t' aogaisg a ghnà leo,
Annta fein s na 'n co-bhrathairibh;
Cha dean iad faoilte roimh t' fhailte,—
Domblas nimhe leo t' fhàile fo'n sroinibh.
      Domblas nimhe, &c.

## XXXII.

Ged thug mi'n ionnsuidhs an traths ort,
Ann an durachd dha d' chaineadh,
S beag an iomradh mu d' nadur,
Ma do dhraothachaibh graineil
Mu t' aisinnleachdibh àireamh,
Cha 'n 'eil m'inntinn ach gearr ort an eolas.
      Cha 'n 'eil m'inntinn, &c.

## XXXIII.

Cha 'n 'eil m' eolas ach beag ort,
Ge tric thu caochladh do dheise,--

Mùthadh t' aogaisg le d' bheadachd,
G iarruidh m'aomadh le d' chleasachd,
Gus mo chlaonadh a leth taobh,
S gath an aoig air do leis fo do chota.
   S gath an aoig, &c.

## XXXIV.

Cha 'n 'eil m'eolas ach gann ort,
Ged robh mi bronach fo d' anntlachd ;
Le do bhruadairibh meallta,
Nach fhaod mi luaidh air an àm-sa,
Is tric ga m' bhualadh gu dall thu,
S ga mo sparradh gu teann ann san otrach.
   S ga mo sparradh, &c.

## XXXV.

Cha 'n 'eil m'eolas ach gearr ort,
Ged is bronach mo charadh,
Air gach lo fo do mhagaibh,
Thu gun trocair gun bhaigh rium,
Is tric a chuir thu 'san lathaich mi
S na d' eabar an sàs air bheag dochais.
   S na d' eabar, &c.

## XXXVI.

Is tu'n droch shladaire millteach,
Tha ri creachadh s ri mi-sta,
Tha ri dealbh gach droch innleachd :
Thug thu masladh do Chriosda,

N àm tobhairt suas da na h-iobairt,
Fo na ghleachd leis na dhit e 'san fheoil thu.
Fo na ghleachd, &c.

## XXXVII.

Siud an gaisgeach a dhit thu,
Fhuair le ghleachd thu gu h-iosal,
S le bhuaidh thapaidh thug claoidh ort;
Le threun neart chuir fo chis thu,
A chumas smachd feadh gach linn ort,
S moladh siorruidh ga choinn agus gloir dha.
S moladh siorruidh, &c.

## XXXVIII.

Moladh siorruidh gu brath dha,
Nochd a chaoimhneas us 'fhabhar
Do chaoraich chaillte tigh Iacoib,
Nach d'fhàg an geimhlibh an sas iad,
Dh'oibrich saors, dhoibh us slainte,
Trid na h--iocslainte ghrasmhor a dhoirt e.
Trid na h.iocslainte, &c.

## XXXIX.

S e thaisbean caoimhneas a ghraidh dhoibh,
A bha na 'n naimhdean thaobh naduir,
Ann na'n inntinn s na 'n gnàth dha,
Nach d'fhag na'm braighdibh mar chach iad,
A thug o'n cuibhrichean bais iad,
S a ghlan o'n eucail gu slan iad gu teòchridheach.
S a ghlan o'n eucail, &c.

## XL.

Siud na dibaraich bhochda,
Rinn e ghairm ann san t-Soisgeul,
Le'n d' thug e tairgse, gu coitchionnt,
Do luchd aingnidheachd s droch bheairt,
S a chuid nach pill s nach to'air toirt da,
Theid an tilgeadh do'n t-slochd tha gun solas.
   Theid an tilgeadh, &c.

## XLI.

B'e sgeul an àigh e ri chluinntinn,
Do'n chuid ri'm pairtich e 'chaoimhneas,
Nuair thig am bas ni e'm foighneachd
A steach gu Paras an aoibhneis,
Nuair theid iadsan, na h-aingidh,
Chur gu aite nan deamhnan air fogradh.
   Chuir gu aite, &c.

---

### EARRANN III.

## I.

A pheacaidh, namhaid na dunaich,
 S tu'n nimh a ghànraich an cruinne;
S tu rinn dhuit traillean dhinn uile,
Thug binn a' bhais air gach duine,
Tre ghineadh nadur a thuinich,
O'n t-sinnsir Adhamh 'sna chuireadh an tòs thu.
   O'n t-sinnsir, &c.

## II.

Tha seo mo s tràth leam gu sgur dhiot,
S e sin dheth d'chaineadh gu buileach,
Gun tuille àireamh. mas urra,
Gu'm faigh mi gras gu bhi cur leam,
Mu'n staid na dh'fhagadh gu tur leat
Luchd dreuchd gun àgh a tha cur an droch phor leat.
   Luchd dreuchd, &c.

## III.

Is olc do bheusaibh ri sheanachas,
Na h-uile ceum ann san d'fhalbh thu,
Feadh gach rioghachd us talmhainn,
Is mor do mhi-sta feadh Albainn,
Rinn thu 'n eaglais a shalachadh
Le droch aodhairean cearbach gun eolas.
   Le droch aodhairean, &c.

## IV.

Dh'fhag thu'n cearnsa na 'chruadhlach,
Gun dealt a ghrais tigh'nn a nuas air,
S e mar fhàsach ro fhuaraidh,
Gun ghrian a bhlàthais a' cur snuaidh air;
S mar seall an t' Ard Righ na thruas oirnn
Bidh sinn caillte chion buachaille treoraich.
   Bidh sinn caillte, &c.

## V.

Thruaill thu 'n sagart s am faidhe,
Thruaill thu cleachdadh a chràbhaidh,

Le luchd teagasg gun ghrasan,
Their gur Iudhachaibh iàdsan
S nach' eil annt ach fior thraillean,
Buill do shionagog Shatain lan neoghlain
   Buill do shionagog, &c.

### VI.

Siud na madraidh s na mearlaich,
Mu'n do theagaisg an Slanaighear
A chuid Abstolaibh gradhach
A bhi na'm faicioll a ghnà romp'
Mu'n deagh'n glacadh no'n tarsinn,
Ann an ribeachan bais luchd na do-bheairt.
   Ann an ribeachan, &c.

### VII.

Luchd faire dall us coin bhalbha,
Madraidh alluidh an anmoich,
Tha cumail sluaigh ann an aimlisg,
S pobull Dhe ga'n geur-leanmhuinn,
Cha'n 'eil breug an ri sheanacas,
Oir tha'n sgriobtur ga dhearbhadh s ga 'chomhdach.
   Oir tha'n sgriobtur, &c.

### VIII.

N àm bhi sgriobhadh an t-searmoin,
O na h-inntinnibh talmhaidh,
Bidh sgrudadh geur air an eanchainn;
Na 'n eolas cinn a tha 'n earbsa;

I

Cha chluinntear ni mu'n ath-ghineamhuinn,
S bidh chrioch gun eifeachd s neo-tharbhach do'n
t-slogh uaith.
   S bidh chrioch gun &c.

### IX.

Theid am paipeir a sgaoileadh
Ann am fianuis nan daoine,
Us cuid air ciaradh le aois dheth,
Leis na briathraibh a's faoine;
Le seann teagasg nan sgriobhach,
Leis na dhiteadh gu binn an dubh-bhròin iad.
   Leis na dhiteadh, &c.

### X.

Rinn iad dimeas air Criosda,
Rinn iad tailceas air 'Iobairt;
Tair us masl' air 'fhuil phriseil;
Do thairgse ghrais cha do shriochd iad,
Dhiult iad fhasgadh s a dhidean,
O'n an fheirg 'thug sgrios mhillt' orr' gun dòchas.
   O'n an fheirg, &c.

### XI.

Rinn iad tarcuis air 'Fhirinn,
Dhiult iad 'Fhocal le dimeas,
Nuair bha 'chaismeachd s a ghlaodh riu,
Tigh'nn fo bhrataich a ghaoil-san;

Chraidheadh'n Spiorad ro naomh leo,
Chuir iad cul ris gach saors agus sòlas.
    Chuir iad cul, &c.

## XII.

S mar sin a reist a ta iàdsan
A' deanamh dimeas us taire,
Air fuil Iobairt na slainte,
Gealltainn saorsa tre'n àithne,
S an lagh naomh ac fo thamailt,
Leis na dhiteadh siol Adhaimh gu bronach.
    Leis na dhiteadh, &c.

## XIII.

Is ni e dh'fheudar a radhtinn
S do neach ri innse cha naireach
Gur ni gun bhrigh a bhi claistinn
Na teagaisg mhi-chrabhach,
Tha tigh'nn o'n chridh tha'n staid naduir,
Tha gun saothreachadh gras Righ na glorach.
    Tha gun, &c.

## XIV.

Bhi gealltainn saors agus siochaint,
Trid a chumhnanta ghniomha,
Siud an teagasg mhi-dhiadhaidh,
Sgriosas anama gu siorruidh
Dh'ionnsuidh'n t-slochd tha gun iochdar,
Far nach cluinntear o Dhia dhoibh guth trocair.
    Far nach, &c.

## XV.

Theid an t-searman a leughadh,
S b'e siud scanachas gun eifeachd,
Is ni neo-tharbhach do'n treud e,
S cha chuis fharmaid luchd eisdeachd,
Tha 'cur an earbsa 'san steidhidh,
Ni a thearbas na dheigh iad gu doruiun.
      A ni thearbas, &c.

## XVI.

Cinn-iuil nan dall tha gun leirsinn
Siud an tiodal s cha bhreug e,
Tha gu trom fo'n an-eibhinn,
Gun iul air buaidh a chroinn-cheusaidh,
Bhi teagasg sluaigh b'e 'm mor bheud e,
Air slighe leithinn an leirsgrios ga'n treorach.
      Air slighe leithinn, &c.

## XVII.

Mur bi'm buachaille saothreach,
Is ni tha'n dual do na caoraich,
Dhol air fuadach s air faontradh,
Feadh nam bruachaibh s na fraochaibh;
Sgeula truagh e r'a innse,
N àireamh shluaigh tha dol cli a chion colais.
      N àireamh shluaigh, &c.

## XVIII.

Nuair bhios am buachaill gun churam,
E'n cadal suaine fo dhusal,

Ged robh'n ruadh-mhadadh dluth dha,
E gun uallach gun dusgadh,
Cha bhi'n treud air dheagh stiùireadh,
S do neach a dh'fhaodadh bhi'n dùil b'e 'n fhior
    ghoraich.
        S do neach, &c.

### XIX.

Is aobhar broin do gach aon neach,
Bhlais air trocair'n Fhir-shaoraidh,
Bhi faicinn doigh nan droch aodhairean,
Tha 'cumail sloigh ann an daorsa,
Fad air astar san aonach,
Far'n d'fhàg am peacadh fo dhraoth ann sa' cheò iad.
        Far'n d'fhàg, &c.

### XX.

Gur bochd ri innse s gur cianail,
Na h-anmaibh priseil us fiachait,
Bhi triall gu furnais an Diabhoil,
Dh'ionnsuidh gainnteir an riaslaidh,
N teintean ifrinn ga'm pianadh,
Trid droch aodhaireachd dhiabhluidh an t-seors ud.
        Trid droch, &c.

### XXI.

Dhall thu, pheacaidh, an suilean,
Dh'fhàg thu'n claisneachd cho duinte,
Dh'fhàg thu'n tuigse neo-thurail,
Dh'fhàg thu'n inntinn cho muchaidh,

Dh'fhàg thu'm fois iad gun churam,
Dh'fhàg na'n truaigh gu teann duinte fo d' sgleo iad.
　　Dh'fhàg na'n, &c.

## XXII.

Na nithe naomha gun seachnadh,
Ga'n tobhairt gu saor dha na madraidh,
Seul na Suipeir s a' Bhaistidh,
Gun luaidh air umhlachd no aidmheil,
S iad coma dhiu o'n 's e chleachd iad,
Ged tha e toirmisgt san Fhacal gu sòlaimt,
　　Ged tha e, &c.

## XXIII.

Iad a' mionnachadh 'n t-sloigh sin,
Ga 'n cur gu teann fo throm bhoidean,
Gu'n gabh iad curam dheth'n oigridh,
Gu'n tog iad suas iad am foghlum,
S ann an teagasg Iehobhaih,
Ni nach urr' iad ri'm beo s gun iad eolach.
　　Ni nach urr' &c.

## XXIV.

Siud na h-aodhairean aingidh,
Tha 'g iomain chaorach gu meallta,
Dh'ionsuidh ionaltraidh 'n aimhleis,
Mach air raontaibh an naimhdean,
Leis an glacar an laimh iad,
S theid am punndadh gu'n cailltear gun deo iad.
　　S theid am, &c.

XXV.

Cha bhi 'n t-uachdaran toilicht,
Air dha 'n treud dol a dholaidh ;
Bidh e diombach s ro dhoilich,
Lasaidh 'ghnuis an dian chorruich,
S theid na h-aodhairean don' ud,
Chur air fuadach o shonas gu dolas.
   Chuir air fuadach, &c.

XXVI.

Siud mar tharlas e dhuibhse,
Ann an la'n tig bhur binne,
Mur iompaich gras an Ard-Riogh sibh,
Ged chuir sibh'n tràths air bheag suim e,
Nochdaidh 'm bàs dhuibh air chinnt e,
Nuair theid bhur tilgeadh gu doimhne na Topheit.
   Nuair theid, &c.

XXVII.

Ach Dia gu'n taisbein a thruas dhuibh,
Gu seid e thrombaid na'r cluasan,—
Trombaid Soisgeil nam buaghan,
Gu'n doirt e 'ghrasan a nuas leis,
Gus o'r namhaid bhur fuasgladh,
Chum mar thraillean nach gluais sibh ni's mò dha.
   Chum mar thraillean, &c.

XXVIII.

Gu'n gabh e shaighdean gu luath dhuibh,
O'n lagh tha naomha neo-thruaillidh,

Gu lot bhur cridheachan cruaidhe,
Gu'n sgoilt e'm brat th'air an uachdar,
Leis am faic sibh bhur truaighe,
S gu'n cuir e sholus a nuas oirbh, ma's omhail leis.
  S gu'n cuir e, &c.

## XXIX.

Le neart a ghairdean tha uamhar,
A chlaidheamh laidir tha buaghar,
Gu'n dean e shathadh le fuathas,
Steach triomh'r n-airnibh gu'm buail e,
Bheir fios dhuibh s eolas air uamhas,
S gu'n cuir sibh impidh air sluagh tha'n staid
 bhronach.
  S gu'n cuir sibh, &c.

## XXX.

A reir mar tha na 'run siorruidh,
Tre Mhac a ghraidh thug dha dioladh,
S umhlachd lan ann sna na fiachaibh,
Bha 'cheartas ard-san ag iarruidh,
Gu'n dean le 'ghras e bhur lionadh,
A dh'fhàgadh saothrach na 'fhionan ri'r beo sibh.
  A dh'fhàgadh, &c.

## XXXI.

S gu'n doirt e bheannachd le eifeachd,
Bheir dhuibh colas us leirsinn,
Chum bhi teagasg a threud-san
Gu bhi gluasad na 'cheumaibh

Dh'fhagadh son' agus eibhinn,
Sibh an comunn ris fein chum a ghloire.
  Sibh an comunn, &c.

---

## Earrann IV.

### I.

Ach na saighdearan tapaidh,
 Shonruich Criosda gu gleachdadh
Bidh'd mar shaighdean geur sgaiteach,
Ann na laimh mar threin ghaisgich,
Cha dean iad pilltinn le gealtachd,
S iad ga'n dionadh fo bhratach Iehobhaih.
  S iad ga'n dionadh, &c.

### II.

Air àm tuairgnidh, ged thachradh
Iomad fuathas nach tais orr',
Mar is dual dhoibh dol tharta,
Fad an cuairte s an astair,
N am chruadail s na h-airce,
Bheir an ceannard a steach iad fo chleoca.
  Bheir an ceannard, &c.

### III.

Sruthaidh Criosda gun airceas,
As an lanachd tha beairteach,

A nuas o neamh air gach teachdair,
Chuir e sgaoileadh an Fhacail,
Neart a ghrais ann am pailteas,
O'n 's e'n crioch-san bhi taisbeanadh 'ghloir-san.
  O'n 's e'n crioch-san, &c.

### IV.

Cuiridh Ard-Righ nam feartaibh,
A nuas gu'm beoil-san o'n altair,
An eibhleag bheo a bheir neart dhoibh,
Dh'fhuadach neo-ghlain us peacaidh
Chuireas deo ann san Fhacal,
A ghairm a shluaigh a bha glaist aig Apolun.
  A ghairm a shuaigh, &c.

### V.

Siud an eibhleag bheir misneach
Dhoibh us foillseachadh tuigse,
Deagh-ghean Dhe s a shaor ghibhtean,
Fosgladh saoibhreis a ghliocais,
S e ga 'dhortadh gu tric orr',
Chum a threud a bhi 'g itheadh dheth lòn-san.
  Chum a threud, &c.

### VI.

Siud na teachdairean earbsach,
Dh'ullaich Criosda s a dhearbh e,
Chum bhi dluth ris ga leanmhuinn,
Ann an disleachd neo-chearbach,

Le'n tig a chaismeachd ro chalma
Dhuisgeas sluagh a bha marbh s a bheir beo iad.
   Dhuisgeas sluagh, &c.

## VII.

Nur thig a ghairm sin gu'n cluasaibh,
Tre chumhachd soisgeil nam buaghaibh,
O'n cuibhreach bais a ni'm fuasgladh,
Le feartaibh grais an Ard-bhuachaill,
Thig creach o Shatan 'san uair sin ;
S ni aingle gairdeachas s luaghair an gloir ris.
   S ni aingle, &c.

## VIII.

Timchioll-ghearrar na cluasan,
Bha gun chlaisdeachd roimh'n uair sin,
Thig an lagh le mhor uamhas,
Air na cuspairean truais ud
Leigear ris dhoibh an truailleachd,
Sgoiltidh'n cridheachan cruaidhe le 'ord-san.
   Sgoiltidh, &c.

## IX.

Nuair thig am Focal da'n ionnsuidh
Mar chlaidheamh sgaiteach ro chiùirte,
Leis an srachdar an gnuis-bhrat,
Theid am peacadh a rusgadh,
Theid a choguis a dhusgadh,
Thogail fianuis mu'n cuilbheartaibh feolmhor.
   Thogail fianuis, &c.

### X.

N cridhe stampte bha duinte,
Cha bhi seomar no cuil ann,
Nach teid a rannsach s a ruamhar ;
Gu'n teid na deamhnan a sgiursadh
A mach s an teampull ath-ùrach
Le siol nan gras nach gabh muchadh ni's mo ann.
   Le siol nan gras &c.

### XI.

Thig gras umhlachd o'n aird orr',
Chum an cridheachan àiteach,
S thig an soisgeul le failt orr',
Cumhachd Dhe e chum tearnaidh,
Deagh-ghean Iosa s a shlainte,
Chum an saoradh o'n amhghar gu dochas.
   Chum an saoradh, &c.

### XII.

Is e'n cridhe nadurr an teampull,
Bha na 'aros aig deamhnaibh,
Ri reubainn, meairle s gach aing'eachd,
Bha lumha lan do gach naimhdeas,
A dh' fheumadh Criosd thighinn a' cheannsach
S a' sgrios le sgiursair na 'laimh do chaol chordaibh.
   S a sgrios le, &c.

### XIII.

B e'n obair àdhmhor us uasal,
An cridhe grannda ro fhuathor,

Bha tobhairt àit do gach buaireadh,
Le neart a ghrais a ghlan-sguabadh,
Dh' fhàdadh graidh s a sgrios fuachda,
Le Spiorad Naomh chuir le buaidh ann a chomhnuidh.
   Le Spiorad Naomh, etc.

### XIV.

N cridhe teann bha rag fheitheach,
Leaghar sios mar a cheir e,
Le teas ghradh dha 'n an Leigh ud
Thug o'n bhas us o phein iad,
Le mor amhghar us eiginn,
Trid na fol' air crann-ceusaidh a dhoirt e.
   Trid na fol', etc.

### XV.

Siud na teachdairean gradhach,
Tre mor fheartaibh an Ard-Righ,
Tha 'g aiseag sgeula na slainte
Do phobull Dhe anns gach aite,
Le 'n teid a sheula ro adhmhor
N clar an eudainn a charadh gu comhnard.
   N clar an eudainn, etc.

### XVI.

Bheir e o namhaid mar spùill iad,
Theid iomhaigh Shatain dhiubh thionndadh,
Gheibh iad grasan gun chumhnadh,
Gu staid an naduir a mhùthadh,

Le sgeimh ro àluinn na h-ùr-mhais,
Theid o'n t-Slanuighear umpa mar chomhdach
  Theid o'n, etc.

### XVII.

Siud na h-aodhairean buaghmhor,
A bheir na caoraich o 'n chruadhlach,
Dh' ionnsuidh 'n ionnaltraidh luachmhor
Bhairig fabhar an Uain orr',
Dh' fhosgail tobair na 'thruas dhoibh,
Bhruchdas uisge neo-thruaillidh ri òl dhoibh.
  Bhruchdas uisge, etc.

### XVIII.

Siud an gras a bheir ceannas
A nuas gu lar agus ceannairc,
Spiorad oirdhearc nam beannachd
Bheir gach sòlas do 'n anam,
S thogas suas e o'n talamh,
Le uile bhuadhaibh tre ghealladh Iehobhaih.
  Le uile bhuadhaibh, etc.

### XIX.

Is e ghras s a ghradh tha do-rannsaicht,
Thar gach eolais us labharaidh:
An Tì ro-ghloirhor a dh' amhairc
Air staid a shluaigh bha na 'm braighdibh,
Le theachd 'san fheoil 'n to'airt o ainneart
A mach le coir mar a gheall e na 'chumhnant.
  A mach le coir, etc.

## XX.

Tha stor nan neamhan dhoibh fosgailt,
Rinn Mac De dhoibh a chosnadh,
A bheatha shaoibhir neo-ghortach,
Dheth 'm faigh na feumaich s na bochdaibh,
S gach aon tha 'g eigheach fo lotaibh,
Siud a chungaidh bheir fois dhoibh o 'n leontaibh.
   Siud a chungaidh, etc.

## XXI

Tha tigh taisg dhoibh aig Criosda,
S a bheil pailteas ga 'riaghladh,
Bheir e seachad gu fial dhoibh,
Chum a sgapadh s a riarach
Air muinntir ocrach us iotmhor,
Tha fo thart us fo chiocras na corach.
   Tha fo thart, etc.

## XXII.

Bithidh naomh bheannachd an Ard Righ
N cois an arain gu gnàthaicht,
Chum s gu sgap iad air cach e,—
Phobull saoirt tha to'airt graidh dha,
Gheibh gach aon ac' co-phairt dheth,
Chum am biathadh s an àrach gu sòghar.
   Chum am biathadh, etc.

## XXIII.

Siud an t-aran ro phriseil
Bhios e 'sruthadh a nios orr',

As a lanachd neo-chriochnach,—
E to'air nam beannachdaibh siorruidh ;
Gheibh na bochdaibh an diol ás
Dheth na sochairibh lionmhor us mor ud.
   Dheth na sochairibh, etc.

### XXIV.

Siud am fior aran grasmhor
Thig o'n ionad a's airde,
Chuireas Criosd ás a lanachd,
Dh' fhàgas anmanaibh sasaicht,
Mana falaicht, ro-adhmhor,
Nach tuig aon neach ach iàdsan gheibh coir air.
   Nach tuig aon neach, etc.

### XXV.

Tre chreideamh slainteil neo-fhcallsach,
Cuiridh 'n t-Ard-Righ gach àm orr',
As an lanachd tha saoibhir,
Neart a ghras-san gun ghanntar,
Sgriosas ardan us aingidheachd,
S chuireas namhaid an nimhleis air fogradh.
   S chuireas namhaid, etc.

### XXVI.

Siud na h-aodhairean caomhail,
Bhios ag arach nan caorach
Le fior fhaicill gach aon uair,
Chum nach sgapar a h-aon diubh,

S nach cunnt an costus no 'n saothair,
Iad ga 'm biathadh air raontaibh an solais.
    Iad ga 'm biathadh, etc.

## XXVII.

N am bhi deanamh a bhalla,
Cha chriadh gun taoisneadh fallain,
Leis an tilg iad e thairis,
Ach stuth ro dhearbht agus barrant,
Sheasas earbsach us daingeann,
S ged do bhuail a chlach mheallain nach leon e.
    S ged do bhuail, etc.

## XXVIII.

Tha faobhar s durachd an ciocrais,
A ghna gu dluth romh 'n dion iarrtas,
Thaobh an eucail bhi lionmhor,
O chuir an Leigh iad na 'm fianuis,
S bheir e fein dhoibh an iocslaint,
O 'n 'se 'n cuibhrionn gu 'm biathadh gu soghail.
    O 'n 'se 'n cuibhrionn, etc.

## XXIX.

Bithidh naomh reachdan na rioghachd
Air an cridheachan daonnan,
Air an inntinnean sgriobhta,
N am do 'n sluagh dhaibh an liobhairt,
Bithidh Spiorad Dhe 'tobhairt gu 'n cuimhne
S cha 'n fheum iad paipeir no ing gus an steornadh.
    S cha 'n fheum iad, etc.

K

### XXX.

Cha bhi comunn gu brath ac'
Reir an comais ri cach ud,
Tha gun eolas air gras-a,
Oir is leir dhaibh mu 'n gnathaibh,
S bheir iad géille do 'n àithne,
Sin bhi cuibhteas am pairt mor ni neo-ghlan.
      Sin bhi cuibhteas, etc.

### XXXI.

Tha teas a ghraidh annt air fhadadh,
Le Spiorad laidir nam feartaibh,
Mar theine blath tha do-chasgaidh,
Nach faod an namhaid cuir as da,
Ged fheuch e thabhachd s a neart ris,
S òla ghrais a sior-lasadh na 'n lochrain.
      S òla ghrais, etc.

### XXXII.

Siud na h-aodhairean ciatach
Sin a runaich an Trionaid,
Chum an treud a dheagh riaghladh
Leis na sochairean lionmhor
Bhuilich Criosda gu fial orr',—
Bheatha naomha ro-fhior-ghlan gun fhòtas.
      Bheatha naomha, etc.

### XXXIII.

Thig na caoraich bha caillte,
Fad air seachran roimh 'n àm sin,

Mach air aodann nam beanntaibh,
Fo na h-aodhairean dall ud,
N uair thig iadsan da 'n amhrac
Bheir iad dhachaidh le ceannsachd do 'n chro iad.
   Bheir iad dhachaidh, etc.

### XXXIV.

Sruthaidh 'n t-Ard-Righ a nios orr'
As an lanachd neo-chriochnaicht,
N tobair grais sin tha lionta,
Feartan aghmhor fuil Chriosda,
S iad a ghnath le fior chiocras
G òl an sath á naomh chiochan an sòlais.
   G òl an sath, etc.

### XXXV.

Thig beath us slaint leis an Fhacal,
Chum na pairt dhiubh tha 'n lag-chuis,
S trom le àl a sheimh altrum,
Luchd an amhghair a neartach',
Thig gach àgh orr' a chaisgeas
Nimh ro laidir a pheacaidh tha 'n tòir orr'.
   Nimh ro laidir, etc.

### XXXVI.

Bheir e misneach us treoir dhaibh,
Bheir e ciall dhaibh gun soradh,
Chum bhi triall a reir orduigh ;
Bheir e'n Spiorad gu 'n seoladh,

Chum an teagasg na 'roidean,
S bheir e gliocas us eolas gun bhosd dhaibh.
  S bheir e gliocas, etc.

### XXXVII.

Am fearann cruaidh a bha tartmhor,
Thig uisg a nuas air gu frasach,
Grian an àigh le blàth dhealta,
Bheir gu sgeimh us ùr-mhais e,
S theid dion mu thimchioll us fasgadh,
Gu toradh s blàth thobhairt gu pailt mar bu choir dha.
  Gu toradh 's blàth, etc.

### XXXVIII.

Siud na h-aodhairean sgiamhach,
Leis nach fhaodar bhi diomhain,
S a bhios tarbhach 'san fhion-lios,
Le bhi nochdadh 'n run-diomhair,
Reir mar dh' fhoillsicheas Dia dhaibh,
Bheir a phobull o chian an an-eolais.
  Bheir a phobull, etc.

### XXXIX.

O 'n chuir an Triath ann san dreuchd iad,
Bithidh iad dileas da reir sin,
Bithidh iad saothrach le deagh-thoil,
Gu bhi diteadh gach eucoir,
S cha bhi sgios orr' no eislein,
G innse 'n aon ni tha feumail do 'n mhor-shluagh.
  G innse 'n aon ni, etc.

## XL.

Bithidh iad dileas da reir sin,
Air taobh Chriosda ro eudmhor,
Cha bhi tosd air am beul-san
Gun bhi 'g inns' do 'n luchd eisdeachd,
Peanas millteach luchd eucoart,
Theid a thilgeadh gu leir-sgrios gun trocair.
    Theid a thilgeadh, etc.

## XLI.

Ach misneach s sòlas o mhi-ghean,
Do 'n mhuinntir an-shocrach dhiblidh
Tha caoidh fo 'n eallach na 'n sineadh,
Thig sgeul na slaint thuc' le siochaint,
Le gean us failte gu 'n cridh-san,
Bheir sith us sonas s toilinntinn o 'm bron daibh,
    Bheir sith, etc.

## XLII.

S e Iosa Criosd air a cheusadh,
Mar gach buaidh bhios gu leir dhaibh,
Mar an gliocas s an leirsinn,
Mar am fireantachd ghle-ghlan,
Mar an saorsa s gach deuchainn,
Mar an naomhachd s bun steidhidh an dochais.
    Mar an, etc.

## XLIII.

Ged dh' eireadh naimhdeas ri 'n aodann,
O mhuinntir aingidh an t-saoghail,

Ged dh' eireadh deamhnaibh na 'n sgaothaibh,
Le 'm prionnsa Beelsebub s fraoch air,
Cha dean iad beud dhaibh no baoghal,
Bithidh 'n claidheamh geur air dheagh fhaobhar
 na 'n dorn-san.
   Bithidh 'n claidheamh, etc.

### XLIV.

Bithidh 'n leasraidh crioslaicht le firinn,
Uchd-eideadh fireantachd Chriosd orr',
A chlogad slainte ga 'n dionadh,
Sgiath a chreidimh ga'n didean,
S ullach Soisgeil na sithe
Air an cosaibh, gu diongmhalt, mar bhrogaibh.
   Air an cosaibh, etc.

### XLV.

Uil' armachd Dhe tha cho saor dhaibh,
A chum am feum ann sa' chaonnaig,
N armachd threun nach dean claonadh,
Chaoidh nach treig iad na 'n saothrach,
S le sar-bheum'naibh neo-fhaoine,
Bheir iad buaidh anns gach' rnou agus tòrachd.
   Bheir iad buaidh, etc.

# AN CATH.

I.

Is iomadh còmhrag, stréup us strìth
  Do 'n chreidmheach fhìor tha 'n dual,
Tha naimhdeas ifrionnail le spìd
  Ga' ruith gach mìr dheth 'chuairt ;
Us buairidhean bho 'n t-slochd a's ìsl'
  A' lot a chridh' gu cruaidh :
Ach bheir e buaidh 'san ruaig gu crìch,
  Fodh bhrataich shìth an Uain.

II.

Is lionmhor cath us gleachd us duaidh,
Us buille bhualadh dhòrn,
Us àmhghar trioblaid, teinn us truaigh,
Tha dhaibh an dual 'san fheòil;
Ach armachd Dhé bheir dhaibh a' bhuaidh,
S thig iad an uachdar beò;
Trid neart an Ti 'rinn sìth dhaibh suas,
Bidh gaisge chruaidh n'an treòir.

III

Tha buairidhean a' teachd bho 'n namh
Air iomadh fàth mu 'n cuairt,
Mar dhiachainn theinnteich 'bhios 'g an cràdh,
A' to'airt dhaibh tàire cruaidh';
Cha nochd e caoimhneas dhaibh no bàigh,
Gun iochd na 'ghnàths no truas;
Ach chum an dearbhadh anns gach càs,
Bheir iad tre ghràs làn bhuaidh.

IV.

N uair 'thig an leòmhann béucach, garg,
Le 'shaighdean s fhearg 'na 'léum,
Bidh 'n còmhrag tròm, bidh 'n ionnsaidh garbh,
Bidh gleachd ro shearbh 's gach céum;
Ach saighdearan 'bhios ullaicht, calm',
Us deas fodh armachd Dhé,
Bheir dùbhlan dhaibh fodh 'n éideadh dearbht
Gu teich air falbh le béum.

### V.

N uair thig feachd Mhidian do 'n tìr,
S a bhios an crìdh' ga' chràdh,
Theid Gideon fodh airm nach cli,
Us bheir e'n cinn gu làr:
Air cuirp nam marbh cha tuislich aon,
Ged thuiteadh daoin' sa' bhlar;
Theid buaidh a' ghleachd le feachd nan naomh,
S lòm-sgriosar sgaoth an nàmh.

### VI.

N uair dh' éireas Belsebub gu garg,
Fodh lasan dearg s le ràs,
Bidh fearas-chlaidheamh ann gu dearbh,
Le iomairt arm gun tàmh;
Thig Criosd 'san eadraigean gu calm,
S ann dha nach cearbach làmh;
S e 'ghràs 'ni féum 'san éiginn shearbh,
Gu to'airt nan dealg á sàs.

### VII.

Bidh 'làmh a ghnàth am measg nan séud
A thagh e fein bho 'n tòs;
S iad 'àilleagain dh' an tug e spéis,
A dh' ullaich e chum glòir,
Bheir e á àmhainn àmhghair ghéir
A mach gun bhéud mar òr;
Gu 'n naomhachadh bho cheum gu céum
An iomhaigh Dhé gach lò.

## VIII.

N uair bhios an còmhrag teann le spàirn,
S a bhios an nàmh fodh 'n chaoch,
Bheir Criosd an sin a ghnùis le fàillt,
Mìn-bhrisear làmh na daors;
Ni 'n oighreachd aoibhneas ann a shlàint,
Tre 'n Spriorad ghràsmhor, naomh,
Tre chreideamh beò, le dòchas làn,
Le gràdh gu bràth nach traogh.

## IX.

Is lionmhor cruth us caochladh dealbh
S an tig an cealgair mor,
Le 'n cuir e cuid na 'n dùsal balbh,
Gun lann no arm na 'n dòrn;
Us labhraidh e le briathran dalm—
" Nis tha sibh marbh fodh m' spòig;
Cha dàn duibh teich, oir thugadh sealbh
Nur cuirp s 'nur n-anamaibh dhòmhs."

## X.

Ach thig an Comhfhurtair na 'n còir
'Tho'airt dhiùbh nan còrdan bàis,
Us labhraidh e le briathran fòil,
Gu bheil ni 's leòr na 'ghràs;
Us séididh orr' an anail bheò,
Thig mic na h-òige 'n àird,
Us bidh an neart s an taic fadheòidh
Fodh bhrataich s treòir a ghràidh.

## XI.

Ach thig an nàmh mar aingeal soills,
U's gath na foill fodh' chleòc,
U's clann na saors fodh neòil na h-oidhch',
An cunnart roinn ni 's mò
Gu 'm buail e 'n cogaisean le sgoim,
Gu dìteadh dhaibh na còir';
Bidh féum air solus glan na coinnl',
Gu 'n to'airt gu foills an ròid.

## XII.

Is iomadh coslas, cruth us snuadh,
S an tig e' bhuaireadh dhaoin,
Ga 'n cur an dùil 'bhi 'n gràdh do 'n Uan,
S an saoghal fuaight na 'n gaol,
Gu bhi ri gàirdeachas air uair,
Mu 'n aobhar uaill a's caoil',
Le aoibhneas feòlmhor a's beag luach,
Nach mair ach cuairt ro fhaoin.

## XIII.

Thaobh gur iad oighreachan na slàint,
Dh' an tug e gràdh bho chéin,
Bidh aingle Dhé mu 'n cuairt dhiubh 'ghnàth,
Gach àm cruaidh-chàis no stréup;
Bidh làmh-an-uachdar ac' gu bràth,
Tre fheartan gràidh an Léigh,
A dh' fhuadaicheas air falbh gach plàigh,
Le neart nach fàilnich béum.

XIV.

S e 'n tàbhachd e an àm na féum,
Nach fannaich céum na 'threòir ;
N uair thàrlas dhaibh 'bhi ann san t-streup,
S e 'bheir bho 'n éug iad beò ;
Ta làthaireachd a ghnùis cho séimh,
A ghàirdean tréun gu fòir ;
S e 'airm neo-fhailinneach 'bheir béum
Do 'n bhéist n'an déigh 'tha 'n tòir.

XV.

Ge lionmhor airc us teinn us daors,
D' a phobull caomh 'tha 'n dàn,
Us caoile, acras s tart faraon,
An Criosd cha traogh an sàth ;
N uair 'thogar suas an altair naomh,
S a thig an saors o'n àird,
N sin iobraidh iad an cridh' s am maoin,
Theid casg air caoch na plàigh.

XVI.

N uair 'bhios tiugh dhorchadas s dubh néul
Ri folach éudain uath,
Bidh 'n aghaidh ris an ùir gu léir,
An inneal théud gun fhuaim,
Thig Grian na fìreantachd bho néamh,
Le slàint fodh 'sgéith gu luath,
S ni 'n Spiorad Naomh an aonadh réidh,
Ri nàdur Dhé nan sluagh.

### XVII.

Cha 'n aithreach dhaibh-s' an sin iad féin
Bhi 'n aire s an éis gu truagh ;
Bidh 'n aiteas àrd air son gu 'n d' éisd
E 'n glaodh n'an éiginn chruaidh ;
An cridhe liont le aoibhneas réidh
A' Ghaisgeich thréin 'thug buaidh ;
Le gràdh tríd fìreantachd làn eud ;
Do 'm peacadh féin làn fuath.

### XVIII.

Tha aoibhneas ac' nach léir do dhaoin'
Tha 'n cuid 'san t-saoghal chré,
Tha 'n sòlas mòr air sheòl nach saoil
Nach tuig am baoth gun chéill :
Cha fhàilnich lòn, tha 'n stòr làn maoin
Am feasd nach fhaod dol eug ;
Tha 'n tobar làn gu bràth nach traogh,
S na feadain saor ri 'm beul.

### XIX.

Ged bhiodh na lòcustan na 'n sgaoth
Air feadh gach raoin us pàirc,
Le 'n crùin mar òr le colas staoin,
Le còmhradh caoin gun ghràs,
Cha deanar dochann leo air aon
De threud an Aodhair àird,
Oir bheir e féin dhaibh léirsinn saor
A chì 'n droch ghaoid fodh 'n eàrr,

## XX.

Tha iad n'an riochd mar eachaibh arm,
S gnùis dhaoin' a' falbh fodh chleòc,
Na 'n coslas naomh le sgleò 'ni 'chealg,
Le blasdachd labhraidh beòil,
Le falt nam ban s le déudach garbh,
Fiamh ciùin ach marbhteach fòp',
An earbuill nimheil, geur, le calg
Nan gath 'ta searbh gu leòn.

## XXI.

Ni iad le 'n sgiathan turbhraich gharbh,
Mar chaismeachd charbad réis;
Tha 'n eòlas cinn s an gliocas foirm
A' cumail seirm na 'm beul;
Le bòsd á cainnt bho inntinn mhairbh,
Mar ghaoith á balg gun fheum,
Cho seòlt ri Nimrod gu bhi 'sealg,
A' goid air falbh 'n droch éisg.

## XXII.

N uchd-éididhean mar iarunn treun,
Le facal Dhé n'an ceann;
An cainnt an sgriobtuir iad cho gleusd,
Mu bhrìgh an Sgéil ro dhall;
A' deanamh dìdinn dheth 'n deagh-bheus,
E togt' air stéidheadh meallt;
S cùis-thruais na doill a bheir dhaibh géill
Nach tuig ro mhèud am fabht.

## XXIII.

Tha 'n aidmheil maiseach le deagh sgèimh,
An cridh' gu lèir làn lùb ;
Gun ghràs, gun anail annt' bho nèamh,
Ach lobhte, brèun n'an grunnd ;
Tha 'n nimh n'an earbuill s iomadh beud
Nach faic an lèirsinn sùl ;
Tha 'm puinsean falaicht orra fèin,
S nach faic iad è bho 'n cùl.

## XXIV.

Ach dh' aindeoin seòltachd, innleachd s cealg,
Nan làmh a dhealbh a' bhéist,
Le miodal mìn no ionnsaidh gharg,
Cha dean an armachd beud
Do phobull saoirt an Uain 'bha marbh,
S tha beò gu calma, treun ;
Tha 'chùmhnant siorruith dhaibh cho dearbht
S gu 'n d'fhuair iad sealbh na sheul.

## MARBHRANN D' A CHEILE:

### Mor Nicilleathain,

A dh' eug mu thimchioll a' bhliadhna 1829.

### I.

OCH! s mi deuchainneach ga m' léireadh
  Fodh ghoimh gheur ro chiùrrte;
Caoidh mo chéile bu ghlan beusaibh
Bu teare té bu chliùitich:
Dh' fhàg thu cislinneach a' d' dheigh mi,
Is tric na deuir o m' shuilibh
O 'n là 'threig thu mi le eug
S a chaidh do chré fodh 'n ùir bhuam.

## II.

Is cianail tha mi 'n ceann do phaisdean
Ta maoth bàth gun churam ;
Is lot a' m' airnibh bhi ga 'n claistinn,
Caoidh do ghràidh bha dlùth dhuibh :
Is e dh' fhàg gabh là mo chridhe sgainnt,—
Mi 'n cruaidh chàs fodh thùirse,
Nach 'eil tràth 'san cluinn mi ràn
Nach bidh na chràdh ás ùr dhomh.

## III.

B' fheoil do m' fheoil thu s cnamh do m' chnàmh thu,
Bha do ghràdh ro mhor dhomh ;
An asn' o m' thaobh a thug an t-Ard Righ
Nuas o'n aird ga m' chomhnadh :
An Tì rinn iomchuidh thu ri d' àite
Ouint ri càch s co-chòirrdte,
Cnap no meall ort cha do dh' fhàg e
Bheireadh cràdh no leon dhomh.

## IV.

Briathra beil cha chuir an céill
Mar tha mi 'n teinn ga d' ionndrainn ;
Bha do threigsinn na mhor phéin domh,—
Fhuair mi fein do ghiulan :
M' asna cleibh bhi uam ga 'reubadh
Is goirt mo chreuchd dheth s drùighteach
Us dotht a' m' chré mar lot ro gheur
Ta m' fheoil a' d' dheigh gun dunadh.

L

### V.

Is lot ta fosgailt e do dh' iomaguin,—
S duilichinn ta do-shloinnte;
Beul na madruidh nach dian imlich
Bheir le mionacnas greim ás:
Naimhdean furachair mu m' thimchioll,
Deamhnan tilgeadh shaighdean,
A ta co goirt do m' fheoil ri 'n iomachar
Ri geur chuilg deth 'n droighnich.

### VI.

Maiseach, ceutach bha thu 'd' eugasg,
Bu ghlan sgeimh do dhealbh chruth;
Thaobh do speis domh mar chaomh chéil'
Ri m' ré cha 'n fhaod mi dhearmad;
Mheal mi sonas fad do réim
Bha mar riut fein ga m' leanamhuinn
Us iomadh beannachd mar an ceun'
A rinn mo threigs o'n dh' fhalbh thu.

### VII.

Do reir orduigh s feum a phòsaidh
Bha thu a' d' chomhnadh dearbht domh;
Laidh thu stold a' m' uchd s cha d' leon
Thu mi le bròn no ana-gnath:
A thaobh do churam dhiom s gach doigh
Is ann bha mi 'm' mhor chuis fharmaid,
Bu bheannachd mor os cionn mo sgeoil
Thu dhomh thaobh feol' us anama.

## VIII.

Na abradh cach a nis ma ta
Gur feoil a mhain bha 'm' ionndrainn
Ach caoimhneas tlàth mar thoradh gràis
A las a' m' pairt a' d' ghnuis ghil:
Fhuair thu earlas air do shlaint
A thog o'n bhàs do churam,
Mo bhròn! gu 'n d' fhàg thu mi 'n cruaidh chàs
N uair bha do ghradh dhomh dubailt.

## IX.

Is cord ta laidir mar am bàs
An gràdh oir bheir e dùlan
Do ni le 'm b' àill a chumail là
Bho chuspair ard bhi dlu dha:
Tarruingear anmaibh leis gu Pàras
A thaobh gur gras is tùs dha;
Is trom air cuirp an gaol tha nàdurr' *
Bheir e 'mhàin dha 'n ùir iad.

## X.

Rinn E nis do sgaradh uams',
Is E fhein, a luaidh, b' fhearr còir ort;
Thug e null thu thar gach truaigh
Is e sin san uair-s' mo dhochas:

---

\* (*Variant*):—
    An gaol tha nadurr' 's trom a shrachd
    Oir bheir e mhain dha 'n ùir iad.

Thu nis a' scalbhachadh do shuaimhneis
Ann an cuan A sholais,
Reir t' aidmheil fein air còir na 'bhuaidh
Mu 'n d' thiomanadh suas an deo leat.

## XI.

Is peanas peacaidh dhomh-s' a bh' ann
Gu 'n d' fhuair mi 'n calldach mor seo,
Rinn mi iodhol dhiot cho teann
S nach d' sheall mi ort mar throcair:
Cha'n 'eil ioghnadh mi bhi fann
No bhi san ám seo bronach
Ged ghuil mo shuilibh na mo cheann
Fodh bhuille laimh Iehobhaih.

## XII.

Ach ged tha mise deth fodh ghruaim,
Gu tursach truagh a' m' dheoiridh
A' caoidh do chomuinn,—ni tha cruaidh leam
Us mi fodh uallach t' oigridh,
Fhuair mi iasad diot bha luachmhor
A bha na 'bhuannachd mhor dhomh;
An Ti thug dhomh thu 's E thug uam thu
Cliu bith-bhuan us gloir dha.

## XIII.

Ge do-iomchar leam bhi 'g iomradh
D' fhurbhailt us do chaoimhneis
Bha 'd' ghnuis shuilbhearr, leam bha ionmhuinn,
S a reir t' inbh' bha loinneil;

Bha thu tulchuiseach gun bhuirbe
Cha 'n fhuilingeadh tu aimhreit;
Dh' fhàg thu 'n cuimrig mi s an urchaid
Us ann am buillsgeinn aimbeairt.

## XIV.

Chaidh tu imrich do 'n tir iommhuinn
Dh' ionnsuidh inbh' ro oirdheare;
Fhuair thu iomlaid mhor ri iomradh
O'n ionamhas ta ro ghlormhor
A rinn an Tiomnaidh—fhear dhut ull'chadh
Mar bhunachar tùr do dhòchais,
Us tha 'n Ti iomlan nach gabh tulgadh
Dhut mar chuilm ro shòghmhor.

# AN AIRC.

## Earrann I.

*Aire a' choimhcheangail.* Taisbean xi. 19.
*Ann an Ierusalem gheibh sibh sòlas.* Isaiah lxvi. 13.

### I.

AIR Ierusaleim ghrasmhoir,
   Shluaigh àraidh Mhic Dhé,
Teannaich teudan do chlarsaich
Gu ro ard air ùr ghleus,
Sheinn nan laoidhean s nan danaibh
Air a ghradh dhuibh nach tréig,
Thig bhur fuasgladh na 'lanachd
Chum bhur slaint o thìr chéin:

### II.

Sibhs' tha 'm bròn fo throm amhghair,
Fulang cràidh us mor phéin,'
Giùlan cuibhrinn dheth tàire
Bho 'r cuid namhaidibh treun;
Cluinnibh gairm an naoimh Ard Righ
Dhuibh is grasmhor an sgeul
Teachd a ghabhail compairt rith'
Na 'fior ghairdeachas stéidht.

### III.

Cuiribh 'ghualainn gu laidir
Gu beo àbhachdach treun
Ann an aonachd s an gradh dhi
Falbh cruaidh chàsaibh gu léir
Cha 'n 'eil beannachd tha 'n dàn dith
An gealladh faistneachd gun bhréig
Nach tig oirbhse 'n compairt rith
Mar is fearr dhuibh 'nur feum.

### IV.

Is gearr an uine s na laithibh
Gus an tàrlar na 'dhéigh,
Nach bi roinnibh no pàirtibh
A measg nam bràithribh ach réit ;
Le co-aontachadh càirdeil
Ann an gradh dol le chéil
A thaobh a cheana gu 'n d' ràinig
Mu shligh' na slàint sibh bhi réidh.

### V.

An craidreamh beo a chaomh ghraidh-san
Biodh bhur gràdh-sa da chéil,
Bithidh bhur n-aiteas na 'shlàinte
Na 'chomunn blàth ris nach tréig ;
'S bithidh bhur solas lan shàsuicht
Fodh bhriathraibh grasmhor a bhéil
A shileas oirbhse bho 'n airde
N uair bheir e 'lath'reachd bho neamh.

VI.

Deanaibh aoibneas a chàirdean
Ghabh compairt rith fodh deoir,
Ann na 'fulangas chraiteach
Fodh geur amhghair s do-bhròn;
A Tha criothnachadh 'n trath seo
Roimh Fhacal Ard-Righ na glòir
S a dh' fhuiling masladh bho 'r brath'ribh
A thilg le tair sibh bho 'n chrò.

VII.

Brathraibh bréige mic Hàgair,
Ghabh dhibh grain air sgàth Dhé,
Deanamh uaill na 'n cuid àrdan
Us na 'n cuid raiteachas féin
Airson gloire do 'n Ard-Righ
Mas fior iàd-san le 'm beul
Sgar a mach sibh bho 'r màthair
Le fuath ro làidir s searbh eud.

VIII.

Dream mhi naomha gun eolas
Thruaill iad ordugh tigh Dhé,
Mar ghniomh muirt tha 'n tairbh oga
Bho 'n altair 's mòr tha 'm beag spéis:
Mar cheann madaidh ro neoghlan
Tha 'n uain deothlaidh bho 'n treud
Mar fhuil mhuc air a dortadh
Tha 'n cuid thobhartais bhréin.

## IX.

Tha 'n cuid tùise cho searbh leis
S ged bheann'cht le dia bréig:
Is ion nach tig e ga 'n amharc
A chum an amhluadh gu léir:
An uair a dhòirteas e fhearg orr'
Ga 'n cur air falbh gu sgrios léir
Is aoibhneach sibhse 'nur tearmunn
A chuir bhur n-earbsa fodh sgéith.

## X.

B'e 'n toilinntinn s an sasachds'
An cuid grainealachd féin,
Slighean toirmisgt b'e 'n àillean
Ghabh iad grain do lagh Dhé:
Air an aobhar-s' thig ard ghuth.
Mar fhuaim tairneinich thréin
Nuas o'n chathair is airde
S bho 'n teampull lamh dheant le chéil.

## XI.

Guth ard-ghlaoidh o'n ghloir àrdaicht
A sgrios a nàmhaidibh treun,
Is cruaidh an glaodh sin ri 'chlàistinn,
Sgreadail ghràineil fodh phéin;
Is glaodh lan aoibhneis us slàint e
Do chloinn nan gràsan gu léir,
Is binn an iolach luath ghàireach
S co-fhreagraidh làr dhoibh us néamh.

## XII.

Ann am Phìlipi luaisgeach
Na mòr uaibhrich gu léir,
An uair a chriothnaich s a chuartaich
Crith thalmhuinn chruaidh iad o'n speur,
Chionn gu 'n d' bhuin iad neo-thruacant
Ri abstoil luachmhor Mhic Dhé
N uair rinn iad ciomaich gun truas riu
Am prìosan fuarraidh gun léirs'.

## XIII.

Ge' bu dultaidh 'bha 'm priosan
U's iad bochd sgìth air dhroch dhoigh
Bha gaol Chriosda dhoibh prìseil
Thug na 'n crìdh dhoibh làn treòir ;
Bhi 'm muinghin laidir 'san Ti sin
Air sgàth 'n do shriochd iad do leon ;
Is cliu saoir-ghrais bu cheòl binn doibh
A ghluais na h-ainglibh o ghloir.

## XIV.

Tha 'sheòl fein aig an Ard-Righ
Na 'ghliocas ard air gach dòigh,
Chum a bhraighdean a thearnadh
N uair bhios an sarachdainn mòr,
Bho gheur iomaguinean craiteach
No goimhean amhghair no leòn
Mar ghairm e Cirus na 'là-san
A thug dhoibh gairdeachas s ceòl.

## XV.

Ach a reir mar is aill leis
D' a chéile gràidh tho'airt sliochd òg,
Tha àm gineamhuinn a ghnàth aig
Am breith us àraich le lòn ;
S a bhreith cha bhacar gu brath leis
Oir gheobh am mathair lan treoir
Ga 'n to'airt do shaoghal nan grasan
Chum cliu a ghraidh s a naomh ghloir.

## XVI.

An sin deothlaidh sibhse gu sunntach
Do 'n bhainne is sughmhoire buaidh,
Do 'n mhil is fhallain s is cùbhraidh
Do chridhe brùite fo ghruaim ;
Us luaisgear sibh air na gluinibh
Le oran ùr is binn fuaim
Fo bhraonaibh blà nan gras ùraich
Chuir smior us luthais ann sna h-uain.

## XVII.

A cuan neo chriochnach na lanachd
A dh' ullach gras dhuibh mar stor
S a shileas oirbh-se o'n aird, air
An d' thug a ghradh dhuibh lan choir,
Bheir neart us spionnadh do 'r cnàmhan
Bha brist' lan failling us leon
Le 'm fàs iad ùrail us laidir,
Bheir taic d' ar n-airnibh us treoir.

## XVIII.

Mar innigh theo-chridheach mathar
D'a gineil gràidh bhios fo leon,
Le tlus us comhfhurtachd bhaigheil
Bheir fois o amhghair dhoibh s fòir ;
Mar sin nuair dh' fhoillsichear gairdean
Ro neartmhor Ard Righ na gloir
An sin thig bhur fuasgladh o'n airde
Tre 'n Spiorad ghrasmhor shior bheo.

## XIX.

Le teine s carbad, le caonnaig
Mar iom'ghaoith 'sgaoileadh a nuas,
Thig e gu 'chorruich a thaomadh
Air naimhdean baoth a chridh' chruaidh,
Gur truagh an dream nach to'air gaol da
S d'a phobull naomh tha lan fuath,
Bidh 'n corpaibh marbha mar aolach
Air bhlar us raon na lan bhuaidh.

## XX.

N uair thagras Dia le stri laidir
A nuas o'n aird ris gach feoil,
Le teinne lasarra smalaidh
Le claidheamh dealrach a bheoil ;
Dà fhaobhar geur air gu tearnadh
D'a mhac a ghraidh na bheir pog
Gu sgrios a naimhdean s eascairdean
Nach géill s am fagail gun deo :

### XXI.

Air feadh nan criochaibh nach cuala
Mu iomradh s fuaim an deadh sgeoil
Bidh chòmhlan cillteil bheir luasgadh
Le iomaluaths air mor shlògh :
A chuid theid ás dhiubh o'n uamhas
Tre ghèill do 'n Uan ga 'n to'airt beo,
Bidh iad le 'n iolaichean luath ghair
A' seinn to'airt luaidh air a ghloir.

### XXII.

N uair thig na Cinnich do 'iomnsuidh
Theid soisgeul druighteach nam buadh
Le cumhachd iompachaidh s dusgaidh
A ghairm nan Iudhach o'n suain,
Gu Tarsis, Pul us gu Tubal
Gu Lud a lubas gu cruaidh
Am bogha staillinn le durachd
Gu lot us ciùrradh luchd fuath.

### XXIII.

An sin 'n uair chruinn'chear na braithrean
Bha feadh nam fasach fo neoil
Bh' air an sgapadh s an sgaunradh
Fo dhuibhre bhais s fo dhubh cheo,
A measg nan Cinneach s gach camain
Ri 'n d' mheasgaich iad le 'n droch nòs
Gu sliabh ro naomha na slainte
Bidh 'n anama sàsaicht le sògh.

## XXIV.

Bidh 'n toil-inntinn an comhnuidh
An cuirm ro shoghmhor nach tréig,
Ann an saibhreas a ghloire
Ni iad bòsd gun fhein spéis;
Bidh sith mar abhainn ga 'n còmhdach,
An àlach og fo ghlan sgeimh
Us gloir nan cinneach s nan sloghaibh
Mar shruth tigh'nn comhla na 'n deigh.

## XXV.

N uair thig e fein ann na 'n comhdhail
Bidh cabhag mhor orr' gu leir,
Bidh cuid fo lotaibh s fo leointibh
Cho fann gun treoir s nach dean ceum;
Ach dh' ullaich innigh a throcair
Dhoibh uirigh chomhfhurtail sheimh
Le 'n ruith iad socrach us comhnard,
A chungaidh sòlais ri 'n creuchd.

## XXVI.

Tha uirigh Sholaimh dhoibh sabhailt
Le samhlaibh gràidh tha lan soills',
S an gabhar fois agus tamh leis
An caidreamh blàth ruinn le loinn;
Feachd do threun fhearaibh laidir
Gu dion o ghàbhadh na h-oidhche
An aghaidh mi-ruin gach namhuid
Tha 'g iarraidh fàth orr' le foill.

### XXVII.

Bidh cuid mar Ephraim gu saraicht
Mar dhaimh nach d' ghnàthaich a chuing
Iad a' gul fo gheur amhghair
Fo smachd ga 'n cradh s iad ri caoidh;
Ach innigh chiuin nan caomh àirnean
Do 'n lèir an cnamhan bhi claoidht
Bheir e lan dearbhadh mu ghradh dhoibh
S air iochd gu brath dhoibh nach traoigh.

### XXVIII.

Bidh cuid dheth chusbairean gràidh-san
A dh' ith na 'lathair aig feasd,
A bhuail galar thug bàs orr'
Fo bholadh graineil ro bhreun :
An t-suil a ghuil os cionn Las'ruis
Dha fein a mhain iad bu lèir,
Is e mhosglas suas le ùr-ghras iad
S b'e 'n t-ioghnadh ard e 'm beachd cheud.

### XXIX.

Bidh cuid mar Iob bha ion 's iomlan
Coimhliont s cuimt ri lagh Dhé
A spùill an Satan dheth 'n ionmhas
Ga 'n cur fo urchaidibh geur ;
Na 'n sgeig do 'n cairdean m' an timchioll
Nach d' thuig gur tiom-chridheach Dé :
Ach gloir a ghrais rinn an iomchar
Bhidh ard ri iomradh na 'm beul.

## XXX.

Bidh cuid fo lotaibh nach fulaingte
Mu 'n bhord aig cuirm no aig feusd
Ach chum nan dorsan a thilgte,
Na madaidh 'g imlich an creuchd;
Ainglean treun bidh mu 'n timchioll,
Is iad muinntir ionmhuinn Mhic Dhé
Us aiseag slaint' dhoibh cha 'n iomrall
Oir chuir iad muinghin 'san Léigh.

## XXXI.

Bidh cuid do mhi-thùrain fheineil
Dheth mor fhein-spéis a rinn bosd,
Rinn tair air lotaibh us creuchdan
Na muinntir éisleineach leoint
A thuit an laimh an luchd reubainn
Nach nochdadh daimh dhoibh gu 'm fòir,
Bidh iad 'san lò seo na 'n éiginn
S am meas ga 'n treigsinn gu mòr.

## XXXII.

Bha meinn an t-sagairt s an Lèbh'aich
Na 'n cridh dheth 'm foghlum rinn bosd,
Gu truas a nochdadh do 'n fheumnach
Nach rachadh ceum far an roid;
Ach O! nam b' aithne dhoibh reubadh
Us cràdh luchd chreuchd agus leon
Bhiodh aithn' air trocair an Leigh ac'
S an ola sheimh annt e dhoirt.

## XXXIII.

Ach bidh cuid dhiubh mar tharladh
Do 'n dream bha saraehadh Iob
A bha ga 'dhìteadh gu taireil
To'airt breith air càs dhoibh nach b' eol ;
Nuair dh' fhurtaich Dia air o amhghar
Bha lasan ard riu gu mor,
Troimh urnaigh Iob fhuair iad fabhar
Thug nuas gu lar am fein ghloir.

## XXXIV.

Cha 'n ioghnadh 'n cabhag bhi mòr orr' ;
Bidh deamhnaibh roiceadh na 'n dèigh
Bidh ghaol tarr'nidh 'to'airt treoir dhoibh
Mar chaomh chordaibh ro threun ;
Bidh an tograidh s am beòthail
Mar mheann deoth'laidh na 'n crè
Air ciochaibh aoibhneis us sòlais
Saoibhreis, soigh a chaoimh chéil.

## XXXV.

Bidh cuid fo 'n éideidhean dearbhta
A' ruith na 'n carbaid na 'n deann
Iad na 'n treun fhearaibh calma
Nach géill le cealgairean meallt ;
Is diamhain mainnhdean 'bhi sealg orr'
Le 'n innleachd dhealbh o run feall
Iad co gleusd fo 'n cuid armachd
Gu 'n lot s am marbhadh troimh 'n ceann.

M

## XXXVI.

Bidh cuid a' marcachd each meanmach,
Na 'n leum a falbh s nach dean maill
Nach gabh eagal romh armailt
Luchd breabadh dhealg le 'n éud dall ;
An colg mar leoghannaibh garga
Nach meataich fearg an droch naimhd'
Bheir buaidh tre fhulangais searbha
Le beumaibh garbh' an geur lann.

## XXXVII.

Bidh cuid air muileidibh ainmeil
Le luaths chas ainmhidh nach mall
A' teich' s an draoightir ga 'n leanmhuinn
Le inneal marbhaidh na 'làimh
A dh' ionnsuidh 'n dìdean g' an tearnadh,
An daingneach tearmuinn nach fann,
To'airt gloir do 'n ullachadh earbsach
A dhion an anama' gun chall.

## XXXVIII.

Mar eachaibh 'n carbadaibh Pharoih
Nach pill bho namhaid le sgaoim
Tha chuid shaighdearan àillidh,
An airm na 'n làmhan le sgoinn ;
Ri aghaidh chath theid gu daicheil
Tre 'n eud fein-àicheil sa' chuing,
Nach pill to'airt dulain do Shatan
Tre 'n ceannard slaint an Ard Righ

## XXXIX.

Bidh aoibhneas mor ann san là sin
Do 'n chuid bho laithibh an òig
A ghabh a chuing ann an gràdh dha
Gu dol tre amhghairibh mor:
Bidh 'n trusgan maiseach ro dhealrach
An culaidh àillidh gu 'm broig
Le laoidhibh 'm bilibh luath ghaireach
A sheinn nan dan is binn ceol.

## XL.

Deasgainn cuaiche na ball chrith,
No corruich gharg sibh cha 'n òl
Theid laimh an luchd geur-leanmhuinn
Bha cradh bhur n-an'ma s ga 'n leon;
Bidh 'n leasraidh fhann s iad fo fharbhas
Bidh 'n cupan searbh dhoibh lan leor
Mar amhuinn theinntich bidh fhearg dhoibh
Nach mùch s bidh 'n gairbhsin ro mhor.

## XLI.

Do shaothair anama nuair chì e
Bidh aiteas cridh air gun ghruaim,
Bidh iad mar thabhartais phriseil
An soitheach fior ghlan neo-thruaillt;
Bidh 'n iobairt mholaidh ro bhinn leis
Oir bheau an eibhleag bho shuas
Ri 'm bilibh milis s bidh cinnt dhoibh
An urnaigh chluinntinn le 'chluais.

## XLII.

Bidh freagradh urnaigh dhoibh cinnteach,
Tha innigh chiùin doibh lan truais
U's dhiubh bidh shagairt s a Libheich
Gu 'reachd a mhìn'chadh do 'n t-sluagh,
Gu tabhairt suas dha nan iobairt
Tre 'n tig mor mhillseachd a nuas,
Chur neamh us talamh fo chaochladh
An scalladh dhaoin an cruth nuadh.

## XLIII.

An aite luaithre s saic eudaich
Fo 'n do dh' eubh sibh fo leon
Gheibh sibh maise 'nur n-eudann
Ni glan bhur sgeimh mar an ros ;
Thig ol aoibhneis bho neamh dhuibh
An aite dheur us do-bhròin,
Eididh mholaidh 'n àit' éislein
Mar gheall e fein dhuibh an tòs.

## XLIV.

Is beag an t-ioghnadh a réisd e
Neach thog o'n eug sibh an tòs
A thog s a dh' àirich dha fein sibh
Mar mhic us oighreachan beo,
Ged bhiodh bhur gaol dha do réir sin
A chliu gach ré ann bhur beoil
A' leantuinn dluth ri chos cheumaibh
Dha ghairm to'airt géill chum a ghloir.

## XLV.

Nach cruaidh an cridh sin nach maothaich
Ri ghairm s a ghlaodh tha na 'n cluais
A ghairdean laidir riu sinte
Bho ghradh a chridh' tha lan truais ;
A ghras cho farsuing s cho saor dhoibh,
S nach diùlt e h-aon thig le luaths
Air cuireadh trocair a ghaoil dhoibh
Mu 'n tionndaidh fhaoilt riu gu gruaim !

## XLVI.

O! an t-ioghnadh ard nach tuig nadur
Bho ghloir cho àillidh ri nèamh
Gu 'n gluaiseadh àirnean a ghraidh e
Gu tlachd do fhasach nan deur,
A dh' fhulang bais ann na 'n àite
Fo mhasladh, nàire s mor phéin
Gu 'n togail suas leis gu Paras
Mar 'sheudan s àilleagain fèin !

## Earrann II.

"*Criosd, a thug e fein suas tre 'n Spiorad shiorruidh gun lochd do Dhia.*" - Eabh. ix. 14.

"*Air dhuibh fios a bhi agaibh annaibh fein gu bheil agaibh air neamh maoin a's fearr agus a ta maireannach; uime sin na tilgibh uaibh bhur muinghin, aig am bheil mor dhiol-thuarasdal. Oir a ta feum agaibh air foighidinn; chum an deigh dhuibh toil Dhé a dheanamh gu faigh sibh an gealladh.*—Eabh. x. 34-36.

### I.

O ISRAEIL! bi laidir
D' airm a ghnath biodh air ghleus,
Crios do leasraidh mu d' airnibh
S clogad slaint, oir 's mor d' fheum
Air bhi deas chum nam blaraibh;
Is lionmhor namhaid a' d' dhéigh
Dhut bu dual a bhuaidh laraich
Anns gach gàsaid us stréip.

### II.

Am broinn na daorsa ged bha thu
Ann an carraid a' streup
Ri do bhrathair Esau
Ghlac thu 'shail le groim geur,
Ged a dh' fhogair a ghrain dut
Thu gu fhagail car ré
Thig thu dhachaidh s maoin Labain
Leat s lan àl aig do spréidh.

### III.

Is iomadh doinionn s fuachd geamhraidh
Bhuail mu d' cheann thu s gaoth reot
Tiormachd, tart us grian samhraidh
Iomadh teanntachd ro mhor;
To'airt a mach cusbair d' annsachd
Ghabh thu teann le snaim posd
Thug thu leat e le ainneart
Dh' aindeoin naimhdeis le còir.

### IV.

Ged chuir Laban gu meallt riut,
Chum le feall uat do chòir
Air chor s am fianuis do naimhdean
Beag 'san àm bha do stòr;
Slatan glas nan craobh calltuinn
Chriothionn cham us gheanm chno
Ge bu dorch iad ri 'n amhrac
Bhiodh 'n gil' annta fo sgleo.

### V.

Fo 'n an uisg bha 'n geal gle ghlan
Soilleir réidh mar bu leor
E do shuilibh an treuda
An àm gu leir dhoibh bhi 'g òl;
An uair a shiolaich an spreidh sin
Ged bha 'n gleus 'n aghaidh nois,
Bha na stiallaibh geal ceudna
Ceart d'a réir san àl òg.

### VI.

Ge bu dorcha bha 'n rusg ac'
Ni tha drùighteach us geur
Eadhon faireachduinn chiùirteach
Duibhre dhuldaidh gu léir;
Teagamh, cruas s eagal diumaidh
Bron us tursa fo neul
O naimhdean ifrionnach lubach
Tha dealbh gach cuilbheairt ro-ghleusd.

### VII.

Ach thig an geal ris ri 'n rusgadh
Gradh, deadh run us naomh eud,
Naomh bheo iarrtas us durachd
Aslach urnaigh ri neamh,
Grasan fhulangais chliuitich
Dochas dlu ri àm feum
Seimheachd mhacant' a chiuineis
A ni seo-ghiulaint 'n cronn-ceusd.

### VIII.

Aig na h-amair ghrais ùraich
Bidh na h-ùr-ghil seo treun
Tha na geallaidh ro dhluth dhoibh
Bidh bhur n-urnaigh s' air ghleus;
Thig iad oirbh mar fhrois chubhraidh
Mar mhaoth dhriuchd air an fheur,
S bidh bhur gairdeachas dubailt
Seinn air cliu an Ard Léigh.

## IX.

Bithidh bhur gairdeachas dubailt
Sealbhach' ùir-ghrais duibh féin
Ni dhibh gleachd-fhearaibh siubhlach
Ruith gu dlù 'sa bhlar réis ;
Mealtuinn lath'reachd a ghnuise
To'airt grais a dhusgadh nan ceud
A chreachadh Shatain to'airt spùill dheth
'S luchd mi-ruin fo ghoimh gheur.

## X.

Faic mar dhiol Righ nan sluagh dha
A réir mar bhuannaich e ghnath
Ann an creideamh s an cruadal
Fo gach tuairgneadh s cruaidh chàs ;
Ged a mhuthadh a dhuais air
Na deich uairibh le tair
Thionndaidh Dia sin gu 'bhuannachd
S bha 'dhiol thuarasdal paidht.

## XI.

Eaglais Shaor ! a chaomh chairdean
Is gearr na laithibh gu léir
Gus an cluinn sibh caoidh Labain
Sibh air fhagail gun treud :
O ! nam faicinn na m' là sin
B' aoibhinn gaire bho m' bheul
Bhi ga 'chluinntinn le ard ghuth
Gul s a rainich na 'n déigh.

XII.

Ged robh casaid a namhaid,
Ribh ag radhtinn le beum
Gu 'n do chreach sibh tigh Labain
Dheth 'chuid àilleagain bhréig ;
Ged a dh' fholaicheadh le Rachel
Iad 'san càirneis fo sgéith
Cha robh ciomnt ann do Iacob
Nach tug gradh dhoibh no géill.

XIII.

Is e bh' ann fuighleach a' naduir
Bh' ann an Rachel i fein,
Fhuair i 'n leasraidh a parant
Dh' fhàs na 'ghrain dhi na dhéigh :
An uair a lorgadh le Iacob
Iad cha b' fhabhar dhoibh e,
Thilg e mach chum nan fàmh iad
S ghleidh e Rachel dha fein.

XIV.

Cleachdaibh foireachd a chairdean,
Is iomadh namhuid ni beul
Farsuing fosgailt ga 'r caineadh
Leis gach fàth gus bhur teum ;
Bho nimh innleachdach Shatain
Tha cur aird air gach gleus
Chum bhur measgadh gu graineil
Le iorball sail dheth chur fein.

### XV.

Is cuimhn' leibh fein mar bha Pharaoh
Fo na plaighibh 'san Eiph't
Gu 'n do mheasg dheth chuid thraillibh
Le cloinn Iacoib iad fein :
An uair ghlac ciocras 'san fhàsach
An coimeasg grannd sin gu lèir
Thainig breitheanas laidir
Air gineil Iacoib na 'dhéigh.

### XVI.

Tha nuadh chreidmhich gu gnàthaicht
Mar chuir Pal dhuibh an cèill,
Fosgailt s buailteach do 'n ardan
Mar bac gras iad o neamh ;
Is cunnart mor 'bhi cur lamh orr'
Tuilleadh s tràth mar luchd dreuchd,
Dh' easbhuidh dearbhaidh is laidir
Na faoineis sgaile do sgeimh.

### XVII.

Is fior an sgeul e ri radhtinn
Gu 'bheil a cath air gach dèis
Gu 'bheil eagal an namhaid
Measg sluagh àraidh Mhic Dhé ;
Crainn-tige chrion gun bheag fas orr'
A' bacadh fais nan naomh gheug
A tha to'airt leth trom s mor thaire
Do chloinn nan gras us bial-bheum.

### XVIII.

Is iad sin naimhdean gun ghrasan
Do 'n cusbair graine sluagh Dhé
Is ard a dhuisgeadh an ardan
Nan deanta tair air an spréidh,
Air son reitheachan fasaich
Bhi milleadh àil an cuid threud
Air son seotachan grannda
Nach togadh lan phris air féill.

### XIX.

Ged robh coimeasg 'sa mheall ac'
Tha 'ghliocas annta s do chéill
Nach cuir am fior bhriod le anntlachd
Fo 'n aom cheann ri 'n droch spréidh:
An uair a chruinn'chear gu faing iad,
A chuid 'm bheil meang chur o'n treud,
Cha chan aon neach gun ghamhlas
Gur garrlaig th' annta gu léir.

### XX.

Ged bu bhuailteach dhuit, Iacob,
Iomadh tair o chloinn clith
Cha do bhuadhaich Ismaelich
An cruaidh chàs ort no 'n strì ;
An Dia 'b'e t-eagal thug gradh dhut
Is e rinn do thearnadh gach linn
A thog ri d' naimhdean gach la leat
Ga 'n cur a ghnàth dhut fo chìs.

## XXI.

Ge b' mhor do ghéilt s d' eagal trailleil
Roimh bhagr' Esau s roimh laoich,
Is ann air do ghluinean a b' fhear thu,
Chasg a rais riut s a chaoich,
Cha b' e do thiodhlac a mhain a
Chorruich ard riut a thraogh
Ach toradh d' urnuigh na d' ghàsaid
Rinn gnuis do namhaid leat caomh.

## XXII.

Is e'n t-ioghnadh mor e do shuilean
Fior luchd do dhiombaidh us d' fhuath
Gu 'm biodh bacaich us crubaich
Na 'n spionnadh lùis dut s fàth uaill;
Ach siol do leasraidh bha 'n Iudah
Is e ghleachd gu dlu riut o shuas
A rinn cho neartmhor s lan luis thu
S (mar d' ainm) rinn prionns' dhiot thug buaidh.

## XXIII.

Bu bheag a smaoinich luchd mùiseig
Do 'm b' aithn' an tus do dhian luaths
Gu 'm bu fhreagradh dha t' urnaigh
Ach comharr' diumbaidh us fuath
A bha na d shliasaid bhi crubach;
Ach mheall an duil air na truaigh
A shaoil gu 'm b' chreach do 'm mi-run thu
Nuair os an cionn bha d' lan bhuaidh.

## XXIV.

Oir cha do mheas iad rùn àraidh
An Ti a ghradhaich thu 'n tos
A chuir d' fhein earb-sa mu lar dhut
Bho b' i do namhaid bu mho
A chum do thaic bhi ri ghrasa
B'e neart a ghairdein do threoir
A bha gu d' dhion o gach namhaid
S bheir dhut bhuaidh laraich fadheoidh.

## XXV.

Na gabh eagal no fanntachd
Roimh feachd do naimhdean bhi mor
Is ann tha 'n cogadh le d' cheannard
A chuir do lann ann do dhorn,
A dh' aon do chorp anns gach ball dheth
Gu daingean teann le snaim beo
Is e bheir gu leir iad fo d' cheannsal
A dh' aindeoin ainneirt s am bosd.

## XXVI.

Do mhuineal treun mar fhuair Daibhidh
Coimhcheangal grasmhor nach tréig
A dh' aon do chorp na bhuill àraid
Ri d' cheann gu h-ard le mor spéis,
Is e bann an aonaidh ro laidir
S an creideamh slainteil mar sgéith
A mhuchas saighdean an dragoin
Le 'm b' àill a ghnàth bhi ga 'r teum.

### XXVII.

Tha beath' a chinn na 'bheo thàbhachd
Tre 'n mhuineal ghrais seo s na buill,
Is e 'n tùr daingnicht ro laidir
Do-rannsaicht airde s a ghrunnd ;
Tigh-airm do thaisgeachaibh lan e
Nach seisd an namhuid s nach spùill,
S bho 'stor-s' tha frithealadh lathail
Do chloinn nan grasan ás ùr.

### XXVIII.

Tha slabhraidh mhuineil ro àillidh
Na 'failibh laidir us treun
Gach gras eugsamhlaidh mu 'fhainibh
Gu treun an tàthadh a chéil ;
Is e siud an cord tha mar chàbhladh
S an acair ardaicht air neamh
Tre 'n seas an long gach stoirm ghàbhaidh
A sheideas Satan na 'n déigh.

### XXIX.

Biodh misneachd mor ort, a Iacoib
Is ann dhut-s' tha 'n gras seo gu léir
Ged 's cnuimheag dhiblidh us bhasmhor
Gun neart gun stà thu dhiot fein ;
Ni gras dhiot inneal ro laidir
Le 'm pronn thu ard chnuic us shleibht
Mar mholl ro mhin bheir gu lar iad
S do bhacaich chraidh dhut cha 'n éis.

## XXX.

O chairdean gaoil bithibh dileas
S bhur misneachd cridh biodh ni 's mo
Tha 'n t-àm tional tigh'nn direach
Mar thu'airt am Biobull o 'n tòs;
Na ceud-thoraidh chaidh iobradh
A cheana 'n Innsibh nan slogh
Mar ghealladh daingnich tha 'g innse
Na mill bhi naomha fadheoidh.

## XXXI.

Tha righrean, prionnsan, deadh mhilidh
A nis s na h-Innsibh tigh'nn beo
Tha diucan s morairean siobhailt
A' gabhail taoibh ribh le deoin;
Do armailt steidheicht na rioghachd
Tha aireamh mhilltean dheadh sheoid
A' teachd a dh' aoradh do Chriosda
Do 'n Eaglais Shaoir mar bu chòir.

## XXXII.

Tha na nithe seo 'g innse
Gu 'm bheil an tim a' teachd oirnn
Gu 'm bheil bliadhna na saorsa
Ri teannadh ruinn na 'h-ard ghloir,
Sam bi gach rioghachd 'san t-saoghal
Ann 'n aonachd ghaoil nan naomh shlògh
A' seinn lan aoibhneis na 'n cridh dha
S "hosanna" bhinn ann na 'm beoil.

## XXXIII.

Is e nis an t-àm dhuibh bhi saoithreach
Gun fhois gun sgios ach 'nur duisg
Mar bha Daniel dileas
Bu tric na 'shineadh 'san smur,
A leugh san fha'dh Ieremiah
Fior àm an libhrig 'bha dluth
Tre 'n d' fhuair e taisbeanadh cinnteach
Air aobhar aoibhneis o thùrs.

## XXXIV.

An là sin seinnear an dan seo
An tir nan grasaibh gu léir:—
" Tha againn cathair ro laidir
" Sàr chaladh slaint air deadh stéidh;
" Is e seo ar Dia-ne s ar n-Ard-Righ
" A gheall a ghràs dhuinn o chéin
" Dh' fheith sinn ris mar a dh' àithn e
" S a ghloir gu brach biodh dha fein!"

---

## EARRANN III.

" *Bha a chridhe air chridh air son àirc Dhé.*"—I Samuel,
iv. 13

### I.

CHA bheag am bron s an cradh anama
  Dhuibh 'san aimsir seo fhein
Staid bhur mathar o'n d' fhalbh sibh
Gu crion air seargadh o freumh;

N

Fo dhris nam bagaidean searbha,
A geugan aimrid gu léir
S a' faicinn aogais a meanbh-chruidh
Fo dhearcan marbhtach dol eug.

## II.

Tha droighneach s feanntagach chiùrrteach
A nis na 'luchairtibh mòr,
I na 'fardaich ro dhùldaidh
Do dhragoin lubach nan còs
Na h-àros tiamhaidh ro mhuchaidh
Do chomhchaig dhùir an sgread frò,
Do bheathaichean allta ro bhruideil
S do shionnaich chuilbeartach sheolt.

## III.

Ged is deurach do shuilibh,
Na 'm frasaibh dlu air do ghruaidh,
Do throm osna ri buireadh
Do chridhe tursach ri fuaim ;
Do chulaidh bhroin ort ri tuchan
Saic eudach dùint' ort 'san luaithr'
Thig do shòlas 'n gearr ùin' ort
Ag iathadh dluth ort mu 'n cuairt.

## IV.

Do dheoir tha 'm buideal Iehobhaih
Ri d' osna bhroin tha chaomh chluas,
Ri glaodh nam bochd tha e teo-chridh'ch,
Thig gu'n còmhnuidh na 'thruas

## AN AIRC.

A chum am furtachd s am fòirinn
An dion bho fhòireigin chruaidh,
Gu'n togail suas ann na 'throcair
S dha fein bidh 'ghloir na 'lan bhuaidh.

### V.

An Ti ghradhaich naimhdean a ghloire
Le fhuil a dhortadh na thruas
Thug gradh na'n aire do mhic shrothail
A' teachd le poig thuc gun ghruaim,
Nach saor e chéile s a h-oigridh
A ghaol dhi'n còmhnuidh do-ghluaist
E dluth ri ciochan gun fhogradh
San oidhch' is reota ghaoth tuath.

### VI.

Sibh dha mar Rut a chaomh og-bhean
A dh'fhàg tir Mhoaib s a sluagh
A rainig achaidhean Bhoais
A dhiolum loin measg nan sguab;
Gu achadh coigreach nach b'eol dhi
S cha deach i ròineag air ruaig
B'e fein fear fuasglaidh a còrach
Ghabh am bann posd' i gu luath.

### VII.

Ged bu spùillte Naomi
Bha Dia s a thròcair dhi buan
Ghràdhaich Rut a Dia mòr-sa
Cha b' shàibhreas feolmhor bha ùaip;

Oir 's ann fo sgail chuir i 'dòchas
Mar nochd beul Bhoais dhi duais
Ach ghràdhaich Orpah saill Mhoaib
Tre'n d' phill i 'g òradh gun bhuaidh.

### VIII.

Mar sin tha gluàth 'mhuinntir fheolmhor
Tha'n duil an stòr 'bhi do-ghluaist
Tha na'n saill s na 'n sult geocach
A' dianamh bosd us mor uaill;
Ach druididh 'n t-saill sin mu'n dorn-chur
Theid gaoth na 'mor-bhroinn le fuaim
Tre'm brist an salachar s an neoghlan
Na 'bhréin an sronaibh an t-sluaigh.

### IX.

Ged is druidt iad na'n seomairibh,
An daigneach mor dhoibh mu'n cuairt,
Theid Ebal thuca gu seolta,
Fior theachdair beo Righ nan sluagh,
A chlaidheamh sinnte fo chòta
Gu lot Righ Mhoaib trom bhuailt
Seididh 'n trompaid s thig mor-shluagh
Na'm feachd gu gloirmhor 'tho'irt buaidh.

### X.

Bithidh cuimhn ann san lò sin
Nach fuilingte Moab no threubh
A theachd a riaghladh no sheoladh
An tigh no'n orduighean Dhé

Ged bha 'm fearg s an cuid mor-chuis
An uabhar bosdail ro threun,
Nach robh an spionnadh gu còmhstri
Sa chath an coir bhi d'a rèir.

## XI.

Ach thig an t-ordugh mu'n teampull
Chur leis an t-sraing an deadh sheol
An t-slat thomhais neo-mheallta
An laimh dheadh ainglean gun ghò;
Gach dorus, cuirt agus altair
Le reachd gun mheang chur air doigh
Gach salchar uaipe ghrad adhlac
Bha 'togail campair do'n t-slogh.

## XII.

Theid e suas na 'ghloir aillidh,
Bidh neart an lamhan an t-sloigh
S ged robh Tobia 'n càrraid
Ri Sanballat le'm prois,
Cha bhac iad clachairean àraid,
Dhuisg eud nan gras cho fior bheo
Aon lamh a' cumail gath sàighteach
S lamh eil' an sàs ann san òrd.

## XIII.

Is iomadh Esra us Haggai
Us Serubabel bhios beo,
Agus Ieshua bharr orr,
S Nehemiah lan treoir,

A dhùsgadh chiomach o'n trailleachd
Na'm feachd ro thàbhachdach mor
Bidh sluagh an fhearainn thar aireamh
An comhbhoinn s an gradh riu le deoin.

### XIV.

Bidh gart-ghlanaidh an là sin
Air coimeasg graineil o'n t-slogh
An leth-bhriod neo-ghlan a tharmaich
An aghaidh àithn an Dé mhoir
Bha eadar Iudhaich s cloinn Amoin,
Mhoaib s Ashdoid (droch phòr),
Nach labhradh Eabhradh mar chànain
No'n teangadh mhath'rail mar b' chòir.

### XV.

Air an aobhar seo fagar
Dhiubh iomadh fàlaid gun dlò
Cinn gun ghruaig na'n sgaill bhana,
Cha'n ann mar Nasraich fo bhòid ;
Bidh 'n gnuis ro mhugach s neul bàis orr'
Fo mhasladh naire s trom bhron,
Cha ghabh na h-Iudhaich compairt riu
S cha tig Mic Ashdoid na'n còir.

### XVI.

Nis is ainm dhi Loammi
A chionn gun d' fhàg i 'fear posd,
Gu 'n lean i coigreach na 'aite
Do 'n d' thug i gradh airson soigh,

An geall air arain s dibh laidir
Air òllain thlà agus cloimh,
Bha 'n t-àm ann duibhse naip tarsuinn
S gun bhi copairteach dheth doigh.

### XVII.

Is tu rinn do ghliocas 'nuair dh' eisd thu
R' a ghuth a dh' eibh riut na 'ghaol,
A cuid neoghlan a threigsinn
S dol na 'dhéigh air a ghlaodh,
Teachd a mach chum an t-sleibh' air
An do naisg e 'n fheasda gu saor;
A chuirm seo-bhlasda ro-éibhinn
Lan smior ro réidh us fion aosd.

### XVIII.

Is e sin an sliabh air an sgaoilear
Am brat far aoduinn gach sluaigh
S a chum an cruinn'chear an saoghal
Air cuireadh ghaoil dhoibh o shuas;
A thaobh s gun d' ullaich e iobairt
Gun d' ghairm e aoidhean na 'thruas
Bidh sibhs' a' roinn dhoibh in cuibhrionn
Mar stiubhairt dhileas an Uain.

### XIX.

Is e sin a chuirm 's am bi millseachd
Air fleadh an Righ thug dhuibh buaidh,
Nuair chì sibh ghloir na 'lan aobhachd
Le gean us faoilt air a ghruaidh;

A dheadh-ghean graidh do gach aon dhibh
A bhratach ghaoil duibh mu 'r cuairt,
Cha bhi amhghair 'nur cuimhne
Nach sluig toilinntinn le buaidh.

## XX.

N sin their e :—" ithibh a chairdean
" Us olaibh 'ghnà luchd mo ghaoil
" Na cuiribh 'n teagamh gu bràch mi
" Thug dhuibh na m' ghràdh fuil mo chraoidh,
" Mar dheoch do 'r n-an'mannaibh pàiteach
" Na 'cuan do lanachd nach traoigh ;
" Mo chorp mar bhiadh gus bhur n-àrach
" Le 'm bi sibh sasuicht a chaoidh.

## XXI.

" Do m' fhion a mhiosg mi gu 'r slainte
" Chur gean us gradh ann bhur cridh
" O gabhaibh s m' fhialachd cho lan duibh
" Bhur n-aiteas ard biodh r' a linn
" Bhur n-uile chiocras biodh sasuicht
" Le miann fo m' sgàil 'bhi gach tìm
" Mo thoradh milis do 'r càileachd
" S do 'r blas nach sasuich ach mi.

## XXII.

" Cha 'n ioghnadh e ged robh 'n trà sin
" Bhur spicnard 'lathair bhur n-AON
" A' sgaoileadh cùbhraidheachd fhailidh
" Tre spéis do lathaireachd mo ghaoil

" A dh' aom mo chluas o m' chaomh airnibh
" Ri 'r miann o ghradh nuair a ghlaodh
" Sibh 'g iarraidh poig o bheul gràsmhor
" Mo ghealladh ghnàth dhuibh tha saor!

## XXIII.

" Nach eil bhur gaol dhomh ga 'r fasgadh
" A nis s ga 'r fagail gu claoidht
" Cur feum air airnibh mo ghraidh dhuibh
" Ged bha sibh ghnàth teachd ga m' chaoidh
" Gu cumail suas ann a' m' lathair
" Bhur laigse naduir ta claon
" S nach comas dhuibh dheth mo lathaireachd
" A ghiulain 'n tràths ach roinn fhaoin.

## XXIV.

" Is cian na linntibh s na laithibh,
" B' e miann bhur n-àirnibh do m' thaobh
" Gu 'm bithinn foillsicht 'nur nadur
" Mar neach d' ur brathairibh araon,
" A dheothail ciochan bhur mathar
" S a nis o 'n thainig mi m' ghaol
" O! pogam sibhse le failte
" An glacaibh gràidh le lan fhaoilt!

## XXV.

" Phog uile bhuadhan an Ard-Righ
" A chéil gu sasuicht d' ur taobhs
" Ann a' m' fhuil-sa gu 'r tearnadh
" Bho chumhachd s trailleachd na daors;

" Bha pog mo bhilibh lan fhailteach
" Na m' ghealladh gràis dhuibh nach claon
" S biodh pog bhur creidimh-s gun fhàillinn,
" Is math mo ghradh dhuibh co saor.

### XXVI.

" Nuair tha na braonaibh-s o' n àirde
" A nis g' ur fagail co brùit
" S nach cum bhur n-aghaidh-s' an tràth seo
" Ach beag ri failte dheth m' ghnùis,
" O! cia mor bhios mo lànachd
" Nuair theid na sgailean air chul,
" Theid sibh suas gu bhur Pàras
" An comhdhail Ard Righ nan Dul!"

### XXVII.

Nuair bhios bhur n-anmhuinneachd bhasmhor
Gu leir air fhagail 'san ùir
S a ghairmear suas sibh gu Pàras
Le aoibhneas s gairdeachas ùr
A' faicinn Criosda mar thà E
Na 'ghloir ro dhealraich fo chrùin
Sibh fein ris cosmhuil 'nur nàdur
Gun bhrat no sgail air bhur gnùis:

### XXVIII.

Sa sin nuair chi sibh Clann Hagair
A dh' fhan na 'n traillibh fo dhaors
Tilgte mach o gach fàbhur
Bho oighreachd ghrasmhor nan naomh:

Bidh 'n Scriobtur coimhliont an là sin
Mar labhair Sarah d' an taobh
Nach biodh oighreachd no pairt ac'
Le cloinn nan gràs na 'n còir shaor.

### XXIX.

An sin chi sibh iochd us mor fhàbhur
An Ti thug gradh dhuibh an tùs
A spann o 'n chich sibh s o 'n tràilleachd
San d' lean mic Hagair gu dùr;
Cha dian iad sgeig oirbh mar b' àbhaist
Nuair chi iad dealradh bhur gnuis
Iad féin fo mhasladh ga 'm fasgadh
Fodh bhinn a bhais tre 'n droch iùl.

### XXX.

Cha 'n aithreach dhuibh-se 'san là sin
Ged shil le cràdh sibh 'san fheòil
A' fulang masl' air a sgàth-san
Thug suas co ard sibh fadheoidh,
An comhnuidh ainglean am Pàras
A' seinn gu brath air a ghloir
Gun sgios gu siorruidh na 'làthair
A cuan a lànachd ag òl.

## AM FIREAN.

The following magnificent elegy was composed on Alexander Macleod, tacksman of Ung-na-cille, Snizort, Isle of Skye. He was of the same stock as the Rev. Roderick Macleod, of Snizort, who, in 1863, presided over the General Assembly of the Free Church of Scotland. Both these eminent men were of the Macleods of Raasay.

Alexander Macleod became the subject of a gracious change under the influence of the brothers Haldane. Such was his growth in piety, it is said, that he and Mr. Nicolson of Husabost, father of the late dear Sheriff Nicolson, were the only two at that time in Skye who could conscientiously dispense the Sacrament of the Holy Supper. So powerful were his natural parts that, when addressing the people, he could translate Baxter's "Saints' Rest" straight off into Gaelic with exceeding felicity of diction. He received his commission from the Highland Missionary Society on the 15th May, 1828, and set out on the service of the same, on Tuesday, 20th May, to Glendale, in the Parish of Durinish. To great natural judgment, indefatigable perseverance, and winning charm of manner, there was combined in this gentleman a gracious benevolence, the natural outcome of a character based on the belief that "nothing in heaven or earth was more precious than Christ, and nothing so freely offered." A man of fine education, his MS. journal, in his own hand, indicates an observant mind in the service of a loving heart. His sole guide was the authority of the Written Word. In the eleventh report of the Highland Missionary Society, printed in 1834, there appears the following statement:

'Alexander Macleod, local missionary, Portree, Isle of Skye, in his journal from 8th January to 30th November, 1833, says - "On 28th July I went to the ship Adrian, of London, at anchor in Portree Harbour, and having on board a great number of emigrants. I was desired by the pilot to perform worship, to which I immediately consented; and although there was a great noise and bustle among them when I went on board, I was both astonished and delighted to see them behaving with great circumspection and attention during the time of worship, after which they showed a great desire that I should give them another visit, to which I consented. The next day being Sabbath, I thought proper to ask the captain's permission for other people to come on board, to attend worship, which he granted with the greatest pleasure, so that on Sabbath we were on board the Adrian, when the deck was greatly crowded.

"Sept. 2. I crossed the ferry from the island of Raasay to Sconsor, to see a sick young lad who was in a deplorable condition. His disease was indescribable; and his destitution of the comforts of life was such as to melt any person of natural feeling, not having even so much bedding as to keep his broken body from the earthen floor, nor bedclothes sufficient to keep the cold from him. His circumstances were the more distressing to me, that I have every reason to believe he was one of the little flock. He manfested great patience in his trouble, bearing his sore affliction cheerfully, which his happy looking countenance testified at the occasional intervals of pain. Owing to his racking pain he could speak but little. Having his Bible beside him, I asked him if his trouble would allow him to peruse it. He replied, 'I attempt it perhaps twenty times in one half hour.' I asked, do you find any comfort from the Bible? He said, 'All the comfort I have in the whole world is from the Bible.' At the time of worship he was all in tears, after which I departed.

"Nov. 7th.—I left home, taking a circuitous tour by the farthest bounds of the parish and island of Raasay, returning to my own home on the 30th. Although I met with outward difficulties, from coarse weather and bad roads I had to travel, I humbly desire to praise the Lord that I was not prevented from attending to the means of grace, for they very often were refreshing to my own mind. I always catechised and held two diets a day, with very few exceptions; and I may say three diets, for the night family worship would be always very throng, as many of the people followed from farm to farm. And I desire to cherish good hopes that the labours of your Society will not be spent in vain on these poor benighted islands. Oh! that 'He would come down like rain on the mown grass, and as showers that water the earth.'

"January 1st.—Taking a circuitous course round the east side of the Island of Raasay, all diets were throngly attended, and many followed from farm to farm. At Halaig, on the Lord's day though the weather was exceedingly stormy, and the people's passage by sea to the place consequently rough, yet it appeared that no house on the farm could contain the people; we therefore retired to a large cave near the seaside, where a numerous congregation were sheltered from the storm. On the 6th, my own mind was in some measure refreshed on this occasion, and I hope it was not altogether unprofitable to others. After the evening diet, which was much crowded, though I felt much wearied, I was revived by interesting private conversation with young professors.

"March 30th.— When returning from the Breas to the village of Portree, on my way I visited a sick young man, who appeared about to be called into eternity. While conversing with him about the state of his soul, he said that 'he would now rather have an interest in Christ than ten thousand worlds, and that his past time was miserably mispent.' I observe here that this is a general complaint with dying people nowadays, which was not the case in our first recollection, when the Word of God was scarcely to be found, and ignorance was covering the whole land. Then the most wicked and the most ignorant would approach death rejoicing, with carnal and delusive dreams of happiness; for instance, an old man died some time ago rejoicing, saying, 'How happy he would be in the other world, when he would see his father and mother there.' But now, when the Word of God is so generally taught, and the people warned to flee from the wrath to come to Christ, and that short of an interest in Him, and union with Him, nothing awaits them but eternal misery, general impressions are made by these truths on those who continually are hearers, so that they seldom approach death with a sleepy conscience.

I always find the time of visiting the sick a favourable opportunity of addressing those present, and of improving the confessions of the sick.

"May 7th.—I got an express from Balmore, on the west side of the country, that my brother there was at the point of death; and whose life I did not overtake. As the widow and her family expect to remove to this side of the country, I hope to be indulged in giving them some of my time, until their affairs are properly arranged."

His brother, who was factor on one of the neighbouring estates, as well as secretary and treasurer of the Durinish Auxiliary Branch of the Highland Missionary Society, is thus referred to in the same report:—"The Christian community in Skye, and your Society, have, by the death of Mr. John Macleod, tacksman of Balmore, lost a faithful and steady friend. As a public man he was peculiarly steady, correct and weighty, his measures were mature and wary, his manner was affectionate, amiable and winning; his exemplary Christian profession was modest, and more retired than assuming. In his death he had peace. In his last moments, though enduring great bodily pain, he faithfully exhorted his distressed family and others present, earnestly to seek the Lord as their best portion; after which, with great composure and solemnity, he said, 'I am now entering the swellings of Jordan. Even so come Lord Jesus' and fell asleep."

Alexander Macleod himself succumbed to fever in October, 1836, in the 46th year of his age. His wife, a son, and a daughter died, alas! of the same fever, within two months of his own death.

It was his custom to observe family worship three times a day; and whether at home, in the hay-field or at peat-moss, there was no difference. He would summon his shearers on the harvest field to the quiet of united prayer, alternated with joyful rejuvenescent psalm; and it is related how the reapers on the neighbouring farms, on the fields beyond the rivulet bounding his own land, would cease from work as a mark of respect, in token of the honour in which they held one sincerely devoted to sacred activity where the harvest, indeed, is ready, but where the labourers are always few.

With the poet he was well acquainted, and often acted as his counsellor. They paid each other mutual visits, and were on terms of the most intimate friendship. Alexander Macleod was recognised as eminent in qualities both natural and acquired; yet a friend writes him from Ballygrant, Islay, 17th September, 1834:—"I never thought you used the weight and authority you are possessed of in curbing the little haughty spirits of some among the professors, but this I know proceeded from modesty and an easy disposition constitutional to you, and more so from an undervaluing of yourself, which is essential to true Christianity." His memory is now embalmed in one of the finest elegies on record, the tribute of mature wisdom and glorified poetic genius. One possessed of receptive qualities, provided the poem be read with the attention it deserves, will find it on a par with "Ewen Maclachlan's Elegy on Professor Beattie," of Marischal College, a Gaelic composition, "which for beauty of language, sincerity of sorrow, and unrivalled elegance of composition, can bear comparison with anything of the kind ever presented to the world." Over such spirits death has but a seeming sway: they consciously go from strength to strength.

> "Like as when one layeth
> His worn-out robes away,
> And taking new ones sayeth
> These will I wear to-day;
> So putteth by the spirit
> Lightly its robes of flesh,
> And passeth to inherit
> A residence afresh."

---

## AM FIREAM

### NO

## CLIU ALASDAIR MHICLEOID, UNG-NA-CILLE.

Roimh-radh, ann an Crois-dhan.

**A** dhuine bheir eisdeachd!
**L** e fior spéis do mo chomhradh,
**A** ig a phuingibh le geur-bheachd
**S** eas s dean feum dheth gu stolda;
**D** ean a chreidsinn cha bhreug e
**A** ch fior sgeul gun ghne sgleo ann
**I** s tagair beannachd Mhic Dhe air
**R** i linn a leughadh gu d' chomhnadh!

**M** eas cho goirid s a dh' fhaodas
**A** n geur aog do ghlan sguabadh
**C** hum na siorruidheachd nach caochail
**L** anachd saorsa no truaillidheachd:
**E** isd ri cuireadh a ghaoil dhuit
**O** innidh chaomh an Ard-Bhuachaill
**I** s gabh a lamh tha riut sinte,
**D** ean greim nach sgaoil air do shuaimhneas.

### I.

**B**IDH cuimhn' us iomradh gun diobradh
   Air na fireanaibh còire,
S bidh mi'n tràth-sa r'a innseadh
Mu chliu a h-aon diubh na m' oran;
San roimh-radh mar a sgriobh mi
Ainm dhuibh sios ann an ordugh,
O'n tuig na cairdean s na dilsean
Cò 'n t-aon ro chaomh is brìgh sgeoil dhomh.

### II.

A Ung-na-Cille gu'n thriall uainn
Chum na siorrachd do shòlas;
An reult bha soilleir san Diadhachd
Us glan na 'fhianuis mar lochran,
O ghrian na Fireantachd fhior-ghlain
A fhuair a thiodhlacan oirdheirc,
Gach gras dh'fhàg ciùrrte ga 'iarguin
Na h-iomadh ciad d'a luchd eolais.

### III.

Oir chaill iad aodhair s oid-àraich
Le curam àraidh bha faireil
A thaobh a threud oir b'fhior ghnàth dha
Bhi 'g gabhail sàr-bheachd s deagh aithn' orr';
A mheud s bhiodh trom le deagh àl diubh
Bu mhor a bhaigh dhaibh na 'anam
S o 'innigh throcair bu ghrain leis
An iomain laidir le h-an-iochd.

### IV.

Cha bu chóthar gun anam
Ach puingean fallain lan tàbhachd
A bhiodh na d' theagasg oir dh'fhairich
Thu'm buaidh air t' anam o'n airde;
Mar mhil us bainne fodh d' theangaidh
Tre ghras le'n sealladh do chach iad:
Bu bheag do spéis do bheul-aithris
S do reachd nan seanair dheas-ghnàthach.

### V.

Bha do bhuadhannan naduir
Leis gach talanta luachmhor,
A bhuilich Dia ort o'n airde,
A rinn le 'ghras an athnuadhachadh,
Air an cleachdadh do ghnàth leat
Fodh fheartaibh ghrais chuir e nuas ort,
Ag gabhail beachd air a statuibh
S a reachd gach là fad do chuairte.

## VI.

Cha bu notachan teagmhach
No seoltachd s cleasachdaibh cealgach
A bhiodh tu cleachdadh mar theagasg
An àm bhi 'g oideachadh anama;
Ach fìrinn dhaingnicht us sheasmhach
Le cainnt an Sgriobtur ga dearbhadh
Oir cha b' fhein crioch t' aobhar spreigidh
Air sluagh ach teicheadh gu'n tearamunn.

## VII.

Bu mhor t' eagal-s gu'n iobradh
Tu bheag do shith na deadh choguis,
Do dh'fhein ghloir a tha millteach
No cheannach siochaint luchd brosgail;
Bu bheag do speis d'a bhi sliabadh
Luchd brionail mhin nam beul sodail
Air chor s ged dhuisgeadh tu mì-run
Gu'm b'fhearr leat innseadh mu'n grodachd.

## VIII.

Tha siol na nathrach lan mì-ruin
Do uile shiol us shliochd Adhaimh;
Tha siol na mnatha co cinnteach
An naimhdeas inntinn do cail-se;
Ach tollaidh iad-san os iosal
Mar thug an Triath dhoibh mar fhagail
Us siol na mnatha theid gu direach
Gu'n claiginn mhillteach le danachd

## IX.

Bha do threibhdhireas dileas
Na chusbair mi-ruin do'n t-Satan,
Dha cho-oibrichean liomnhor
San d' rinn e'n t-siolmhuinn sin àrach ;
S a dh' aindeoin innleachd us liontaibh
Chleachd e riamh riut san fhasach,
Uaith theasraig Ughdair na Sith thu
An Laimh 'n do libhrig am Bàs thu.

## X.

Mar bu liomnhoire cleasachd
Na nathrach sgreitidh fodh lar riut,
Se sin nuair 's mo bhiodh do threise
Ga d' dhion am feasd o 'gath basmhor ;
Mar bu dluith' bhiodh i streap riut
Gur ann bu deise do shaile
Gu saltairt sios os do sheasamh
A cinn san eabar s 'n d' shnag i.

## XI.

Thug thu dùlan an Criosd di
Le neart a chiosnaich fodh d' shail i,
Ann an seasmhachd s an disleachd
An aghaidh a h-innleachdan grainoil ;
A dh'fheuch le seoltaichean mìn' riut
S le diachainn theinntich neo-ghnathaicht
Ach thug thu buaidh chum na criche
Tre ghras an Tì sin thu ghradhaich.

## XII.

Tre 'n d' fhuair thu eolas air liontaibh
U's innleachd dhiambain a namhaid,
Is mise a dh'fhairich gu'm b'fhior siud
O chorr us bliadhna ni chraidh mi
Leis mar mheall mo mhi-chiall mi
An uair nach d' shliochd mi do d' ràdh-sa,
Tha nis na fhirinn choiliont domh
Dh'fhag goimh us pian ann a' m' àirnibh.

## XIII.

Tha fein mhealltairean daonnan,
Mar bha Clann daoin ann san Eiphit,
A' coimeas oibre nan draoidhean
U's oibre Mhaoise ri cheile;
Bha cuid mar sin ri do linn-sa
Fodh obair innleachdach bhreige
Ach chuir thu sios an neo-shuim iad
Gu'n d' shluig do phuing iad le eifeachd.

## XIV.

Ged is mor mo chuis dhitidh
Airson m' easaonta do d' bhriathraibh
Tre bhrionnal treun na fior dhiomhanas
Air dhomh 'bhi baoth thug na lion mi;
Ged nach leithsgeul r'a innse e
Gidheadh is firinn gun fhiaradh
Gu'n chàradh mise gu direach
Mar mhealladh Dileas le Briathrach,

## XV.

Is ceart do rinn do bheul innseadh
Na d' earail chaomh dhomh le reasan
Gu'm bu ribe ro mhillteach
Dhomh dol an luib an luchd treigsinn,
Nach do thuig mi'n run intinn
A bha san innleachd a ghleus iad
S tha nis a thoradh 'to'airt cinnt domh,
Gu'm b' olc a dh' inntric o'n bhreug e.

## XVI.

Ach O! nach faodadh saor-ghras domh
Na ioma lànachd bhi fialaidh,
Ged nach b' ionnan s mar tharladh
Domh s do Shamuel diadhaidh,
An uair a dh' ung e Righ Saul
A' cur a làmh air an ciad uair,
Nach do ghéill d'a chuid ardain
To'airt urraim dha na mhi-righladh.

## XVII.

Chuir m' easaonta fodh chràdh thu,
Ni tharruing plaigh air na ceudan,
S a chuir fodh dhoilghens mor aireamh
Do m' fhior chairdean, ni léir mi;
Cha dian m' fhiachan a phaigheadh
Ged bhuanaich m' amhghar fodh dheuchainn
Ach Ios', fear aisig nan rathaidean
A theachd a chàireadh a bheuma.

## XVIII.

Chaidh mo mhealladh gu laidir
Le m' mhic, dhiubh 'phairt a bha feineil,
Dh' iarr iad gloir d'an cùis naire
Tre spiorad ardan mhi-chéillidh;
Dh'fhiar iad breitheanas àraidh
Mar mhacaibh Sham'eil 'm Beerseba,
Tre' m b' eigin domh-sa le tair orr'
An comunn graineil a threigsinn.

## XIX.

Thug mi fainear mar rinn Samuel
Nuair dhuisg an gradh s am fior eud e,
Oir ged 's e fein a dh' ung Saul
Nach b' aobhar naire dha threigsinn;
Nuair thug e'n iobairt ana-dana
Bha'n aghaidh àithn us reachd Dhé dha
Bho'n dh' fhàgadh beo leis Righ Agag
S a chuid a b' fhearr dheth na treudaibh.

## XX.

Ged do phill e o'n àr ud
Le iolaich s gairdeachas eibhinn
S e'n duil gu'n choimhlion e'n àithne
Gun urrad s pairt di bhi 'n déigh laimh,
Cur suas clach-chuimneachain àraidh
Air buaidh tre làthaireachd Dhé leis
Bha'n sluagh gu h-iomlan ach Samuel
A' seirm co-ghair ris le chéile.

## XXI.

Is ann bha Samuel s gaoir ann
Na chluasan naomha ri eisdeachd
Na fuaim bh' aig méighlich chaorach,
Aig cruidh a chaomh-shrath bha geummaich,
An tràth dhuisg a Spiorad fodh fhaobhur
To'airt breith neo-chlaoin air an eucoir
Fodh mheinn tigh Shauil shior lüghdaich,
Tigh Dhaibhidh sior fhàs ni 's treunmhor.

## XXII.

Is ni nach sgarach le moran
Tha nis 'nar lò ann san t-saoghal
Obair fheartmhor 'n Aoin ghloirmhoir
Fodh innleachd sheolta na draothachd;
Ach tre t-oibre s tre throcair
Gu 'm faodadh moran an aonta
A chur le aidmheil am beoil rithe,
Seo meur Iehobhaih na 'saorsa.

## XXIII.

Bu bheag do choltas na d' dhoighibh
Ri cruth nan locuist san deataich
Ged bha crùin mar an t-òr orr'
Bha 'n iorbaill dòbheairteach sgaiteach;
Is ann bhiodh do chridhe gu 'leonadh
Le meud an gloire r' am faicinn
O 'n dream fhein mheallta gu bronach
Bha trìd an seoltachd ga 'n casgairt.

## XXIV.

Cha d' rinn thu uaill ann am faisneachd
No 'n gibhtean arda ri 'n cleachdadh,
Mar rinn uabharr Bhalaaim
Ged rinn an t-Ard Righ tighinn trasd air,
An uair a bhuin e tre 'n ardan
Cho beag a bhaigh ris an asail,
U's gu 'm b' aobhar a mhain dhi
A suil ni b' fhearr a bhi faicinn.

## XXV.

S a' dol troimh choilltichibh diomhair
Cha b' e do rian a bhi marcach,
Mar bha Absalom fiadhaich
Gu 'n d' rug an fhiadh chraobh air fhalt air ;
Ach mar Ionatan gradhach
A' streap le lamhan s le chasan
Nuair thug e buaidh air an namhuid
Dol suas gu blar eadar chas chreag.

## XXVI.

S cha b' ann neo-chinnteach mi-steidheil
A ruith thu 'n reis fad do chuairt,
Ach chum thu direach do cheumaibh
Ri comhnard réidh na lan duais,
Mar iolair mhor air dha sgéithibh
An gaoith nan speuran ga 'n gluasd
Airson crùin gloire ro ghle-ghlain
San Oighreachd neamhuidh neo-thruaillt.

## XXVII.

Cha b' ann a' gleachd ris na speuraibh
A bha do gheur lann ga bhualadh
Ach ris gach gaoid us mi-bheusaibh
Bha fàs air freumh na fior thruaill'chd;
Do bhuillibh trom leis gu beumnach
Air corp na fein bha leat suarach
Ag cumail smachd air gu treubhach
Gu crioch do réis thug lan bhuaidh air.

## XXVIII.

Bha firinn fhiorghlan an Sgriobtuir
Mar thaic do leasraidh a ghnath dhut
Crios na fireantachd sheasmhaich
Mar lùths us treise do t' àirnibh;
Do pheacadh fhiata bha streap riut
Le fiamh us geilt a chuir cradh ort,
Gu 'n chuir thu dhiot leis gach lethtrom
Nuair thriall thu 'teicheadh gu d' shlainte.

## XXIX.

Le fior suilbhireachd inntinn
Thug thu aoidheachd gun ghearan,
Bha thu iochdmhor do 'n mhuinntir
A bhiodh ga 'n claoidh leis an ainneart;
Bha fior fhialachd gun chuingeachd
A' d' innigh chiùin ris gach ainnis
O ghlaine s anfhainneachd cuinnseis,
Le cridhe simplidh gun aindeoin

## XXX.

Cha b' ann le srein no le sparraig
A shaoithrich t' anam san fhion lios,
O ghabh thu 'd' laimh an crann araidh
Na d' dheigh cha d' shealladh gu fiar leat;
Bho chaidh a chuing ort a cheangail
Cha b' i chuir eallach no pian ort,
Ach peacadh searbh a bhith mhallaicht
'S cuilbheart mheallaid an diabhoil.

## XXXI.

Ged nach b' ann o na chrannaig
A sheirm thu caithream na saorsa,
Thoilich Criosd a ghras tairis
A chur a bheannach' do shaoithreach,
Mar stiubhart dileas do 'n anam
Air gras eugsamhuil na maoireachd,
S 'n aghaidh treun obair mheallaidh
Gu sluagh a tharruing o dhaorsa.

## XXXII.

Oir bha ungadh ro ghlan ort
Le spiorad fallain na naomhachd
Air a thaomadh gun ghainn' ort
O lanachd mhairionn t-fhir-saoiridh;
S bu bhinn a chliu uat ri aithris
Do 'n dream fhuair aithn' air a ghaol doibh
Ri d' bheul bha trompaid buaidh-chaithream
Thug Criosd trid fhala san t-saoghal.

## XXXIII.

Bha thu cudmhor us fearail
An aghaidh ceannaire chlann daoine;
Mar leomhann treun bha thu barraicht
A' diteadh mhearachd s gach baothachd,
Mar an t-Uan bha thu aithnicht
An seimheachd carthannas s naomhachd,
An simplidheachd s cuineis an leanabh
Bu tearc do shamhuil r' am faotuinn.

## XXXIV.

Chuir gradh saoraidh ort falluing
A ghlan gach galair us gaoid uat,
Bu lòn àraich do t' anam
Am mana faluicht bha saor dhut;
Gun mheas toirmisgt bhi mar riut
Nach deachaidh d' spannadh o d' ghaol air
Le diadhachd fior ghlan neo-shalach
S nach d' fhuaras smal ort o'n t-saoghal.

## XXXV.

Is iomadh fianuis air deadh-ghean
Thug Dia na dheiligeadh grais dut,;
Is e thug na throcair dhut céile
Mar t' asna cleibh a luidhe blàth riut,
A bha na beannachd na d' ré dhut,
Bu mhor a speis ann na gradh dhut
S a lean do 'n uir às do dheigh thu,
Co-ghiulan deuchainn ri t' amhghair.

## XXXVI.

Bha i na comhnadh do d' rèir dhut
Sna h-uile ceum mar a dh' orduich
An Ti a cheangail ri chéile
Sibh a reir na daimh phosda;
Bha rian us seol a fior chéille
Na thaic do d' chre fhad s bu bheo thu,
S bha 'h-urnuigh mhin'ge 'n àm t' éiginn,
Dol suas chum Dhe gus do chomhnadh.

## XXXVII.

Cha d' sgar am Bàs sibh o chéile
Ach seal ro ghle bheag san fhasach;
Tha nis ur comunn lan eibhinn
Cha sgar an t-eug sibh gu bràcha;
Ged nach ionann an daimh sin
Sna h-uile ceum mar a bha sibh,
Tha naomhachd iomlan neo-threigte
S gach pairt gu leir os cionn naduir.

## XXXVIII.

Ach 's mor an t-ionndrainn le cach thu
Do chomunn blàth a tho' airt uapa,
Oir bha sailleadh saor-ghrais air
Do chomhradh araidh bha buadhar,
To' airt cneis us cluas do na phairt diubh
A bhiodh ga 'n cradh le geur bhuairibh
S do sholus diamhair mu 'n t-Slanaighear
To' airt sgeula tearnaidh gu 'm fuasgladh.

## XXXIX.

Cha robh cail eigin marbha
Cur bolladh searbh dheth t' ol-ungaidh;
Bha do chleachdadh to' airt dearbhaidh
Gu 'm b' aon thu 'shealbhaich gras iompaich;
Dh' fhàg sind eifeachd na d' labhradh
Nach robh s gach searmoin o'n chubaid
Gu dusgadh pheacach bha calma
S gu fois do dh' anma bha bruite.

## XL.

Is mor a chomain chuir gras orr
Airson gach là dhiot a fhuair iad,
S diolaidh aingidh gu brach air
Airson an tair ort tre chruas cridh;
Ach na cuspairean gràidh sin
A fhuair gu slainteil dhiot buannachd
Bidh seinn nan iolach le ard ghuth
Air cliu saor-ghrais uat a chual iad.

## XLI.

N uair chi do naimhdean thu chual thu
S a chuir gu suarach do ghlaodh riu
Air deas lamh britheimh na buadhaibh
A' teachd a nuas na ghloir naomha;
Bidh suilean critheach lan fuathais
Aig amharc nuadh chruth na d' aodainn
Gur geur an sgread ann na 'n cluasaibh
T' ainm ri buan sgrios gach aoin diubh.

## XLII.

Le sgal na trompaid a' s fuaimnich
Leis an luaisgear an saoghal
Le 'n duisg an cuirp ás na h-uaighibh
Le gradh s geur uamharr na 'n aogais;
S na beannta leaghta mu 'n cuairt diubh
Nach nochd dhoibh truas riu ged ghlaodh iad
A chum an saoradh o'n uamhas
Tha nis an gruaim na gnuis naomh riu.

## XLIII.

Dol ás cha 'n fhaod iad o uamharr
S an lasair suas air gach taobh dhiubh,
An coguis chiontach ga 'm bualadh
Le lotaibh cruaidh fodh gheur fhaobhur;
Gur truagh an crioch dol air fuadach
Le sgrios bhith-bhuan do 'n t-slochd aognuidh,
Gun duil gu siorruidh ri fuasgladh
Us fearg an Uain orr' air sgaoileadh.

## XLIV.

An uair bhios claidheamh a cheartais
Na theine caithteach gun bhaigh dhoibh,
An talamh a' losgadh fo 'n casaibh,
Gach duil na 'n lasair gu h ard riu
Us fuirneis ifrinn gu 'n casgairt
A' sgaoileadh farsuing a gàilich
Gu 'n slugadh sios oir is creach iad
Do 'n t-slochd gun aigeal gun smaladh.

P

## XLV.

Ach bith do shuil-sa cha ghluais i
Dheth 'n damanadh buan a chum leir sgrios
Bithidh siud a' meudachadh truaigh dhoibh
Airson an cruais riu 'n uair dh' éigh thu,
Le gairm na saors ann do thruas riu
S nach d' aom an cluas le fior ghéill di
Ach t' haleluia-s' theid suas le
Smuid dheataich thruaigh an geur phein-san.

## XLVI.

Ach na h-anman fhuair buannachd
Dheth d' theagasg luachmhor san t-saoghal
A ghabh ri d' theisteas mu 'n Uan doibh
Thug gradh bith-bhuan doibh nach caochail,
Theid iad na 'chomhdhail le luaghair
Le gean gun ghruaim ach lan faoilteachd
A ghabhail suilbhearr an suaimhneas
S gach aon dhiubh 'n snuadh a ghlan aogais.

## XLVII.

Bha do chomunn ro bhuadh'or
San fhasach fhuaraidh seo fein doibh
Oir is ioma beannachd a fhuair iad
Ri linn do chuairt doibh bha feumail:
Bhiodh t' anam naomha fo smuairein
An uair bhiodh iad cuartaicht le deuchainn
S tu 'tagradh grais an Aird Bhuachaill
Bha ghnàth ga 'm fuasgladh an éiginn.

## XLVIII.

Aig na coinnimhean ceisde
Bu bhinn an teisteas do sheanachas
Bhiodh cluasan sluaigh riut na 'n seasamh
Aig eisdeachd deas chainnt do labhraidh ;
Do chlaidheamh geur air do leasraidh
Mar shaighdear deas fo chuid armachd
A' dion saor-ghradhaicht gu ro eagnaidh
O run neo-sheasmhach a chealgair.

## XLIX.

Bu ghaisgeach treun a bha deas thu
Gu dion a chreidimh bha slainteil,
O bheachdan saobhail nach freagradh
Ri cliu an Scriobtair o'n aird air ;
Le fanaoid naomh dheanta sgeig leat
Air faidhean s cluicheannan Bhaail,
Chuir gradh na diongmhaltachd teicheadh
Fad uat air eagail na traill'achd.

## L.

Bha do phuingeannan co fallain,
Co geur gu fanachd a chealgair
Le dol a stigh mar gheur lannaibh
Gu eadar sgairidh an anama ;
Bhiodh obair grais co fior aithnicht,
Co eadar-dhealuicht o analas
U's faobhar geur ort gu glanadh
Gach gaoid s to'airt aithn air ath-ghineamhuin.

## LI.

Aig na coinnimhean urnuigh
Far 'm bu druiteach do chomhradh
Is mor tha d' theisteas r'a ionndrainn
Leis a mhuinntir do 'm b' eol thu;
N uair bhiodh tu tagradh le durachd
Tre Criosd do dhlù chuspair dochais
Bhiodh frasan blath do mhaoth dhriuchdan
Do 'n chuid bhiodh bruite fo leontaibh.

## LII.

Is ann an deatach na tuise
Bha t' earbs a t' urnuigh bhi freumhach,
O 'n iobairt slainte rinn cubhr' i
Do 'n chuile bhruite s lan eifeachd;
Bhiodh a toradh to'airt ùraich
Do 'n mhuinntir chiùrrta bha reubta
S i dol gu Criosda troimh 'n dumhlas
Gu to'airt ol ungaidh gu 'n creuchdaibh.

## LIII.

Cha b' ann tre shealladh do shul air
Bha t' imeachd dlu ris an comhnuidh;
B' e d' Dhia fad uat e us dlu dhut
B' e sholus gnuise do lochran;
Ged bhiodh tu 'n dorchadas dumhail
Bhiodh 'fhocal ciuin dhut to'airt sòlais
Us troimh na neultaibh bu duldaidh
O phairtibh cuil thigeadh gloir ort,

## LIV.

Bha thu iochdmhor s ro bhaigheil
Ro thairis tlà ris na truaghain
A bhiodh na 'n deoraidhibh lan failing
Fo ioma càs us tonn luasgadh,
Le doinionn namhais a namhaid
Na 'n tuiltean bais dol mu 'n cuairt diubh,
Ach troimh 'n Euroclidon ghabhaidh
Bhiodh gealladh slaint leat ga 'n cluasaibh.

## LV.

Cha d' ghabh thu Tighearnas riaghlaidh
Air oighreachd Dhia air an talamh,
S a chognis anfhann cha d' iarr thu
Dho chumadh rian ri t' fhein bharail;
Bha fior eagal na Diadhachd
A ghnàth ga d' leanadh le faire
S le gras fein-àicheadh cur rian ort
Le stoladh s ciall na fior ghlainne.

## LVI.

Bha lamh smachdachaidh 'n Triath ort
Ga d' chumail iosal mar leanabh:
A bhi sna h-achaibh a' dioghlum
Is e ghabh thu riamh mar dheadh-mhanadh;
Bha do chùraichean diamhair
San oighreachd shiorruidh dhut daingean
Cha d' ghabh thu oilbheum do 'n Diadhachd
S fo h-uallach sios thu cha d' fhannaich.

## LVII.

Ach Dia na dheiligeadh beannuicht
Mar chunn'cas math leis na d' fhabhair
Is e thionndaidh fiabhrus do ghalair
Gu foirfeachd mhairionn do shlainte;
A rinn do ghairm o gach aimbeart
Tre Chriosd a stailig am bas dut
O bhi na uamhas gu caithream
Air sgiath nan aingle gu Paras.

## LVIII.

Is e rinn do dhorch'as a philleadh
Gu sollus millse ro dhealrach
A thionndaidh tiormachadh t' innigh
Gu bhi na 'linnidh nach traigh dhut;
A thionndaidh t' anfhuinneachd mhinic
Gu neart us spionnadh nach failing
Gach geimhlibh, cuibhreach us tinneas
Gu saors us imeachd gu samhchair.

## LIX.

Is e thionndaidh bron gu toil-inntinn
Is e thionndaidh oidhche gu là dhut
Us na deoir a shil thu gu saoibhir
Gu bhi na 'n aoibhneas gu brach dhut;
Gach lot a fhuair thu na aobhar
Gu bhi na 'n daoimein a' dearrsadh
Na d' chrun ro ghlormhor ceann éididh
Mar fhiùrain speiseil na 'lathair.

## LX.

Air dhut àth Iordain a ghabhail
Gu tir a gheallaidh sna h-ardaibh,
Far sruth am fion dut s am bainne
Le misleach meala nach failing;
Do thobar siorruidh 'cur thairis,
Neo-chriochnach fallain na 'lanachd
Le òl cha sgiosaichear t' anam
S do mhiann a' gabhail lan shàsachd.

## LXI.

Bha gach trioblaid thu chuartaich
Na 'n aobhar uaill fad do ré dhut;
Cha b' ionnann s sionnaich nam bruachaibh
An uair ghlact na 'n cluaintearachd fein iad;
Cha b' gheur-leanmhuin an ruagadh
Cha b' aobhar naill doibh an deuchainn,
Fo thathunn ghaothar na 'n luas-ruith,
Air son nan uan bhi g' an reubadh.

## LXII.

Bha inntinn Chriosd dhut mar armachd
Bha cumail t' anam' air dheadh-ghleusadh
Bha clogad slaint ort mar cheana-bheairt
Fo 'n do dhearbh thu bhi treunmhor;
A' gleachd ri naimhdibh bha dalma
Tre 'n nimh bha sealg ort le 'n geur-ghath
Ach bha do sgiath dhut co carbsach
S nach d' bhrist an cealg tro t' uchd-éididh.

## LXIII.

Riamh air mhiathlachd cha d' fhalbh thu
Gu bainne salachaidh na muinntir
A bha fo thorr 'cheas gu falmh 'chadh
Le ruintibh chealg s a' breth puinnsein,
Bha 'togail ghalairean seargach
Do dh' iomadh leanaban bha simplidh,
S a dh' fheumadh burgaidean searbha
Ma 'n glainte salachair o'n inntinn.

## LXIV.

Mar bha do laithean dol thairis
Bha t' fhàs an aithne na diadhachd,
Bha piseach lathail air t' anam
Mar mheanglan daingean san fhionan;
Bha t' fhas an eolas s an glaine
Na bhuaidh air t' fhaireachadh diamhair,
Gun d' chrom thu sios mar gheug fhallain
Fo t' ubhlan mealach lan biataidh.

## LXV.

Mar bha thu dluthadh ri d' dhachaigh
Bha miad do dhearcan fàs lionmhor:
Thu mar chraobh fhàilneach lan abuich
Gu trom leo bagaidean ciatach;
Cha 'n fhaoidte t' fhagail ni b' fhaide
S tu fein am fadachd fo chiocras
Gu dol air imrich do 'n aitreibh,
Tigh taimh us taisg neo-lamh-dhianta.

## LXVI.

Ach 's ann bha t' amhghair-sa 'g eirigh
O ghradh us eud na fior dhisleachd
Do aobhar Ughdair na reite
Ghlan gaoid us eacal do chridh dhut,
A chum a spiorad gu treun ort
A dh' aom ris fein thu na d' inntinn,
Rinn fear co' pairt dhiot dheth dheuchainn,
Dh' fhag uallach eutrom fo chuing dhut.

## LXVII.

Cha b'e do chrioch bhi ri faisneachd
Sna speuraibh ard air-son feinghloir,
Gun do shuil bhi ri lar dhut
A' sealltuinn aite do d' cheumaibh;
Bha siud na fhianuis air fabhar
U's deadh-ghean grasmhor Mhic Dhe dhut
Gu 'n t' slighe thoirmisgt bu ghrain leat
An umhlachd ghraidh dha ghrad threigsinn.

## LXVIII.

Chaidh crioch air bron us mi ghean dut,
Chaidh crioch air faireachduinn craiteach
Chaidh crioch air doilgheas s gach gearan
Chaidh crioch air gal us geur amhghair;
Chaidh crioch air truaigh theachd a d' charamh
Chaidh crioch air meallaidhean Shatain
S chaidh crioch air ionndrainn fo ainnis,
Lan chriochnuich carraid s cruaidh-chasaibh.

## LXIX.

Thoisich aoibhneas gun diobradh
Thoisich siochaint us sòlas
Thoisich lanachd nach criochnuich
Na beatha shiorruidh mar lòn dut ;
Thoisich sonas co lionta
Nach teid air diochuin no fogradh
S gach agh us beannachd ion-mhiannaicht,
Lan mhealltuin Dhia ann an gloir leat.

## LXX.

Cha chuir thu feum air an Scriobtuir
Tha nis a sheisd dut lan dearbhta,
Cha 'n fheum thu dochas no creideamh
Tha 'n cuspair seasmhach lan shealbhaicht ;
Cha 'n fheum thu urnuigh tre easbhuidh
S tu lan gun teircead, do-fhalmhuicht
No orduigh seulaidh na h-eaglais
Tha seul am feasd ort nach falbh dhiot.

## LXXI.

Is ann thionndaidh t' urnuigh gu moladh
Air cliu s air onoir an Ard-Righ
A ghraidh an Criosd a rinn coiliont
Us liont le sonas nach traigh thu ;
A chur naomh ghleus ort nach fannuich
A' seinn an teanga nam bardaibh
Gu h-ard air fairge mar ghlainidh,
S gach teud lan theannuicht a' d' chlarsaich.

### LXXII.

A ghloir nach b' urrainn thu ghiulan,
Tre laigse shul air an talamh,
Is tric thug cridhe maoth bruit dut
Na 'braoinibh cùbhraidh air t' anam;
Tha nise lanachd a h-iounthais
Ga 'mhealtuinn dlù leat tre shealladh,
Gun fheum air sgaile no gnuis-bhrat
Air t' aghaidh ungte gu falach.

### LXXIII.

Tu nise mealtuinn do shuaimhneis
Sa chuan am feasd nach dean traoghadh,
San oighreachd fhìorghlan neo-thruaillidh
Do shonas buan nach dean caochladh;
Os cionn gach amhghair us buairidh
A dh' iath mu 'n cuairt ort san t-saoghal
A' seinn lan aoibhneis gu fuaimneach
Air gloir an Uain thug a ghaol dut.

### LXXIV.

Ach tha sinne n' ar truaghan
Am fàsach fuaraidh nan deur seo,
U's Dia gu 'n taisbean e thruas duinn,
Gu 'r cumail suas anns gach deuchainn,
A tha sior iathadh mu 'n cuairt oirnn
O'r naimhdean cruaidh tha g' ar teumadh;
O! thigeadh grasan a nuas oirnn
Trid fola 'n Uain le mò eifeachd.

## CLIU AN OLLAIMH DHOMHNULLAICH.

Dr. John Macdonald, of Ferintosh, was born in the parish of Reay, Caithness, 12th Movember, 1779. He excelled as an orator, and though not so richly endowed with poetic talent, he in many respects resembled John Morison. In his own poems, which have passed through several editions, he states his father was born in the parish of Kildonan in 1735, ten years before Culloden. This good man died at the ripe age of ninety-five. In the North Highlands Dr. Macdonald and his father occupied, in a different way and amid a changed environment, a position of influence not entirely dissimilar to that to which the Arnolds attained in England. Fine natural understanding, keen insight, correct judgment, frank disposition, tenderness of conscience, Christian resignation and courage were, all of them, qualities for which the father was remarkable. For over forty years he was catechist in the parish of Reay— a position of honour which he filled alike with credit to himself and to the cause he served. His speech, on every occasion, was terse and choice, seasoned with salt. His words always hit. Gentle and kind in temper, his mildness of manner was but the embodiment of his serene mind. It was the custom of the place to turn the horses, in summer, loose among the hills, where it was not always

easy to bridle them when wanted; the voice of dissent was then heard within the Church of the period, and on one occasion, when reproached by the leader of the Separatists for a seeming softness in denunciation of sinners, Dr. Macdonald's father put the point so: "Were you and I going in search of the wild horses on the hill, you with your whip, I with my sheaf of corn, which of us would bring most home? For my part, I would trim them first with the corn, then train them with the cord, if necessary. He who would instruct men had better allure than alienate them." He never saw his way to adopt the example of such as forsook the assembling of themselves together, for in Church ordinances he discerned the means of grace means which, in the reverent using of them, commended themselves as of God. On being asked why he remained attached to the Church by such as failed to find in Christ's ordinance what suited their own taste, and consequently forsook it, he would answer: "Who asked you to leave her?" "The Lord did," they would reply. "Very good: on the great day, when Christ puts a similar question to you, you will answer He Himself commanded you; but were I to leave the Church, in the event of His putting a similar question to me, I could not say He bade me, I could only say the people did." He once met a violent, voluble woman of this tendency; one more remarkable for glibness of tongue than for the fear of God. She exclaimed: "Oh dear! dear! what a sad plight! dry doctrines! and dead people! chaff, chaff, chaff, and no wheat. God has forsaken the Church." "My good woman," said he, "the wind blows high upon your barn;

out of what the wind carries off from yours I could gather grain which would serve me for seed."

The execrable Sutherland evictions gave vent to the evil temper of the times, with its one-sided economic doctrine of Individualism, and the catechist's brother, being forced to leave Kildonan, went to Glasgow, where his son, the late Sir John Macdonald, G.C.B., D.C.L., the eminent Premier of Canada, was born in 1815. The Apostle of the North, one of the most effective orators since Demosthenes, and the Canadian Statesman were, accordingly, cousins

And Dr. Macdonald was worthy of such relatives. As a student he excelled in mathematics, as a piper he won applause, while his Gaelic poems are in the sixth thousand. His father, who followed the trade of a weaver, once objected to his bringing his pipes to the University of Aberdeen, whereupon the son twitted him: "Father, don't we read of music in heaven, though we never hear of looms being there?" In the Highlands his name will always be on record as a preacher eminently faithful, as one who conspicuously adorned the doctrine of Jesus throughout a public career of forty-two years. He possessed a remarkable voice, mellifluous and resonant, which enabled him, when in the zenith of his strength, to make himself heard two miles off, and yet he could descend to a whisper. As a pastor he had like mother wit with Spurgeon. Whether in the house of mourning, or in the halls of joy, he was everywhere equally welcomed. Withdrawn from the world of sense, he slept in the Lord, on the 18th of April, 1849.

"It is enough," as Dr. Buchanan has it, "to say that he

was the Whitefield of the Highlands of Scotland. The proudest and most powerful chieftains of the Celtic race never possessed such a mastery over the clans which the the fiery cross or the wild pibroch summoned into the field of feudal strife as belonged, in these more peaceful modern times, to this humble minister of Christ. From Tarbartness to the Outer Hebrides, from Spey to the Pentland Firth, the fact needed but to be known that John Macdonald had come, and was about to preach the Word, in order that the country for twenty miles around should gather at his call. Ten thousand people have often been swayed as one man—stirred into enthusiasm, or melted into sadness, by this mighty and faithful preacher's voice."

In 1805 he made a collection of Ossianic ballads, which is given by Dr Cameron, of Brodick, in the Transactions of the Gaelic Society of Inverness, vol. xiii. pp. 269-300. In this connection it is interesting to record the following reminiscences, by the Rev. Allan Sinclair, in the "Memoir of Campbell of Kiltearn":—

"My father used to tell that, early in the century, he remembered hearing Dr Macdonald at Invermoriston. This was before his ordination at Berriedale. He was on his way from the Western Highlands, where he had been collecting information for the late Sir John Sinclair, anent the authenticity of Ossian's poems. He was from the very outset of his ministry an evangelist, and availed himself of opportunities to preach the Word. On this occasion he sent a message from Fort-Augustus to Invermoriston that he would give an address there. He was dressed after the fashion of the day, in a long black cassock, and skin-tight trousers, or *trews*, which, my father said, shewed off his fine manly figure to great advantage. After the service of the day was over, my grandfather, an old, godly, venerable man, remarked, 'If I am not mistaken, that young man will make himself known.' Years after this, on his way to Ferintosh from Skye, he sent intimation he would preach at Invermoriston. The people were glad. An open-air chapel was extemporised in a quiet, sheltered nook. He was fresh from scenes of revival, and preached with great power from the words of Paul to the Philipian jailor. The impression of that day was extraordinary. The place was like a battlefield strewed with the dead and dying. Not a few survived to testify that the Lord was of a truth present that day.

"The next incident was at a Communion Sabbath at Ferintosh. It was his first Communion there. His wife had died the previous week, and his elders waited upon him to suggest that the Communion should be postponed. 'No, no,' he said, 'let not my wife's death interfere with commemorating the death of my Saviour. I feel very unfit for my share of the service, but there are able ministers engaged to carry on the work.' His text was Hosea. ii. 19 —'I will betroth thee unto me for ever.' From these words he preached the action sermon, a discourse of great power. A deep impression was made upon the audience, numbering probably ten thousand. So much were his brethren convinced of this that they urged him to close the service. He consented, and preached from Ps. xlv. 10 —'Hearken, O daughter, and consider, and incline thine ear,' &c. He applied the subject from the words addressed to Rebecca,

'Wilt thou go with this man?' (Gen. xxiv. 58). The impression already made was greatly deepened. The feelings of the audience were overpowering. Urging acceptance of Jesus upon them with extraordinary fervour, he put the question once more, 'Wilt thou go with this man?' A tall, middle-aged woman in the heart of the congregation started to her feet, tossed her arms into the air, and exclaimed, in tones heard over the vast audience—'Theid, theid, O theid!' ('I will, I will, I will!'). The preacher replied, 'God grant thee that grace, and to all present here this day!' The great congregation broke down. It was a scene never to be forgotten. The Burn of Ferintosh was a Bochim indeed that day. Such was the weeping, the crying, the commotion among the people, that the preacher's voice was drowned. Amid this glorious triumph of the King of Zion, the day came to a close, memorable among the many memorable days of the ministry of this eminent and dear servant of the Lord Jesus. . . . I remember, and ever shall, the thrill of that emotional, powerful voice. . . . The thrill of his voice was such that I felt as if raised from my seat by some invisible power, and in danger of falling over the gallery. There was a strange power in the thrill of Macdonald's voice. . . . Truly, he was one of the ascension gifts of the risen and exalted Saviour to the land of our birth—the dear old Highlands of Scotland. May the Repairer of breaches give us many more such men!"

An extended account of the labours of Dr. Macdonald is to be found in "The Apostle of the North," by the late Rev. Dr. Kennedy, of Dingwall.

The following "In Memoriam" is sung to one of the most exquisite of Highland airs:—

"Thig tri nithean gun iarraidh,
An t-eagal, an t-iadach s an gaol," &c.

(*Vide* "Mackenzie's Beauties of Gaelic Poetry," p. 379).

A setting of the air is given in Munro's "Filidh" (Edin., 1840). No. 9. It would appear, however, from the following letter, which accompanies a transcript of the elegy, that the poet was not in possession of the "Filidh," so that his own version may have been slightly different: -

"Leacli, Harris, 6*th* Nov., 1849.

"My Dearly Beloved Son,
As the bearer, Kenneth Morison, is going straight to Stornoway, I thought proper to send you the above acrostic (*i.e.*, the one on Dr. Macdonald), the air of which Kenneth may leave you, so that if there is a good musician at Stornoway you might get it put down on a bit of paper and send it to me in a letter as soon as possible, along with a dozen of letter-heads. But you will remember, in the first place, whenever Kenneth arrives, to send the letter, addressed to the Rev. Dr. Mackay, immediately and safely to the post-office. I am not very well in health at present, but all the rest of your friends are in the ordinary way. Mary is not able at present to undertake the making of the cloth you made mention of in your last letter. A great deal of our potatoes is gone with the old disease. I have no important news to mention at present. Mary joins me with the kindest regards to Helen, &c. Remember to write me soon, by the very first chance, and tell me all the Stornoway news. Remember me to all friends there. That the Lord may bless you and yours—your souls and bodies—and be your guide and Saviour for the glory of His free grace and your spiritual and temporal welfare is the desire of your affectionate father. John Morison."

On the back of one of the stanzas he marks

"AIR FONN :—
Air faillirin fhillirin
Uillirin othoro laoidh
Caoidh an cruaidh fhortan gun fhios domh
Chuir mise fodh chuing do ghaoil."

---

ROIMHRADH DO CHLIU AN OLLAIMH DHOMHNULLAICH
ANN AN CROIS DHAN.

C è deacair ro dhuilich
L eam fein fàth mo thuiridh r 'a luaidh.
I s mo mhòr aobhar mhulaid
U r sgeul seo 'mhor Urramaich shuaire !
A n t-aodhair eudmhor bha ullamh
N a 'dhreuchd gu bhi buinnig an t-sluaigh
O leir sgrios us o chunnart
L e eug e bhi 'n tulach na h-uaigh :
L eam cha 'n ioghnadh an Tòiseachd
A shealbhaich roinn mhor dheth do chuairt.
M u do bhas a bhi bronach
H- uchd cràiteach bhi leointe san uairs',
D o bhrigh cho lion deoiridh,
H aic innte gun sòlas fo ghruaim,
O 'n chaill i do chomhradh
M u 'n ghras sin thug beo iad o 'n suain :
H o shluagh tha gun eagal,
N ach d' iompaich fo theagasg le rian,
U r n-uamhas (mur teich sibh
L e ball-chrith) tha greasadh o Dhia ;

L om sgriob gu neo-theagmhach
U s leir sgrios le geilt-chrith s mor phian,
C ha chuis fharmaid ach sgreat sibh
H o! bhur n-anama gu 'n teasairceadh Dia!

---

# CUIMHNEACHAN

No

## CLIU AN OLLAIMH DHOMHNULLAICH.

Earrann I.—An Duine.

### I.

DO réir briathran a' Bhiobaill,
  Bidh deadh chuimhn' air an fhìrean a ghnàth,
Us le dearmad cha 'n fhaodar,
Gu 'n searg an cliù naomha gu làr;
S do réir sin mu 'n aon seo,
Bhios air ainmeachadh leamsa na m' dhàn,
Is fad bhios 'iomradh gun di-chuimhn'
Feadh gach aimsir aig iochd'rainibh gràis.

### II.

An t-urramach iùlmhor
Bhi na 'shìneadh 'san ùir s e fo 'n bhòrd,
An t-Ollamh Dòmhnullach cliùteach,
A bha dìleas mar stiùbhard gun ghò;
Air an t-saoibhreas gun choomhnadh,
A chuir Dia leat a dh' ionnsuidh nan slògh,
Is iomadh ceud tha fo thùirse,
O 'n là thriall thu s a dhùin ort am fòd.

### III.

Is trom an osnadh ga d' ionndrainn,
Is frasach, silteach an sùilean le deòir;
A' caoidh s ag acain gu drùidhteach,
As do dhéigh fo mhòr chùram s fo leòin;
Goimh na 'n àirnibh ga 'n ciùrradh,
O 'n là dh' fhalbh thu gun dùil riut ni 's mò;
Gus an séidear an trompaid,
Bheir na mairbh as an ùir gu teachd beò.

### IV.

Iad ag iondrainn na chual iad
Fo do theagasgaibh buadhach bha beò,
Shaor an anama o chruaidh-chas,
Iomadh uair bha ga 'n tuairgneadh gu mòr;
Bha do sgeul mu 'n àrd-Bhuachaill,
Dhoibh mar ghaoith a bha fuadach nan neoil,
S grian na fìreantachd uasail.
To 'airt dhoibh aoibhneis le luathghair s binn cheòl.

### V.

Is iomadh aon bha 'n cruaidh chàs dheth,
Aig an leòmhann ga 'm fàsgadh mar uain,
Rinn thu 'shaoradh o 'mhàgaibh,—
An creuchdan gu slàn dheanamh suas;
O mhath-ghamhnaibh ga 'n teàrnadh
O 'n reubadh le dàmhair gun truas;
S an ioghnadh 'n dream sin an trà seo,
Bhi ga d' chaoidh; rinn thu 'm fàgail s iad truagh?

## VI.

Thuilleadh Sgìre na Toiseachd,
Is iomadh sgìr' tha fo bhròn ga do chaoidh,
O do bheul leis 'm bu chòisir,
A bhi 'g éisdeachd do sgeòil a bha binn;
Air gràsaibh Iehobhaih,
Do anamaibh bha leòint agus tinn,
To'airt geall-daingnich air tròcair,
Dhoibh an seilbh ann an dòchas le cinnt.

## VII.

Is mòr am briseadh s a bhèarna
Ann ar n-Eaglais le bàs do tho'airt uainn,
Bu taic thu na d' là dhuinn,
Ann an iomadaidh càs nach gabh luaidh;
Ann san ni seo gu h-àraidh,
Mar aodhair s oid'-àraich an t-sluaigh,
A bha ocrach us pàiteach,
Do 'n do fhritheil thu màna o shuas.

## VIII.

Is mòr an iarguin 's gach cearna,
An cualas riamh gu beò-bhlàth uait àrd-ghlaodh,
Guth na trompaid o'n airde,
Chuir crith-ghluasad air cnàmhaibh bha sgaoilt,
Tioram, cruaidh 'sa ghleann fhàsaicht,
U's le anail na fàisneachd gu saor,—
Thug thu beò dhiubh mòr àireamh,
Tha na 'n deòraidh an dràsda ga d' chaoidh.

## IX.

Bha thu' d' chobhar gu fuasgladh,
Air anamaibh bha buairte, ga 'n claoidh;
Us luchd-mortaidh mu 'n cuairt doibh,
Ga 'n reubadh na 'n truaghain gun chlì;
Is iomadh éire s mòr uallach,
Bha trom air an guaillibh s iad sgìth,
O 'n do shaor thu le buaidh iad,
Chum an aoibhneas le suaimhneas us sìth.

## X.

Dh' fhàg siud goimh dhoibh na 'n àirnibh,
Iad gun fhios co ni 'n t-àite dhoibh suas,
Chum an ionaltraidh làitheil,
Ann an innis nan gràs s nan deadh chluan,
Far a minic 'n do tharladh,
Gu 'n robh 'n anam annt sàsaicht s le uaill,
A' deanamh aoibhneis 'san t-slàinte,
Dh' oibrich Criosd dhoibh na 'ghràdh tha bithbhuan.

## XI.

Tha do threud air am fàgail,
As do dhéigh mar 'm fàsach lòm, fuar;
Gun a' ghrian orr' a' dèarrsadh,
Ach fo neul s gun fhios c' àit iad an gluais;
A dh' fheumas fantuinn ré làithibh,
A' sealltuinn ri Ard-righ nan sluagh
Gus an deònaich a ghràs dhoibh,
Neach na d' àite ni bheàrna dhoibh suas.

## XII.

Ach an Tì rinn a' bheàrna,
Tha na 'chomas a càradh gu luath ;
Us ma dheònaich a ghràs e,
Gu 'n cuir t' fhalluinn an lànachd a buadh,
Air an fhear thig na d' àite,
Gu bhi biathadh an àlaich sa' chluain,
Ann san d' fhuair iad deadh àrach,
Fhad s a mheal iad thu 'n làithibh do chuairt.

## XIII.

Tha ar peacaidhean làthail-n'
An aghaidh naomh àitheanta Dhia,
A' tarruing gach plàigh' oirnn,
Gach smachd us geur àmhghair us pian ;
O ! gu 'n tiodhlaic e 'ghràs oirnn,
Chum ar n-ùmlach' na 'làthair le fiamh,
Deanamh bròin fo fhein-àicheadh,
Chum d' a fhìreantacud àrdaicht bhi strìochdt !

## XIV.

O ! gu 'n luathaich e 'n là sin,
Sam bi challaid gu slàn dhuinn mu 'n cuairt
Leis gach briseadh a chàradh,
Ann an diongmholtachd làidir nach gluais
Us nach tuit le feachd nàmhaid,
Ged a dh' iarradh iad fàth air tre fhuath ;
Ach gu 'm faigh an treud sàmhchar,
Fo na beannachdaibh gràsmhor 's mòr luach.

## XV.

Thaobh do theisteis thug barr air
Cuid mhòr ann ar là-ne s 'n ar ré,
Làn do bhuadhaibh s do ghràsaibh:
Is beag mo chomas gu 'n àireamh gu léir;
Ged nach fheudar leam àicheadh,
Nach bu mhiann leam dheth pàirt chur an céill,
Ach mo bhriathran ro-fhàill'neach,
Gu 'lan-iomradh gu àirde mo sgéil.

---

Earran II:—A Phearsa.

## XVI.

**B**HA do chorp gu treun làidir,
Anns gach ball dheth làn tàbhachd us lùths,
Dìreach, iomchuidh 's gach pàirt dheth,
Chum na crìche an d' àraicheadh thu;
Bha do bhuadhanna nàduir
Farsuing, fosgailt a ghnàth anns gach cùis
A bha feumail na d' là dhuit,
Gu to'airt eòlais do chàch mar cheann-iùil.

## XVII.

Cha robh smal ort thaobh cumaidh,
No 'n ud sgéimh o do mhullach gu d' shàil;
Gu deas, calma, mar churaidh,
Làn do mheanmnadh s ro-urrant gun sgàth

Beothail, anamant gu h-uile,
Gu neo-chearbach ;— oir b' urrainn mi 'ràdh.
Gu 'm b' ni ana-minice t' uiread-s'
No d' cho-dhealbh ort a b' urrainn 'tho'airt bàrr

## XVIII.

Bha do phearsa s do ghluasad,
Co tlachdmhor, neo-thuairgneach us tlàth,
Chor us gur teare iad thug fuath dhuit,
Ged bu lìonmhoir bha fuaidht riut an gràdh ;
Aig na h-ìslibh s na h-uaislibh,
Bha sp'is dhuit ged b' uaibhreach dhuibh pàirt,
Ni dh' fhàg t' iomradh ga luaidh ac',
Mar sgeul bròin o 'n là chual iad do bhàs.

## XIX.

Aghaidh leòmhainn bha t' eudan,
Nuair a dh' éireadh luchd-eucoir ort ceàrr ;
Aghaidh duine thaobh reusoin,
Fearail, tuigseach, làn céill agus bàigh ;
Aghaidh laoidh a thaobh séimheachd,
Ann an simplidheachd s tréibhdhireas gràis ;
Aghaidh iolair thaobh néamhachd,
S t' eòlas dìomhair air stéidhibh na slàint,

## XX.

Bha do shubhailcean lìonmhor,
Ann an gliocas, an ciall s an deadh ghleus ;
Agus aignidhean rianail,
Glan inntinn bha sìochainteach, réidh,

Air an cleachdamh gach ial leat,
Ann sna nithibh bha ciatach annt' féin,
Timchioll reachdan na Diadhachd,
Ris 'n do chum thu do bhriathran s do cheum.

## XXI

Is e taitneas s deadh-mhùinteachd,
Bha d' chleachdamh gach taobh air 'n do ghluais;
Bha do chonaltradh iùlmhor,
Le cathrannas ùrail gach uair;
Do gach smachd a' to'airt ùmhlachd,
An uair a làmh Righ nan dùl ort a bhuail,
S fo gach fulangas giùlaint
Ann am macantas s ciùineachd an Uain.

## XXII.

A thaobh t' oilean na d' òige.
Rinn thu thogail an Oil-thigh nan Gall,
Cha d' rinn thu riamh bòsd às,
Mar na féinealaich phròiseil tha fealls;
Rinn thu feum dheth gu foghlum,
Mu na nithibh bu' ghlòirmhoire *stamp* :—
Feum nam peacach air tròcair,
S na rinn Dia gu 'n to'airt beò o bhi caillt.

## XXIII.

Bha do ghibhtean s do thàlant
Chuir an Spiorad o 'n àird' ort a nuas,
Air 'n ath-nuadhachadh gu gràsmhor,
A rinn feumail na d' là thu do 'n t-sluagh;

Le do chòrdadh tre 'n ghràdh sin,
Leis 'n do lìonadh gu blàth thu làn truais,
Ris na h-anamaibh neo-bhàsmhor,
Fo do theagasg o 'n bhàs fhuair làn bhuaidh.

### XXIV.

Bha ionnlad air t' aodann,
T' aghaidh ungta le faoilte gun ghruaim;
Lìon spiorad a' ghaoil thu,
Na d' inntinn le caomhalachd truais;
Us bu shoilleir na d' aogas,
An gràdh thug thu do 'n mhaoth chridh' fo bhuaidh:
Is mòr do ghlòir an Fhir-shaoraidh,
A dhealraich an aobhachd do shnuaidh.

### XXV.

Bha thu truacanta, cuimhneach,
Air bhantraichibh s dilleachaibh fann,
Us air fialaidheachd d' inntinn,
Aig bochdaibh bha cinnt air gach àm:
Do na coigrich to'airt aoidheachd,
Air a' mhuinntir bha tinn le do làimh,
Bhiodh tu fòirinn s to'airt lìbhrig,
Do na mhuinntir bha 'm prìosan gu teann.

### XXVI.

Lagh a' chaoimhneis bha d' bhilibh,
Do bhriathran a' sileadh mar dhrùchd,
Air an fhonn a bha tioram,
O sheargadh 'to'airt cinneis às ùr;

Is e do chainnt bha ro-mhilis,
Do anamaibh na 'n innibh ro-chiùrrt',
Us fear an gràidh ac' ga shireadh,
Caoidh a làthaireachd, iad tiomeach s fo thùirs.

## XXVII.

Ri anamaibh nan deoiridh,
Bha thu iochdmhor, làn teò-chridheachd cridh,
An uair bha 'n truailleachd ga 'n leònadh,
Ag iarruidh gu beò os an cinn;
Bha thu d' bheannachd gu 'n còmhnadh,
S gu 'n aiseig gu sòlas a rìs,
Trid na geallanaibh mòra,
Air 'n d' thug gras dhoibh làn chòir ann an Criosd.

## XXVIII.

Bha duinealas fuaidht riut,
Anns gach ceum dheth do ghluasad s gach àm;
Bha gèir' air do bhuadhaibh,
Bha ullamh tho'airt buaidh air luchd-feall;
Le faobhar gun tuaireap,
S nach feudadh luchd-fuath ort thigh'nn teann;
No na toibheumaich shuarach,
Le an anabas us truailleadh an teang.

## XXIX.

Bhiodh do naimhdean fo mhùiseig,
Fo do smachd oir bha t' ùghdarras treun;
Is mòr a chìteadh na d' ghnùis dheth,
Ann an sealladh do shùl a bha geur;

Dheanadh 'n coguis dhuit lùbadh,
Ged bha 'm mèinn co droch-mhùinteath gu géill,
Rachadh an ana-cainnt do 'n chùl-tigh
Gun chead labhraidh no brùchdaidh tre 'm beul.

### XXX.

Anns gach comunn bu ghairbhe,
Gu 'n do tharruing do ghairm thu na d' rè
Bu làn ghaisgeach fo t' airm thu,
Gu cur casg air gach seirbhe fo stèill ;
Bha t' fhocal co cuimseach,
Gu 'm buailteadh gu bailbhe gach beul,
Bheireadh ionnsuidh le coirbteachd,
Gu do chiùrradh le 'n ana-gloir gun chèill.

### XXXI.

Cha robh aon a dh' iarr fàth ort
Le fanoid, le tàire, no bùirt,
Do na h-aingidh le 'm b' ghràin thu
Na ghabh air do dhànachd na 'ghnuis,
Tigh'nn a chomspoid da d' làthair,
Gu do ribeadh le fal-chainnt s mi-rùn,
Do nach d' rinn thu ball-àbhachd,
Teicheadh uaite le nàir us beul dùint.

### XXXII.

Cha bu leòmhann an leisg ort,
Gu do chumail o dhleasdanas ceum ;
Ealamh, èasguidh gu teagasg,
Do anamaibh a sheas ann na fheum :

Bha thu 'ghnath gu ro-dheasaicht',
Anns gach cùis mar a fhreagradh do d' dhreuchd,
Chuireadh dhiot leat gach leth-trom,
S am peacadh iadht' bha cur geilt ort 'san réis.

### XXXIII.

B' e anama a thèarnadh,
An cùram ri t' àirnibh bha dlùth :
Aig gach àm 'san do thàir thu,
Ghabh thu 'n cothrom 's gach àit ; oir b' e d' rùn
Saor shoisgeul na slàinte
Chur an cèill ann an gràdh do gach dùil ;
Ann an ùmhlachd do 'n àithn' sin,
A thug Criosda tre ghràs do chinn-iùil.

### XXXIV.

Bu laoch thu bha duineil,
Mar leòmhann gun ghioraig gun fhiamh ;
Nach gèilleadh s nach pilleadh,
Roimh naimhdhibh bha fineachail, fiat' ;
Bu dìomhain gach inneal,
A dh' fheuch am fear-millidh riut riamh,
Chur mu d' thimchioll gu d' spionnadh
A dheanamh anfhann mar mhinisteir Chriosd.

### XXXV.

An uair dh' fheuch lagh na Stàide,
Gu cuing ort a chàramh nach b' fhiach,
Mar ghabh muinntir gun ghràs rith',
Chaidh na 'n tràillibh ag àicheadh cuing Chriosd ;

Is ann rinn thusa le d' bhràithribh,
Mar rinn Daibhidh s b' e dha-san 'n deadh ghnìomh
Thilg an lùireach gu làr dheth,
Bha 'n cuibhreach dha 'n àit bhi 'n a dìon.

---

### Earrann III.- A Theagasg.

### XXXVI.

D O sholus bha fìor-ghlan,
    Mu aon Bhith Naomh na fìor ghlòir',
Mu a Phearsaibh s mu 'n riaghladh,
Bu shoilleir o bhriathraibh do bheòil;
Do anamannaibh sìorruidh,
A ghràdhaich e 'n Criosda co mòr,
Ghabh e 'n nàdur bha ìosal,
Chum na 'n àit a tho'airt dìolaidh 'san fheòil.

### XXXVII.

Bha do thàlaintean fiachail,
A chum gràs air deadh rian anns gach dòigh,
To'air bàrr air na ciadaibh,
A shaothraich san fhìon-lios na d' lò;
Deanamh soilleir gu 'n d' fhiachadh
Do t' anam an dìomhaireachd mhòr,
A dhaingnich do shìochaint,
Le dian-bheachd s lan-chinnteachd air còir.

## XXXVIII.

Dh' fhàg siud thu ro phrìseil,
Mar theachdaire dìleas air gràdh,
U's gràs an Fhir shaoraidh
Do anamaibh nam miltean do chàch :
Na d' theagasg o 'n Bhìobull,
Le Spiorad na firinn o 'n àird',
Do 'n aingidh to'airt saorsa,
Tre fhulangas Chriosda na 'bhas.

## XXXIX.

Bha do chomasan farsuing,
A ghabhail glan-bheachd anns gach pàirt :
Air compairt gach pearsa
Do 'n diadhachd o eachdraidh na slàint',
A' saoradh nam peacach,
O 'n dìteadh dh' fhàg glaist iad an sàs ;
An daors' fo bhinn ceartais,
'S nach feud fuasglaidh air ais iad ach gràs.

## XL.

Air gliocas neo-chrìochnach,
An Athar, tha dìomhair r' a luaidh,
Cur a Mhic an staid ìosail,
Air a ghineamhuinn o mhnaoi ach neo-thruaillt ;
Leis an Spiorad ro-naomha,
Ann an nàdur na daonachd a nuas,
Fo 'n lagh bhrist air ar taobh-ne,
Gus a' mhallachd na 'iobradh tho'airt uainn.

## XLI.

Gaol an Athar tha sìorruidh,
Air a nochdadh na 'mhìorbhuill ro mhòr,
A' dealbh a Mhic air mhodh dhìomhair,
Leis an Spiorad ro-fhìor-ghlan 'san òigh ;
Thaobh a dhaonachd b' e 'sìol-s' e,
Ach bha ghineamhuinn o Dhia na h-àrd ghlòir' ;
Gineil Dhaibhidh s a fhriamh e,
Dara pearsa na Diadhachd gun ghò.

## XLII.

Ged bu dìomhair air daoinibh,
S air na h-ainglibh ro-naomha tha shuas,
An dà nàdur bhi 'n aonachd,
Ann am pearsa ro fhìreant an Uain ;
Eadar-dhealaicht gun chaochladh,
Ann an diadhachd s an daonachd bhith-bhuan,
Bu shoilleir o 'n fhìrinn,
Ann do theagasg ga 'innseadh do 'n t-sluagh.

## XLIII.

Bu shoilleir o d' bhial e
Gu 'm bu Dia e le féithibh us feòil ;
U's le anam bha riasont',
Ag osnaich ann féin le mòr bhròn ;
A bha ocrach us ìotmhor,
Bha sàruicht' le sgìos us fo dheòir ;
A dh' fhuiling bàs ;—'s e an ìobairt,
Cuirp us anama,—gu sìth tho'airt d' a shlògh.

## XLIV.

Is tu dh' fhàgadh soilleir gur Dia e,
Leis an sgriobtuir na 'mhìorbhuilibh mòr',
Cur na fairge gu sìothchaint,
Gaoth dhoinnionnach dhian ga 'cur stòld';
Ann an tilgeadh nan diabhull
A mach le naomh-bhriathraibh a bheòil;
S ann na aiseirigh sgiamhaich,
Air a' bhàs to'airt buaidh shìorruidh le glòir.

## XLV.

S mu' obair thrì dhreuchdan,
Bu shoilleir o bhriathraibh do bheòil;
Mar fhàidh to'airt sgeula
Do an'maibh,—toil Dhé an to'airt beò;
Us mar Shagart 'to'airt dìolaidh,
Do cheartas na 'iobairt 'san fheòil,
Chum an réite s an sìothchaint,
Ri Dia 'dheanamh sìorruidh fa dheòidh.

## XLVI.

Mar Fhàidh ga 'n saoradh,
O 'n aineolas baoghalt us bàth,
O 'n dorchadas millteach,
S o dhoill'-inntinn le fìrinn a ghràis,
Us le 'Spiorad gu dìleas,
A' nochdadh dhoibh innleachd na slàint';
A' to'airt eòlais le cinnt' doibh,
Air peacadh us mì-run an nàmh.

## XLVII.

Rùn dìomhair an fhocail,
Le 'Spiorad ga 'fhosgladh dhoibh suas,
An solus an t-soisgeil,
Gu 'n anamanna chosnadh le buaidh :
A' fosgladh na tuigse,
Gu eòlas a ghliocais d' a shluagh,
Na 'thròcair to'airt fios doibh,
Air teò-chridheachd iochdmhor a thruais.

## XLVIII.

E mar shagart ga 'n tèarnadh,
O chiont us gath bhàis rinn an teum,
Us o 'n fheirg a bha tàmh orr',
E ga 'n aiseag gu fàbhar us rèit' ;
Tre 'fhireantachd shlàinteil,
A mheas doibh gu làn air grunnd stéidh'cht',
Tre chreidimh na 'ghràdh doibh,
Nach dìobair gu bràth iad s nach tréig.

## XLIX.

Ghabh am mallachd na 'n àit air,
S a chorruich na 'làn air a dhòirt ;
Fhuil-fhallas sa' ghàradh,
A' taomadh gu làn tre gach pòir ;
Us b' e 'n t-ioghnadh mar thàrladh,
Gu 'n caidleadh a chàirdean fo chlò,
D' am buineadh an àmghair,
Thaobh nàduir nam fàgtadh iad fòidhp'.

## L.

Is geall daingnich tha fìor i,
Bha dhoibh-san air sìothchaint us slàint,
Trid E-san bhi 'm paintaibh
A ghabh an gaol sìorruidh na 'n àit:
D' a bheannachdaibh tiodhlaict,
Gu 'm b' iadsan am fìor luchd-comh-pàirt,
Chum 'an treibhdhireas fìor-ghlan,
An ùmhlachd do Dhia tho'airt le gràdh.

## LI.

Bu shoilleir 's bu chòmhnard,
O theagasg do bheòil e bhi ghnàth
Air deas-laimh na mòrachd,
A' tagradh an còrach gach là,
Us an t-Athair ro-ghlòrmhor,
Air caithir na tròcair to'airt dha.
Nam beannachdan òirdheirc,
Tho'airt neirt agus treòir dhoibh gach là.

## LII.

Bu taitneach do chluinntinn,
Mu 'oifig mar Righ anns gach pàirt,
To'airt bruid ann am braighd'neas,
Us diabhuil ga 'n stampadh fo 'shàil,
Ceangal Shàtain fo 'n stamhnadh,
Ga 'spùineadh d' a ann-toil le spàirn;
Creach dhligheach le ainneart,
Ga 'm fuasgladh 'bh' air bhann aig' fo 'smaig.

## LIII.

A' fuasgladh nan geamhlan
Bhàrr chìomach bha teann aig an sàs,
Fo dhaors an staid chaillte,
Fo ghlasaibh s fo chuibhreachaibh bàis;
To'airt anaman bha aingidh,
Làn ceannairc' fo cheannsachadh dha,
Gu 'n striochdadh o 'n naimhdeas,
Gu ùmhlachd gun fhoill le fìor ghràdh.

## LIV.

Bu leis féin an còir fuasglaidh:
Bha 'n anama ro-luachmhor na 'làth'r;
An toil theid a bhuain leis,
An là a chumhachd gu buadhach le 'ghràs;
Us e togail na fuair-dhealt,
Eigh-reodhaidh a' chruais dhiubh le 'ghràdh;
Cur casg le trom bhualadh,
Air naimhdibh 'thug fuath dhoibh us dha.

## LV.

Ga 'n éideadh fo 'n armaibh,
Mar shaighdearaibh calma nach faon,
Fo 'n trusganaibh dearbhta,
Nach teirig s nach searg dhiubh le aois,
E féin mar cheann armailt,
Le 'bhrataich, an tearmunn nach claon,
Ga 'n dìon 's gach cath gailbheach,
Ged lotar nach marbhar dhiubh aon.

## LVI.

E to'airt costuis us lòin doibh,
Gu cogadh gu beo air a thaobh,
Lagh us reachdan ga 'n seòladh
Ga 'n riaghladh le òrduighibh naomh';
Ga 'n dion o luchd-foirneirt,
Ga 'n cobhar le dòchas faraon
To'airt dhoibh thìodhlacan òirdheire,
Bheir dhoibh aoibhneas us sòlas mar mhaoin.

---

### Earann IV.—A Theachdaireachd.

## LVII.

M'U obair an Spioraid,
   Is tu labhradh gu sgileil us rèidh,
Bu shoilleir na d' imeachd,
Gu 'n deach' i troimh t' iunibh gu treun ;
Thug e fianuis gu minic,
Gu 'm b' fhìrinn a dh' innis do bheul,
M' a thimchioll,—a' sileadh,
To'airt a làthaireachd mhilis do d' bheul.

## LVIII.

An Spioraid a ghluais
Air na h-uisgeachaibh buan, an ceud là,
A chuir mais' agus snuadh,
Air a' chruitheachd le buaidh us le h-àdh,

Chuir 'anail a nuas,
Air beò-chreutairibh chuantan us bhlàr,
Nan speur a tu shuas ;
S a chuir anam neo-thruaillidh an Adh'mh.

### LIX.

Mar Spiorad na firinn,
Dheachd briathran a' Bhìobaill o n' àird,
A dhealbh s a ghin Iosa,
Am broinn Mhuire le mìorbhuil a ghràidh,
A dh 'ung nàdur a dhaonachd,
Gu oifig thrì-fillte le 'ghràs,
Chur an gniomh air son saorsa,
Do anamaibh o dhaors air a sgàth.

### LX.

Mar Spiorad an dùsgaidh,
Tha 'reubh s a' rùsgadh brat sgàil',
Bh' air cridheachaibh dùinte,
Bha marbh ann an dùsal a' bhàis,
Ag oibreachadh dùrachd,
Na 'n anamaibh le cùram mu 'n slàint',
Ag osnaich fo thùirse,
S an cognis ga 'n sgiùrsadh gun bhàigh.

### LXI.

Tha 'to'airt aithne do thruaghain,
Air cionta us truaighe le chéil',
A' to'airt eolais mu 'n Uan doibh,
A thàinig a dh' fhuasgladh a threud,

Air 'fhireantachd uasail,
Na 'h-iomlanachd bhuadhaich gu léir,
Tha sìor thabhairt shuaimhneis,
Do 'n pheacach a's truaigh' tha fo 'n ghréin.

### LXII.

Mar Spiorad an t-soluis,
Tha 'foillseach' gaoil brollaich an Triath,
G' a nochdadh, 'tho'airt cothroim,
Gu aomadh na toile chum Chriosd,
D' an obair s d' an onoir,
Bhi co-chur na fola dhòirt Ios',
Ris a' choguis,—gu folach,
Gach peacaidh chum sonais us dion.

### LXIII.

Mar Spiorad an aonaidh,
Ri Dia ann an Criosda gu bràth,
An co-cheangal na saorsa,
Le banntaibh nach sgaoil leis a' bhàs,
An co-chomunn a' ghaoil sin,
Nach fuaraich s nach lughdaich le gràin,
An co-chumadh na naomhachd,
An gràs s ann am fìrinn a' fàs.

### LXIV.

Mar Spiorad nam buadhan,
Ta nochdadh gach truailleachd us gaoid.
Ta ginntinn naomh fhuath dhoibh,
Na 'n anamannaibh luachmhor maraon,

Ta g' ìsleachadh uamhair,
Us àrdain s fèin-uaill ann sna naoimh,
S a neartaicheas suas iad,
Gu taic dhoibh o bhuaireadh s droch dhaoin'.

### LXV.

Mar Spiorad na dìlseachd,
An treibhdhireis fhìor tha gun gho,
Ta cumail gu dìreach
Ri sgriobtuir na fìrinn 'san ròd,
Nach aontaich le daoinibh,
No deamhnaibh gu claonadh o 'n choir,
S nach àicheidh cuing Chriosda,
Le tàire gu 'miann tho'airt do 'n fheòil.

### LXVI.

Spiorad fair' agus ùrnuigh,
Us furachrais dhùrachdaich dhian,
Tha 'cur freiceadain dùbailt,
Air na h-anamaibh tha dùinte ri Criosd,
Cur an cridhe fo chùram,
S eagal tiamhaidh na' dhùisg' annt' roimh Dhia,
A thig o 'n àird dhoibh 'tho'airt ùraich,
Eagal cadail fo dhùsal s fàs crìon.

### LXVII.

Spiorad Dhé us na glòir' e,
Tha' gabhail gnàth chòmhnuidh na 'n crìdh;
Dh'uchd-mhacaich an tòs iad,
Mar chomhfhurtair mòr dhoibh to'airt sìth',

A' nochdadh dhoibh òirdheirceis,
Us saoibhreis an eòlais tha 'n Criosd,
An geall nach bu mhòr leo,
Na chaill iad :– 's e 'n gloir bhi d' a dhith.

### LXVIII.

Mar Spiorad an t suaimhneis,
A labhras na 'thruas sa' chuairt-ghaoith,
Ri anamannaibh buairte,
Le doinninn an uamhais ga 'n claoidh,
Bheir foistinn o shuas dhoibh,
O Ard-righ nan sluagh a' to'airt cinnt'
Air a' cho-cheangal bhuan sin,
Gu bràth bhi do-ghluaiste d' an taoibh.

### LXIX.

Ged bhiodh an geur àmhghar
Ro theinnteach, neo-ghnàthaicht r' a luaidh,
Ni'n Comhfhurtair gràidh seo,
An cumail an sàs ris an Uan,
Their : is leoir mo ghràs duibh,
Mo chùmhnant iom-làn chumail suas,
Bhur n-anam nach fàilnich,
S treun spionnadh mo ghàirdein mu 'r cuairt.

### LXX.

Mar Spiorad a' ghràidh sin,
Tha 'g aonadh s a' tàthadh r' a chéil',
Nam ball ri 'n Ceann àrdaicht',
Ga 'n gabhail mar phàilliunn dha féin,

S an coinnleir d' a lànachd,
A' taomadh a ghnàth réir am feum'
Na 'lòchran tha deàrrsach,
Tho'airt soluis do 'n àros gu léir.

### LXXI.

Mar an Spiorad ro chaomha,
A ghlanas gach gaoid us droch cail,
Ni an nàdur a chaochladh,
Gu maise na naomhachd a 's àill,
Ni 'n taobh stigh ac' a thaomadh,
A ghlanadh gu 'n gnìomh bhi ni 's fèarr,
Ni taitneach araon iad,
Na 'n seirbhis s na 'n inntinn a ghnàth.

### LXXII.

Is e ghin iad o'n àirde,
Tha a' dortadh a mhàn ann na 'n crìdh,
An dòchas nach nàraich,
Tha cinnteach nach fàilnich an tìm,
To'airt fàth-naill dhoibh na 'n àmhghar,
Na 'n trioblaidibh sàruicht us claoidht,
S o chorp peacaidh us bàis ann,
Am miann bhi gu slàn aig làn shaors'.

### LXXIII.

Tha 'g an còmhnadh gu làitheil,
Na 'n anmhuinneachd ghnàthaicht fo sgìos,
Le osnaich do-ràitinn,
A' tagradh do ghnàth air sgàth Chriosd:

O theachdairibh shàtain,
S na sguilb tha ga 'n cràdh gu ro dhian,
A' to'airt foillseachaidh àrd dhoibh,
An cainnt ni nach dàna leo inns'

### LXXIV.

A' to'airt foillseachaidh mòr dhoibh
Na 'n inntinn air òirdheirceas caomh,
Ard Phàrais na mòrachd,
Dh' ionnsuidh 'n gairmear fa dheòidh dhiubh gach aon,
A ni 'n anama-san lonrach,
An uair dheal'chas an n-deò riu le aog,
S bheir aiseirigh bheò air
An corpaibh le gloir tha ro naomh.

### LXXV.

An Spiorad thug càil
Do na h-anamaibh a ghràdhaich e féin,
Nach riaraich s nach sàsaich,
Ach Criosd us a lànachd air nèamh :
A' meas mar ni 's fèarr dhoibh,
Bhi triall às am pàilliunnaibh crè,
Gu 'fhaicinn-s' mar tha e,
S a mhealtuinn gun sgàil air an lèirs.

### LXXVI.

Ga 'n deanamh féin-àicheil,
Us strìochdta d' a àithnteanaibh féin,
Gus nach toigh leis am fàgail
Ni 's fhaid' ann am fàsach nan deur,

Na 'm fianuisibh dha-san,
Gu seirbhis d' a chàs mar an ceun',
Chum glòir a shaor ghràis-san,
Us comhfhurtachd àraich a threud.

### LXXVII.

An Spiorad, gu saoibhir
A dhoirt là na Caingis gu treun,
A labhair le teangaibh,
A thuilleadh air Eabhra s air Ghréig;
Thug seo mar gheall-daingnich
Nach pill e s nach fanntaich a cheum,
Gus an cluinn cluasan mallda,
A bheò-bhriathran 's gach cainnt tha fo 'n ghréin.

### LXXVIII.

A sgaoileas an fhìrinn,
Gu soilleir feadh thìribh an céin,
Bheir uachd'rain us righrean
Gu strìochdadh do riaghailt tigh Dhé,
S nach bi mòr-roinn na rìoghachd
Nach aidich na 'n crìdh' s nach to'air géill,
Do laghannaibh Chriosda,
Na 'Eaglais tre bhriathraibh a bhéil.

### LXXIX.

Cha bhi Righ no fear-riaghlaidh,
Ag iarruidh an riaghailtean féin
A mheasgadh le 'rian-san,
(S bhi cheana ga 'dhianamh b' e 'm beud!)

Gheibh na ceannairceich tiodhlac,
Bheir fo smachd iad s gu striochdadh gu léir,
Bidh aonachd ion-mhiannaicht
Gaoil Chriosda feadh chrioch chruinne-ché.

## LXXX.

Cha b' e gibhtean ge h-òirdheire,
Thug thu mar ghrunnd tròcair do chàch,
Dh' easbhuidh thoraidh, bu mhò leat
An creidimh, an dòchas s an gràdh,
Tha na 'n gràsaibh sior bheòthail,
Ann an anamaibh a' còmhnuidh s a' tàmh ;
To'airt dhoibh aoibhneis us sòlais
Ann an Criosda Iehobhah an slàint'.

## LXXXI.

An creidimh tha gabhail,
An dòchas tha daingean an greim,
Tha 'g earbsadh gu faireil,
A' feitheamh a' gheallaidh gun fhoill,
An gràdh tha sior tharruing
A' mhiann sin nach fannaich a chaoidh,
Ag iomchair gach eallaich,
Gu 'n sealbhaich e 'm beannachd gach linn.

EARRANN V :—A SHAOTHAIR.

### LXXXII.

BU ghaisgeach ro chalm' thu,
 Nuair bhiodh tu fo t' armachd gu 'n mheang,
Do shaighdean gun dearmad,
Dol beò na 'n geur dhealgaibh gu teann,
Tre inntinnibh marbhant',
Ga 'n dùsgadh le farbhas o d' chainnt,
Fo'n chiont thug an fhearg orr',
S fo 'n mhallachd tha leanmhuinn gach feall.

### LXXXIII.

Bhiodh na naimhdean air bhall-crith,
S cha b' ioghnadh fo 'n arm dhuit bu lann,
Claidheamh liomhta, geur, earbsach
An Fhocail bha dearbht ann do làimh,
Le 'dhà fhaobhar gu marbhadh,
Dh'ath-nuadhachadh 'n anma bha caillt',
An lagh nach toir tearmunn,
An soisgeul gu 'n teanacsadh air ball.

### LXXXIV.

Is tu a' lomadh s a' spùilleadh
Féin mhealltairean dùrr bhiodh ri uaill,
O'n cuid luideag mhi-chùbhraidh
Am féin-fhìreantachd, (lùthrach gun bhuaidh) :

Cha 'n fhàgadh tu cùl-taic,
Aig aon diubh, gun tionndadh gu luath,
S tu tairgseadh beath' an cois t' iumpaidh,
Do gach tuigse gun ionndas gun luach.

## LXXXV.

An uair a shéideadh an anail
Gu treun ort, bhiodh t' anam cho beò,
Bhiodh buaidh leat s cha b' ainneamh,
Air cluasaibh s air faireachadh slòigh ;
Crith-ghluasad 'cur cabhaig
Le luasgadh us grabh ann am feòil,
Tho'airt didinn a' bhail' orr,
S fear diolaidh na fol' air an tòir.

## LXXXVI.

Bhiodh na mairbh air an dùsgadh,
Gheobheadh doill bha gun sùilibh an léirs' ;
Agus lomnochdaich rùisgte
Deadh thrusgan na h-ùir-mhais 's glan sgèimh ;
An neach bha 'n dorchadas dùldaidh,
Gheobheadh solus an iùil d' a chos-cheum ;
Oighean cadail geur dhùsgadh,
S bacaich dannsadh gu sunndach a' leum.

## LXXXVII.

Neach bha caillt' bhiodh deadh sgeul air,
Gheobheadh anfhuinneachd tréine us treòir,
Neach bha buairte s na éiginn,
Gheobheadh fuasgladh o dheuchainn s o leòn ;

Gheobheadh ocraich deadh bhiadhtachd,
Agus iotmhor casg iotaidh r' a òl ;
Ciomaich ghlaiste fo fhiachiabh,
Saorsa naisgt le làn dìoladh us còir.

### LXXXVIII.

Bhiodh na cridheacha calma,
Ga 'n sgoltadh na 'n spealgaibh na 'n cliabh,
Bhiodh inntinnean dalma,
Ga 'n tionndadh o ana-gnath gu rian ;
Na cuilbheirtich chealgach,
Ga 'n glacadh mar tharbh ann san lìon ;
Luchd mi-ruin agus ana-miann,
A' caoidh bhi gun tearmunn o Dhia.

### LXXXIX.

Na h-inntinnean talmhaidh,
Bha feòlmhor s thug dearbhadh roimh 'n àm,
Gu 'n do thoill iad an fhearg sin,
Bha nise ga 'n leanmhuinn gu teann ;
A' caoidh fo 'n cor anama,
A nis an ceud earbs' air a call ;
Gun dìdean gun tearmunn
San àm ac' an seilbh o bhi caillt'.

### XC.

Na saoghaltaich mheallta,
Bha glonach gu saoibhreas us stòr,
Na 'n éiginn an teanndachd,
An cridhe fo champar gu leòir ;

A' choguis bha stampta,
To'airt fianuis a naimhdeas bhi mòr ;
S an cunnart tre 'n aing'eachd,
Grad thuiteam an laimh an Dé bheò.

### XCI.

Luchd-misg agus geòcaich,
Luchd-neo-ghloin do 'n fheòil thug am miann,
Luchd-bhreug us gach dò-bheirt,
Us féinealaich bhòsgail gun chiall ;
Us saobh-chreidich ghòrach,
Bha dorcha gun eòlas ac' riamh,
Ag acan gu brònach,
Mar shaltair iad fodhpa lagh Dhia.

### XCII.

Ach O innibh na tròcair !
Bha 'n inntinn Iehobhaih d' an taobh,
Chuir a Spiorad gu d' sheòladh-s',
A lion thu le teò-chridheachd gaoil ;
Rinn dhiot teachdaire glòrmhor,
D' an anamaibh,—bha sòlasach, caomh ;
Rinn thu 'n gairm o 'n staid bhrònaich,
Dh' ionnsuidh còir tre dheadh dhòchas air Criosd.

### XCIII.

Mar bha 'n t-ionmhas neo-chriochnach,
Bha 'n tabhartas fialaidh d' a réir ;
Cha bhiodh easbhuidh nach riaraicht'
Cia co tartmhor s cia ciocrach bha 'n treud ;

S tu mar stiùbhard, glic, rianail,
Cur nan geallaidhean lionmhor ri 'm feum ;
Creidimh gabhail co-lionaidh,
Air na beannachdaibh siorruidh gu lèir.

### XCIV.

Bha éifeachd na d' ùrnuigh,
Tre dheatach na tùis' a' dol suas,
Do chridhe 'n dian dhùrachd,
A' tagradh gu dlùth trid an Uain,
To'airt silidh air sùilibh,
To'airt leaghaidh le srùladh air cruas,
S air inntinnibh brùideil,
To'airt taiseachd gu drùidhteach fo bhuaidh.

### XCV.

An àm do naimhdibh bhi strlochdadh,
Air am bioradh fo phiantaibh gu geur ;
Aig do làimh bhiodh sàr iocshlaint,
Chum an lotan a lionadh s an creuchd ;
Fuil a' cho-cheangail shiorruidh,
Chaidh a dhòrtadh gu fial chum an rèit',
Leis an Spiorad gu sìothchail,
Chuir an inntinn air rian s air dheadh ghleus.

### XCVI.

Air droch innleachdaibh Shàtain,
Bu mhòr t' eòlas mar nàmhaid nan uan ;
Tha mar leòmhann do-shàruicht,
Ann am miann bhi ga 'n tàirsinn le 'chluain ;

Dh' fhàg siud cùram ro àraid,
Mu 'n chuile bhrùit' ort a ghnàth chumail suas ;
S mu 'n chaol smùid chum nach bàit' i,
Ann an tuiltibh nan àmhgharan cruaidh.

## XCVII.

Bu sheanair glic thu na d' aimsir,
Chaidh tre mhòran do dhearbhadh thu féin ;
Chunnaic blàthan a' seargadh,
Bha gun toradh us aimrid na 'n gnè ;
Geugan iosal nach aithnicht' orr'
Mòran coslais s bha tarbhach na dhéigh ;
Dh' fhàg sud faic'leach na d' ghairm thu,
Anfhuinn, dìleas, ro earbsach us treun.

## XCVIII.

B' athair caomhail do chloinn thu,
Air do lìonadh le caoimhneis us gràdh ;
Thu ga 'n iomchar 'san aneachd,
Ann sa' ghuth-àit a dh' oidhche s do là ;
Leat a b' ionmhuinn s a b' aoibhneach,
Bhi ga 'm faicinn a' cinntinn s a' fàs ;
Toradh t' ùrnuighean dìomhair,
Chuireadh suas leat ri Dia ás am pàirt.

## XCIX.

Bha thu 'n truas ris na h-aingidh,
Tearc no lìonmhor bha naimhdeil do d' chliù,
Bha thu giùlan gu mallda,
Leis gach aon dhuit bha 'n gamhlas s mi-rùn ;

Chàrn thu tein' air an ceann-san,
Leis a' mhaith nochd thu 'n geall an droch dhùil,
S cha d' chuir lasan no campar
Bheag do d' shìochaint an call ort d' an toobh.

## C.

Is mòr an t-urram chuir gràs ort,
Ann san t-saoghal seo làthair na d' chùrs,
Clann do chloinne bhi fàs ann,
S ag éirigh an àird ri do ghlùn ;
Toil-inntinn shìothchail do d' ghràdh ann,
Chunncas siud leat mu 'n d' fhàilnich do shùil ;
Is aobhar dochais gu 'm fàs dheth,
Ni nach fac thu na d' là fo bhlàth cùbhr'.

## CI.

B' aodhair ath-truasach caomh thu,
Ris na caoraich o raointibh an cluain,
Chaidh le seach'ran air faontrath,
Ann an rib' an droch aoin iad a bhuair ;
B' e 'n ath-aiseag o 'n claonadh,
An t-aon ni d' an taobh a bha uait,
Chum an ionaltraidh daonnan,
Ann an innis na naomhachd s na stuaim,

## CII.

Cha b' e 'n reubadh s am pronnadh
Bu bheus dhuit ach tairisneachd truais ;
Le t' impidh s le t' earail,
An creuchdan a ghlanadh gu nuadh,

Ann an iocshlaint na fala,
Dheanadh sgiamhach us glan iad na 'n snuadh,
Le deadh rùintibh gu h-aithreach,
Chumadh dlùth iad na 'n caithris o shuain.

### CIII.

An uair a chuireadh tu 'n céill doibh,
Cia mar mhill siad iad féin le dol cll,
Is ann bhiodh eangana geur ort,
Gus an dealbht na 'dheigh sin annt Criosd;
Spiorad tilgidh gu léir-sgrios
Cha b' e siud bha na d' chré dhoibh ach sìth,
Spiorad cosnaidh tre dheadh-ghean,
Neach na 'n àit thug an éiric gu crìch.

### CIV.

Bha thu d' nàmhaid do 'n pheacadh,
Mar theine ro chaithteach us dian;
Agus t' end na 'ghnath-lasair,
Ag iarruidh cur às dha gun sgìths:
U's nach fàgadh tu fasgadh
Aig aon bha ga 'chleachdamh na 'ghniomh;
Gus an iompaicht air ais iad,
Gus a fhreumh a ghrad chasgairt an Criosd.

### CV.

Bha do chàil co beag tlachd dheth,
Mar an ni bha mi-thaitneach le Dia,
Leag a mhallachd mar smachd air,
Air a leanmhuinn le masladh s mòr phian;

Ged a b' ionmhuinn a Mhac léis,
Leag se 'fhearg air mar shac a bhrùth sios ;
S ann an àite nam peacach,
Cha robh feòirling dha maithte gun dìol.

### CVI.

Bha an ni sin dhuit gràineil,
A tharruing am bàs air Mac Dhia ;
Puinnsean nimheil an dràgoin,
Fìor nàmhaid shìl Adhaimh s glòir' Chriosd :
Air an aobhar-s cha b' àill leat
Annad féin no do chàch bhi ga 'dhìon ;
Ach a dhìteadh tre 'n ghràs sin,
Thug làn bhuaidh air s a ghnàth-chur gu dìth.

### CVII.

Thaobh gu 'n d' aon a ghràs tèarnaidh,
Ris féin thu na 'ghràdh dhuit an Criosd,
Bha do thruas ri d' cho-bhràithribh,
Obair làmh an Ti 's àird na 'Righ ;
S O ! b' e 'n anama neo-bhàsmhor,
A thèarnadh, rùn-gràdhaicht do chridh',
B' e do shaothair ann a' d' là siud,
Gu 'n do thriall thu 'n uair thàinig do chrìoch.

### CVIII.

B' e 'n crann-ceusaidh do rireadh,
A cheus dhuit an saoghal s an fheòil,
Am bonn teagaisg gu daonnan,
O 'm bu mhiann leat bhi 'g innseadh do sgeòil ;

Glòir an Uain a chaidh iobradh,
Bu shoilleir ga 'inns' o d' chainnt bheòil,
Is feòil a mhàin ghabhadh sgios dhiot,
N àm dhuit iomradh air 'fhireantachd mhòir.

## CIX.

Bu ghlòrmhor o d' bhilibh,
Ri éisdeachd le ciomaich bha truagh,
Mu 'n ghaol tha gun choimeas,
Tha chòmhnuidh na 'innibh bith-bhuan,
Do na thàinig e 'shireadh,
S a thèarnadh o mhilleadh le 'thruas ;
Fo theisteas an Spioraid,
To'airt leaghaidh le tiomachd air cruas.

## CX.

Do mhacaibh nan tàirneanach,
B' aon thu bha làidir làn lùths ;
Gu daingnichean Shàtain
A leagadh gu làr leat na 'n smùir ;
S am ballachan àrda,
Bha a' cumail a thràillean gu dùr,
An glasaibh a bhàis leis,
Gun solus nan gràs theachd gu 'n sùil.

## CXI.

Is tric a thugadh leat beàrna,
Air a chaistealaibh làidir bha doirbh ;
A leig thu ghrian deàrsaidh
Tre 'sheomraichibh gràineil le toirm ;

Am fear bu treise s e làimh riut,
Ga 'chreachadh dheth 'eàirneis s dheth 'airm,
S an t-anam neo-bhàsmhor,
Ga 'fhuasgladh s ga 'thèarnadh o 'n fheirg.

### CXII.

Ann am blàraibh a' chogaidh,
Bu deas thu fo d' chlogad s fo d' sgiath ;
Crios do leasraidh s do chaisbheart,
S t' uchd-èididh o lotaibh ga d' dhìon ;
Claidheamh liomht' an naoimh fhocail
Ann a' d' làimh gu 'n gian nochd thu gach ial,
Chuir naimhdean na 'n tosd dhuit,
Bh' air an gluasad o 'n t-slochd gu mi-rian.

### CXIII.

Measg luchd-togail na h-aitreibh,
Leag thu bunait gu taiceil, do-ghluaist',
Chaidh thu dhùsgadh nan clachan,
Bha na 'n dùnaibh na 'n codal fo 'n luaithr',
Bha do chlachaireachd suasmhor,
Beo-aointe, làn-mhaiseach na 'snuadh ;
A' chlach-chinn us snaim glaic' aic',
Air an iomlan 'tho'airt neirt dhoibh s fàth-uaill.

### CXIV.

Cha robh togail gun stèidheadh,
No dìdeana brèige gun stà,
Ris nach cuireadh tu sèisdeadh
Ga 'n tilgeadh gu treun air an làr ;

Cinn-iùil dhall na h-an-eibhinn,
Is tric a ghlaodh thu na d' cud riu gu h-àrd
A chum daingnich na réite,
Iad a philltinn le 'n treudaibh s le 'n àl.

## CXV.

Cha b' eud searbh a bha 'g éirigh,
O fheòlmhoireachd fhéineil gun chonn,
Tre 'n do ghlaodh thu le d' bheul riu,
Ach o 'n spéis do ghlòir Dhé bha na d' chom ;
Is e meud a' ghaoil ort chuir éiginn
A luidh dlùth fad do ré ort gu trom ;
Gu an an'm tho'airt o léir-sgrios,
Tre bheò-ghràsaibh an Léigh' air deadh bhonn.

## CXVI.

Bu tu 'n searmonaich' fosglaidh,
Air lagh us air soisgeul faraon,
Gu anama a mhosgladh,
Fo mhothachadh goirt bhiodh neo-chlaon,
Air a' phuinnsein a lot iad,
Rinn an salachadh co ole leis gach gaoid,
S air-san,— Iobairt an cosnaidh,—
Làn iocshlaint am foistinn s an saors.

## CXVII.

Sheirm thu trompaid Shinài
Mar ghuth criothnachaidh thàirneanaich chruaidh,
A chuir luasgadh air àireamh,
Do na h-anamaibh bh' aig Sàtan na 'n suain ;

Bhiodh do shaighdean geur-shàtht' aunt',
Iad ga 'n lotadh na 'n àirnibh le buaidh,
Rinn dhiubh feumnaich air slàinte
Nach dean aon ach Imanuel suas.

### CXVIII.

Trompaid Shioin gu 'n shéid thu,
Chuir an anail o nèamh gu treun beò,
Thug gu tobar na h-éifeachd
Iad gu 'n glanadh o 'n creuchdaibh s an leòin ;
Rinn iad sgeadaicht' na 'n éideadh,
Fo 'n cuid armachd gu gleust' air deadh dhòigh ;
Fo Ard-cheannard na réite,
An aghaidh naimhdean na 'n déigh bh' orr' an tòir.

### CXIX.

Is tu nach fàgadh aon chomas
Aig lethsgeulaibh collaidh gun rian,
Gu seasamh gu somalt,
Cur dàil dhol an coinneamh an Triath ;
Tu cur teine ri 'm bonnaibh,
Do shaighdean ga 'n tolladh na 'n cliabh,
Fearg theinnteach na 'tonnaibh,
S tein' ifrinn na 'n sealladh o shìos.

### CXX.

Beath an tairgse do dheis-laimh,
Do na h-anamaibh a chreideadh an Criosd ;
Do na h-anamaibh nach creideadh,
Bhiodh am bàs s gach mi-leas na d' làimh chlì ;

U's cha 'n fhàgadh tu teagmhaich,
Aig stairsnich na 'n seasamh aig sìth ;
Ach bhiodh t' impidh ga 'n greasad
Gu an tèarmunn s an teasairginn sior.

### CXXI.

Is tric a ghlaodh thu gu dìleas,
O iochdar do chrìdh' riu gu h-àrd,
Mar o Dhia às uchd Chriosda,
Iad a philltinn gu 'n sìothchaint gun dàil ;
Iad gun fhios ciod a dh' fhaodadh,
U'air do 'n ùin' tho'airt gu crich dhoibh nach fàg
Uiread s lethsgeul aig aon diubh,
Chum an dìon o bhinn-dìtidh là-bhràth.

### CXXII.

Gur h-iomadh sgal cràiteach,
Tha 'n ifrinn us fàsgadh nan deòir,
Aig muinntir chuir dàil,
Ann an gabhail ri slàinte co mòr,
O 'n diugh gus am màireach,
An dùil nach robh 'm bàs orr' an tòir,
Co dlùth air an sàiltibh,
Gu an sguabadh co trà gu do-bhròn.

### CXXIII.

Is iomadh mac a bha stròthail,
U's millteach le feòlmhoireachd thruaillt,
Fo do theagasg fhuair seòladh,
Gu pilltinn, d' a neo-ghloin' 'to'airt fuath,

Braon an aithreachais bheòthail,
A' sgaoileadh nan deòir air a ghruaidh :
S bu mhòr t' aoibhneas mu 'n chòisir,
Air do 'n dannsadh s do 'n cheòl bhi dol suas.

### CXXIV.

Cha bhiodh bròineag no bàrlag
Dhiubh, nach tilgteadh le tair air an cùl,
Cha bhiodh salchar co gràineil,
Nach biodh air ionnlad gun dàil dhiubh s gach grùid,
Trusgan fìor-ghlan na slàinte,
Mar a' chulaidh a b' fheàrr a chur ump' ;
An cois laoigh bhiata ga 'n àrach,
Bheirt' am fìon sin a b' fheàrr chum a bhùird

### CXXV.

Bha do bhriathran co cuimir,
Sgar an searbh o na mhilis gach uair ;
Agus cealgairean nimheil,
O na h-anamaibh a ghineadh o shuas,
Agus fuirmealaich thioram,
O an dream a bha 'g imeachd fo bhuaidh,
Saor ghràsan an Spioraid,
Bha ga 'n àrach an innis nan uan.

### CXXVI.

Bha do theagasg neo-fheallsa,
Glan, dìleas s ro rannsuchail, geur ;
Air faireachduinn mheàlltaich,
Air mearachdaibh dall bha gun fheum ;

Air barailibh fabhtach,
Bha 'g éirigh 's gach ceann bha gun chéill,
Chum an diteadh mar aimhleas,
Bh' air an dealbh le àrd-cheannard nam breug.

## CXXVII.

Bheirteadh milis à searbh leat,
Agus solus à dorchadas dùr,
Agus glan ás an t-salachar,
Agus mil o 'n fheur gharg, gu glan cùbhr',
Agus spionnadh à anmhunn,
Agus mòr ás a' mheanbh 'bha gun lùths,
Agus còmhnard à garbhlaich,
Agus dìreach à camachd nan lùb.

## CXXVIII.

Chiteadh geal leat 'san sgàrlaid,
Ann am fuath chiteadh gràdh leat fo theinn ;
Ann am fuachd gheibhteadh blàths leat,
Agus urram 'san tàire gun suim ;
Ann an truailleachd fìor àillteachd,
Is tric chiteadh slàint' leat 'san tinn ;
Chiteadh beath' ann sa' bhàs leat,
Far nach faicteadh aon chàil leis na doill.

## CXXIX.

Mar bha t' anflainneachd làitheil,
A' cur feum air ùr-ghràsaibh gach uair,
Fo 'n do chleachd thu féin-àicheadh,
Anns gach ceum ann sam b' àirde do bhuaidh ;

Cumail féin fo do shàiltibh,
Uiread s dioghlum cha b' àill leat a bhuain ;
Bu le ainm an Tì 's àirde,
T' iobairt-mholaidh bha ghnàth dha dol suas.

## CXXX.

Is iomadh teachdaire gràdhach,
Thaobh ghibhtean us gràis nach robh clì,
Leis 'm bu mhiann a bhi làimh riut,
N àm bhi 'g iomradh gu blàth air gaol Chriosd ;
Aig do chosaibh gu sàmhach,
Gabhail oilein us àraich na 'n dìth
Fo do sholus o 'n àirde,
Deanamh aoibhneis us gàirdeachais crìdh.

---

### Earrann VI: A Chliu.

## CXXXI.

CHA b' e duirchid do bhriathran,
Na do sholus a dh' fhàg dìomhair air pàirt,
Cuid do d' phuingibh mu 'n diadhachd,
Mu oibreachadh mìorbhuileach gràis ;
Ach am breithneachadh ìosal,
Air doimhne, fad, leud agus àird,
Gliocais, gràidh tha neo-crìochnaich,
Nach tuig creutairean crìochnach na 'làn.

## CXXXII.

Fhuair thu Comunn 'san Trianaid,
Nach robh aon uair na 'chend staid aig Adh'mh;
Ged bu ghlòirmhor na 'iomhaigh
E mu 'n d' thuit e, le strìochdadh d' a nàmh;
Ni bu dlùith' mar an ceudna,
Na bh' aig ainglibh na 'fhianuis gu h-àrd;
Ann a' d' aonadh ri Criosda,
Fhuair thu 'n nàdur na diadhachd comh-pàirt.

## CXXXIII.

Nuair a rugadh an Ceud-ghin,
Nuair chualas an Ephrata an fhuaim,
Do sheinn aingle nan nèamhan,
Ciu binn air àrd sgeula nam buadh;
Ach fhuair thusa mu 'n sgeul sin,
Gus a ghnàth chur an céill leat do 'n t-sluagh,
Ni nach d' fhuair na naomh-cheruib,
Ged is mòr th' ac' do léirsinn mu 'n Uan.

## CXXXIV.

Fear do ghibhtean do réir sin,
Ciod an t-ioghnadh ged dh' éireadh e 'n àird',
An cuid do phongaibh thar léirsinn
Iomadh aoin do d' cho-chreutairibh gràidh:
Dh' easbhuidh tuigse s le 'n reuson,
Nach cumadh na d' chennaibh ort fàir',
Ach na 'dhéigh sin fhuair feum dheth,
Nuair a thuig iad uait fèin e ni b' fhèarr.

T

CXXXV.

Chreid thu Dia theachd na d' nàduir,
Do dh' fhairich thu 'n gràdh ud na d' chrìdh';
Agus innleachdan Shàtain,
Dùsgadh truaillenchd an àird' gus a chlaoidh;
S mar tha ceannard na slàinte,
Na 'chùl-taic do 'n dream ghràsmhor tha sgìth,
Fo na tuinn mar mhuir bàithte,
Tigh'nn mu 'n timchioll s ga 'm fàgail gun chlì.

CXXXVI.

Is iomadh uair dhoibh a thàrlas,
Mar bha òglach an fhàidhe fo thùirs',
Fo gheur uamhas ga 'fhàsgadh,
An uair bha 'n sluagh us feachd nàmhaid air dlùth;
Us ged bha e 'n staid téarnaidh,
B' i an truaighe a mhàin ri 'n robh 'dhùil;
Gus am fac e 'm feachd làidir,
Bha m' a thimchioll o 'n àirde le 'shùil.

CXXXVII.

Is bochd, mi-shuaimhneach us brònach,
Do chuspairibh tròcair us truais,
Tre às-creidimh s mi-dhochas,
Do réir seallaidh, bhi 'm fòir-eigin chruaidh,
Agus naimhdean an tòir orr',
Ann an ciocras gu 'm beò-shlugadh suas,
An uair th' aca tèaruinteachd ghlòrmhor,
Nam bu léir dhoibh, ga 'n còmhnadh mu 'n cuairt.

## CXXXVIII.

Is e 'm beò-chreidimh ni làidir,
Na h-anamanna gràsmhor gu lèir,
Ann an neart an trèin ghàirdean,
Am mòr iomlanachd àrdaicht' Mhic Dhé,
Thogas suas iad ri 'ghràdh-san,
O 'n talamh gu 'làthaireachd air néamh,
An uair tha 'm faireachduinn cràiteach,
S iad na 'n anmhuinneachd sàruicht dhiubh féin.

## CXXXIX.

Thaobh an tairt s am mòr iotadh,
Bh' air an t-sluagh air do bhriathraibh an tòir,
Bhiodh na mìltean s na ciadan,
As gach sgìr' teachd le ciocras na d' chòir;
S cha bu sgìos le cuid lìonmhor,
Fichead mìle, ged dhianadh iad s còrr,
Teachd a dh' éisdeachd do sgiala,
Bha na 'slàinte, na 'dion dhoibh s 'na 'lòn.

## CXL.

Bhiodh gach tiormadar féineil,
Leis an fharmad ga 'n lèireadh s ga 'n leon,
An luchd-leanmhuinn ga 'n trèigsinn,
Teicheadh ás uath' mar threud o dhroch crò;
Am freasdal iomraidh mhi-chéillidh,
Bha gun iùl dh' easbhuidh cheud-faithean beò,
Ceang'lt' aig mealltair nam breugan,
An inntinn talmhaidh gun spéis ach do 'n fheoil.

## CXLI.

Bha do theagasg co tarbhach,
Do mhòr àireamh do anamannaibh caillt',
S nach robh ceum fhad s a dh' fhalbh thu,
Nach robh 'n sluagh air do sheanchas an geall ;
Ann an Sasunn luidh ainm dhuit,
Leis an uirighioll dhearbht' a bha d' chainnt ;
Ghoir iad Abstol na h-Alb' dhiot,
Thaobh na glòir' bha 'n ùr-labhradh do theang.

## CXLII.

Is fad s is farsuing a sgaoileadh,
Còmhradh t' oibre 'sna crìochaibh mu 'n cuairt ;
Chaidh e mach feadh gach tìre,
Ann am Breatunn measg mhìltean do 'n t-sluagh ;
Sasunn, Eirinn s Tìr Iosal—
Na h-Alba s gach dìthreabh mu thuath ;
Ghabh na h-Iortaich le mìlseachd,
Ri do theisteas ro dhìleas mu 'n Uan.

## CXLIII.

Is ni nach comas dhomh innseadh,
Dh' easbhuidh cainnt agus inntinn g' a luaidh,
Leat mar shoirbhich an fhìrinn,
Leis na beannachdaibh prìseil 's mòr luach ;
Cha b' ann a mhàin ann san rìoghachd-s',
Far am b' ait leinn bhi cluinntinn a fuaim,
Ach do thoradh do shaothrach,
Chaidh a null do na h-Innsibh thar chuan.

## CXLIV.

Toradh saothrach do ghaoil-sa,
Tha r' a fhaicinn 'sna h-Innsibh an uair-s'
Toradh ùrnuigh o d' mhaoth chridh',
Agus t' oileanaich naomha na 'm buaidh ;
Us do cheud mhac 'bha caomhail,
Measg nan anama thug gaol dha gun fhuath,
Fad a chuairt ann san t-saoghal,
Ged a chrìochnaich a shaothair co luath.

## CXLV.

Ciod a their mi cha 'n còl domh,
Mu do shoirbheachadh mòr fad do chuairt;
Ann am fion-lios Iehobhaih,
Rinn thu dìleas mar 'òglach-s le buaidh ;
Leam cha teagamh nach d' chòmhlaich,
Cuid do d' chloinn le mòr shòlas riut shuas,
Cuid na d' dhéigh an gleann deòir dhiubh,
Bhios fa dheòidh dhuit na 'n glòir s na 'n crùnuaill.

## CXLVI.

Ged is lionmhor tha brònach,
Tha ga d' chaoidh o chaidh fòd ort le h-eug ;
Cha 'n e 'm bròn tha gun dòchas,
Tha ga 'm fàgail co leòint' ann do dhéigh ;
Oir is cinnt' leo gur beò thu,
Ann am Pàras na glòire air nèamh,
Measg nan ainglean thug còmh-dhail
Dhuit 'n uair dhealaich an deò ri do chré.

## CXLVII.

An uair bha 'm foghar tigh'nn dlùth ort,
Bha do bhagaidean cùbhraidh fàs làn;
Toradh trom ort ga 'ghiùlan,
Mar làn arbhar a' lùbadh gu làr:
Air do 'n ghairm teachd do d' ionnsuidh,
Gu dol imrich do 'n lùchairt a 's àird',
Dhol air falbh 's tu nach diùltadh,
Gu làn sheilbh ann an cùirt Fir do ghràidh.

## CXLVIII.

Leis na h-ainglibh bu phrìseil
Bhi ga d' fheitheamh an uair lìbhrig thu 'n deo;
Air an sgiathaibh ga d' dhìreadh,
Chum an aoibneis gun sgìos thar na neòil;
Chum a' chomuinn nach crìochnaich,
Air an tric bha do mhiann s tu fo bhròn,
Ann san dealraich mar ghrian thu,
Ann am fìreantachd fhìor-ghlan gun sgleo.

## CXLIX.

Ann san fhìreantachd dhealraich,
Ann san d' àrdaich t' fhear-gràidh thu gu mòr;
Thu ga 'fhaicinn mar tha E,
Ann an iomlanachd àillidh bhi-bheò:
Thu ris cosmhuil na d' nadur,
Air do chaochladh o chàileachd na feòl';
Tha do chìocras làn-shàsuicht,
Ioma-riaraicht' an làthaireachd a ghlòir'

### CL.

Glòir nach b' urrainn thu ghiùlan,
Tre anfhainneachd shùl ann san fheòil;
Bu tric ort bha drùidhteach,
Mar bhlàth bhraonaibh ro chùbhraidh o neòil:
Air do chridhe maoth, bruite,
Do ghruaidhean a' sruladh nan deòir,
Cha 'n fheum thu nis gnùis-bhrat,
Ga 'lan-mhealtuinn gu dlùth na d' làn-chòir.

### CLI.

Chaidh gach doilghios air chùl dhuit,
Chaidh gach àmhghar us tùirse mu làr;
Theich gach duibhre s gach dùldachd,
Theich gach buaireadh, gach ciùrradh s gach cràdh;
Theich gach iomaguinn s gach cùram,
Theich gach dìomhanas siùbhlach s gach sgàil;
Theich gach caoidh leis gach ionndrainn—
Tha gach sgìos dhuit air tionnnadh gu tàmh

### CLII.

Sgaoil do phàilliunn o chéile,
Am bu tric bha thu deurach fo bhròn;
Sgìth le osnaibh fo cheusadh,
S iomadh deuchainn bha dùr ga do leòn;
Ta thu nis na d' làn éideadh,
Aig làn shaors 'san tigh nèamhaidh ag òl
As an lànachd nach tréig thu;
Linn nan linn cha tig éis air do stòir.

## CLIII.

Thionndaidh bròn dhuit gu h-aoibhneas,
Thionndaidh duibhre na h-oidhche gu lò:
Cha tig sgàil air do shoillse,
Tha do dhealradh na 'bhoillsgeadh gun cheò
Thionndaidh t' ùrnuigh gu seinn dhuit,
Air a' chlàrsaich ro bhinn tha do 'n òir;
Seinn nan dàna s nan laoidhean,
Air a' ghràdh rinn co-lìont thu le glòir.

## CLIV.

Fhuair thu crùn na làn duaise,
Mar an gleachdair a bhuadhaich 'san réis;
A' chlach gheal s an t-ainm nuadh oirr',
Nach tuig aon ach na fhuair i iad féin;
An deis fhìor-ghlan neo-thruaillidh,
Chaoidh nach caochail na 'snaudh s na 'glan sgéimh,
Craobh na beatha bith-bhuan dhuit,
Le naomh thoraibh ro luachmhor a geug.

## CLV.

An uair a shéidear gu fuaimneach,
An trompaid le 'n luaisgear na slóibht',
An uair a dhùisgeas o 'n uaighibh,
Na mairbh bha na 'n suain annt' gu léir;
Chì na slòigh do ghlòir uasal,
Air deas-laimh an Uain s mar ris féin,
A' to'airt breth air na h-uaibhrich,
An aghaidh t' iomraidh chuir suarach an Léigh.

### CLVI.

Sin an là 'm bi do shòlas,
Air a lìonadh do ghlòir na 'làn-sgéimh ;
Ann san iomlanachd òirdheire,
Ann san sgeadaich Iehobhah a threud ;
An uair theid diabhuil air fògradh,
S na shaltair fo 'm brògaibh Mac Dhé,
Fo bhinn-dìtidh gu dòlas,
Gu loch teine na dòruinn s na péin'.

### CLVII.

Chi na h-aingidh thu 'n uair sin,
Bidh do ghlòir na 'mhòr uamhas dhoibh féin :
A' cur ri 'm piantaibh s ri 'n truaighibh,
Nach do chreid iad na chual iad o d' bheul ;
Ach bidh aoibhneas le luathghair,
Aig a' mhuinntir thug cluas do do sgeul ;
To'airt na glòir' do 'n Ard-uachd'ran,
Thug thu riamh dhoibh mar bhuachaille treud.

### CLVIII.

Dhuit cha 'n aithreach gach deuchainn,
Rinn thu ghiùlan na 'aobhar 'san fheòil ;
Shiab o d' shùilibh na deura,
T' aghaidh ungt' le h-ol-aoibhneis gun sgleò ;
Cha tig neul air do léirsinn,
O làn mhealtuinn do Dhé na 'làn-chòir ;
Oir tha 'ghrian ort air éirigh,
S tu mar shoillseadh nan speur na 'n làn ghlòir.

## CLIX.

Deatach smùididh am pian-san,
Bhios a' dìreadh s a sìor dhol an àird',
Cha to'air osnadh o d' chliabh-sa,
Ann an truas riùth', oir chrìochnaich dhuit cràdh;
Oir bidh t' anam co lìonta,
Leis a' ghlòir air 'n d' rinn iadsan mòr thàir,
T' Aleluia gu sìorruidh,
Bidh dol suas 'n uair tha 'm pian-s' na 'làn àird'.

## CLX.

Bidh an caochladh co iomlan,
Air na naoimh, nach gabh iomradh an dràsd;
S nach tig gluasad le duilchinn,
Air an sonas, le h-urchuidibh chàich;
O! faiceadh peacaich an iomrall,
Gabhail impidh le h-iomaguinn na 'thrà;
Ann an dòchas s am muinghinn,
Tréigsinn uile ann an iomlaid saoir ghràis.

## CLXI.

Ach tha sinn' air ar fagail,
As do dhéigh, ann am fàsach nan deòir;
Fosgailt, buailteach do àmhghair,
Do gheur-leanmhuinn tha ghnàth oirnn an tòir;
Ach an tròcair nach fàilnich,
Tha ni 's leòir ann a ghràs gu 'r to'airt beò;
Chum ar n-anama na 'chàs san,
Chumail suas ann an tàbhachd s an treòir.

## CLXII.

A Thi iochdmhor! na d' fhàbhar,
Dean sa' chreidimh sinn làidir us beò;
Nochd gu treun dhuinn do ghàirdean,
To'airt do naimhdean fo d' shàil mar chos-stòl;
Lùb do nèamhan o 'n àirde,
Leig do dhealanach deàlrach feadh shlògh,
Cuir do shaighdean geur-shàithte,
Ann an cridhe t' eas-càirdean ga 'n leòn.

## CLXIII.

Gus an strìochd iad gu làr dhuit,
Tre ghràs aithreachais shlàinteil, d' an deòin;
Le féin-ghràin us féin-thàire,
Ann an ùmhlachd a' ghràidh mar bu chòir;
Gabhail tlachd ann do stàtuibh,
Air son peacaidh fo nàire s fo bhròn;
Dol fo d' chuing gu féin-àicheil,
Le toil-inntinn us gairdeachas mòr.

## CLXIV.

Leudaich ionad ar pàilliunn,
Brat ar bùtha 'chur sgàil oirnn us dìon;
Sgaoil ar cùird feadh an fhàsaich,
Ann am farsuingeachd tàirngte na d' rian;
Dean ar cuailleachan làidir,
Us do-ghluaiste na d' stàtuibh gach ial,
Thigeadh sliochd air gach làimh oirnn,
Réir do gheallaidh le gràdh dhuit bhios lìont'.

## CLXV.

Meudaich maoin do dheadh chàirdean,
Is leat an t-airgiod, an tain us an t-òir,
Dean iad fialaidh, pailt-làmhach,
Chumail bìdh ann a' d' fhàrdoich mar stòr;
Chum do theachdairean gràdhach
Chumail suas chum do chàs bhi dol leò;
Sgaoileadh sgeula na slàinte,
Le deadh shoirbheas nan gràs chum do ghlòir'.

# AN CUART CUAN

## NO

## DAN NA BREADALBAINN.

*A rinneadh leis a' Bhard air dha tilleadh dhachaigh bho 'n taobh deas ann sa' bhliadhna 1851.*

### I.

GED 's dail cha dearmad a bhac mo sheanachas
   Mu m' thuras ainmach san aimsir fhuar
San chulaidh dhealbhaich do 'n ainm 'Breadalba'
Le gaoith gun anagna dh' fhag balbh an cuan ;
Gu 'n dhuisg an soirbheas o' n aird an Earadheas
A ghreas air falbh i mar earb air luaths,
'S nuair dh' fhaisg i 'canabhas sna tuinn bha barragheal
Bha spairn ga 'n teannachadh air cainb nan dual.

### II.

Nuair lion na siuil aic, gach aon diubh 's bru air
'S a cruinn mar iubhrain a' lub 'san uair,
Bha coileach dùbh-ghorm a' ruith o 'n stiuir aic
Na chamalaig lubaich ri durdan cruaidh ;
'S e 'ceum bha siubhlach a' leum gu sunndach
Troimh 'n mhuir bha sruladh gu dluth m' a cuairt,
Gu 'm b' fhior chruit-chiùil a bhi 'g eisdeachd bùirein
A tormain surdail bu bhruchdail fuaim.

### III.

Ge b' thoiseach geamhraidh le gaoith bha ceannaidh,
I 'seideadh teann cha b' ann mall i ghluais,
Troimh 'n fhairg mar bheanntaibh na luig s na gleanntaibh
A' cur nan steall diubh na 'n deann m' a chluais ;
Le fiamh no fanntachd cha d' iarr i 'n t-abhsadh
S e ghnath ri sealltuinn taobh thall a chuain ;
B' fhior ('s mis' bha 'g amharc ri cùrs nach d' chaill i)
Gu 'n ghearr i nall air gu ceann a ruaig.

### IV.

Is i 's deis' fodh h-aodach gu cur nan gaothaibh,
S a com a' faomadh tighinn saor m' an cuairt,
O sail bhiodh saobh-shruth mar chladhan gaoireach,
Mar bhuaile chaorach co cruinn mar chuach ;
Is i ni 'n roid-chinn deth na leum le sinteag
S a smuid na still thar na croinn dol suas,
Gu 'm b' aiteas inntinn do neach bhi innte
Mur deanta tinn e le glinn a chuain.

### V.

Gu 'm b' ait an ceol leinn fior fhuaim a cronain,
Na ruith cur bhorlum na 'n torr o gruaidh,
S a' muir us croic air mu beul a' copadh
An lan s gach seol aic s gach rop ri fuaim ;
Na tuinn a' bochdadh le gaoir a' dortadh
Gu dluth mu bordaibh le roichdeadh cruaidh,
An sgiob ga seoladh le lamhaibh eolach
S a' deanamh solais ro mhor r'a luathas.

## VI.

A ghaoth ged sheideadh s a siùil a' reubadh
O'n chloich nan gléidht i air ceum a h-iùil,
Na tuinn ged bheuchdadh cha 'n éireadh beud dhi
U's soills' o'n speuraibh 'to'airt leirsinn shul ;
Tha asnaibh cléibh aic cho taiceil treunmhor
Cho teann ri cheile s nach géill dhi sugh,
Ri uchd gach deuchainn tha i cho gleusda
S nach tarladh léireadh do chré fodh buird.

## VII.

Ged dh' eireadh cona-ghaothach le teine sionnachain
S a' muir na ghlumraidh ri bulg gu dlùth,
Cha rachadh tulg innt ri tuinn ga tunnachdadh
Ag àt le buirbe s le burrchdadh dùr ;
Cho fad s a b' iomchuidh dhi aodach iomchar
Ged bhiodh na stuirchd mar choin-luirg m' a stiuir,
Cha b' aobhar iomaguin d' a taobh nach buinigeadh
I cala cuimseach nam fuilingeadh siùil.

## VIII.

Tha i cho aonta s cho dluth na saoirsneachd
Na cinn s na taobhan dion-ghlaodh, teann-bhuailt,
Cho saor o ao-dion s nach iarr i taoman
S clar uachdair caoin-gheal troimh braon bha bhuail ;
Taobh stigh cho saoineil cho glan s cho riomhach
S gu faodadh Righ leis car tim cur suas,
A bhiadh a dhiolaidh us luidh sinnt innt
Air leabaidh mhìn-ghlain aig sith le suain.

## IX.

Gu 'm b' aiteas dhùinn ar ceud sealladh sul di,
T' teachd d' ar n-ionnsuidh s a cùrs gu tuath
Air dhi 'bhi giulain nan reachdair iulmhor
Tho'airt sgeul às ùr dhuinn air cliu an Uain;
S gu 'm b' e ar durachd gu 'n cumaidht i siubhlach
Air feadh nan duthchaibh-s' gach taobh mu 'n cuairt
Feadh cheall us chuiltibh fodh neul an dusail
A chum le ùr-ghras an dusgadh suas.

## X.

Is e seo mo chliu dhuibh air feum na h-iubhraich
D'an ceaird bhi giulan chinn-iuil nam buadh,
Gu tir nan stuchd bheann 'to'airt tluis us ùraich
Us saors o'n duldach a dh' ionnsuidh sluaigh;
Air sgàth 'n fhir iulmhoir a ghabh dhinn curam
Bhios 'ainm ro mhuirneach fad ñin ri luaidh;
B' e 'm beud s an diubhail gu 'n cuirt' air chul i
Le cainnt luchd diumbaidh chion diù us truais.

## XI.

Nan cuirt' air chul i le fior chion diu dhinn
Gun teachd d' ar n-ionnsuidh b' i chuingeachd thruagh,
Bu mhor an ionndrainn tre easbhuidh ionndais
S e mor r'a chunntas, nan cumaidht i uainn;
I ghnàth ga thionndadh s do phairt a' dubladh
Gun iad ga chunn'adh le dùinteachd cruais,
S bho thainig spùill oirnn gu 'm b' fhialadh dhuinn iad,
A nis dha chionn siud an duil to'airt uap.

## XII.

Chuir i air tir mi far 'n tric robh m' inntinn
An caidreamh priseil s le cridhe gun ghruaim
Am measg nam firean tha 'n cuid na 'n sineadh,
Gu 'n chriochnaich tim dhoibh an sith san uaigh ;
Far an d' fhuair mi aoidheachd le gair s le faoilteachd,
Bho shluagh s bho aodhair le gaol gun fhuath
S cha b'e mo sgios diubh 'ni ghreas mi direach
Gu m' chas a shineadh Phort-righ cho luath.

## XIII.

Far d' fhuair mar b' àbhaist mi caoimhneas gradhach
S an d' rinn mi tamh gus an d' rainig m' uair
Gu falbh am bàta na smuide laidir
A' ruith gun dail tromh Chaol-Acainn suas ;
An Caol Reith bha sàs oir' cur sruth gu daicheil,
Ri h-uchd bha gàrradh gu h-ard mar bhruaich,
Na chop le gair gheal na 'bhruchd a' barcadh
S a coinn ga fluasgadh le spairn bha cruaidh.

## XIV.

Nuair chuir i 'n caol sin s a fhuair i faothachadh
Mar fhiadh an aonaich s e'n caonnag chruaidh,
Bha ceum cho aotrum ri earb nan raontaibh
S na coin fo 'n chaothach ga 'n cur dian na 'n luaths ;
Gu Maol Chinntire bha stoirm na h-aoduinn
S cha d' rinn i pilltinn romh mhill nan stuadh,
Nuair fhuair i ghaoth leithe taobh thall na Maoile
B' i fein an t-sraonag feadh mhin uisg Chluaidh.

U

## XV.

An Dunothainn àigh ghabh mi tir mar b' àill leam
Far 'n d' thuig mo chairdean cion-fàth mo chuairt
A nochd gun dail dhomh gu 'n robh 'n gaol braithreil
Gu dlùth ri 'n àirnibh le baigh s le truas;
S cha b' ann a mhain ann am briathraibh blàtha
Nochd iad an gradh bhi do chàs an Uain,
Ach fial pailt lamhach do 'maoin a phairtich
Gu Eaglais Mhanuis a lan chur suas.

## XVI.

B' e 'n crannchur àraidh do neach bhi tamh ann
A ghne do àite cho àillidh snuadh,
Fo 'n mhais chuir nadur air tir s air traigh air
Le cùbhraidheachd fàilidh nach tair mi luaidh:
S iad air son slainte do 'n cuirp s le àbhachd
Tighinn 'n àm a' bhlàthais às gach cearn mu 'n cuairt,
S e thaitneas ard a ni mhiannaich aireamh,
An sgeimh chuir gras air ceann-fàth gach uaill.

## XVII.

Tha 'bhlath le neonain cho taitneach boidheach
S a reidhlean comhnard ri bordair Chluaidh,
Tha lan gach lo do na longaibh seolaidh
S luing theine 'n comhnuidh le ceo dol suas;
A bheanntaibh mora le gorm bhrat oirdhearc
A raointibh comhdaicht le lon s le buar,
Bu shealladh gloir-mhoir do shuilibh feola
S bu bholladh sòlais do m' shroin a chluain.

## XVIII.

Gur mairg le ailghios a dh' iarradh fhagail
Mar sheimh thom taimhe cho aillidh snuadh,
Cho fallain failidh s gach ni tha 'm fabhur
A chuirp chum slaint ann gu lathail nuadh ;
S e beannachd àraidh chuir Dia na ghradh air
Do dh' anm' neo-bhasmhor 'n grasaibh buan,
A' sileadh blath mar an drinchd a ghnath air
To'airt luthais us fais doibh gu tlàth o shuas.

## XIX.

Fhad s bha mo thamhachd air oidhch no là ann
Cha d' fhuair mi càil dhomh thug cradh no leon,
Cha chualas gadruisg a mach air sraid ann,
Mu thighibh tàirnidh ; no capraid òil,
No cleachdadh graisgeil luchd bristidh Sabaid
No briathraibh graineil no gnath luchd pòit
Ach sith us samhchair an aonachd ghraidh ann
Mar chloinn fodh àrach nan grasaibh beo.

## XX.

Is iad fein bha ordail us deas na 'n comhdach
Air dhoibh teachd comhladh mar chomhlan sluaigh,
Aig eisdeachd stolda fo chuirm ro shoghmhoir
An t-soisgeil ghlormhoir tigh'nn beo gu 'n cluais ;
Bha gnuisibh sòlais ag innseadh dhomhsa
Mar mheasg am bron leis na deoir o 'n gruaidh,
Gu 'n d' thainig trocair nan gràs na 'n comhdhail
Bha dhoibh an comhnuidh mar lòn o shuas.

### XXI.

Bha seo na dhearbhadh nach b' ni bha aimrid
Chuir beo na 'n anamaibh ach gineamhuin nuadh,
Gu 'm bhainne fhuair iad bha 'g altrum leanabaibh
S bha saor o anabas s cho dealrach snuadh ;
Nach cridh bha seargta gun aithne dhealbhaich
Air grasan tearamuinn le aircis truais
Nach b' aodhair balbh a bha dhaibh n' fhear-labhraidh
Thug mana falachaidh an sealbh do 'n t-sluagh.

### XXII.

S nach crann do 'n chrionaich thog suas co lionmhor
Do gheugaibh sgiamhach cho ciatach blàth,
Fo 'n toradh bhiachar a dh' fhàs o shiol chur
An t-Soisgeil shiorruidh s o fhriamh a ghraidh ;
Bha 'n tlachd s an iotadh a' faotainn riaraich
S a' bhainn' lon-mhiannaicht a mhiadaich cail,
Gu 'm beul bhi 'g iathadh gu dlù mo chiochaibh
Neach shruthail fion doibh gu fial o 'n aird.

### XXIII.

Bha 'm blas cho fior ghlan s nach gabht mar bhiadh leo
Na dearcan fiadhainn a riaraich cach
Nach d' thog am fianuis an gniomh na 'm briathraibh
An aobhar Dhia s nach do striochd da 'n àithn ;
Ach dh' fhan gu cianail fo 'n stàid gu 'n riaghladh
S a dhiult cuing Chriosda gun mhiadh d' a chàs,
Dh' fhag siud na ciadan tigh'nn beo gu diomhain
Air cairb na blianaich fo nial a' bhais.

## XXIV.

S e cridh bha leoint' dheanamh leum le sòlas
Na faict o chlò iad tighinn beo tre ghras,
An t-Athair glormhor a' dol na 'n còmhdail
Mar mhacaibh strothail le pòig s le fàilt;
'Tre fharmad fheòmhor nuair chluinnt an ceol leo
Bhi air cul na comhla 's ann leo nach b' fhearr,
Ach seinn co-choirdt' ann an gaol na trocair
S a' chuan ro shoghmhor ag òl an sàth.

## XXV.

Dh' fhàg siud an comhnuidh na bhlais air trocair
D' an taobh ga 'n leonadh s gu mor ga 'n cradh
Airson an t-seors ud fo 'n bhrat ga 'n comhdach
S cinn-iuil ga 'n treorach 'sa cheo gach là;
Dh' fhàg iochd us teo-chridheachd d' an taobh iad bronach
A' faicinn morain gun eol air slaint,
Fo bhinn am fògraidh o 'n chathair ghlormhoir
Fu cuan na doruinn s nan deoir gun bhàigh.

## XXVI.

Gum b' ait leam fein a bhi measg an treud ud
An am bhi 'g eisdeachd fo sgeul nam buadh
Us gras na h-eifeachd a' teachd le treun ghath
Cur fuil na reite ri creuchdaibh truagh;
Gach aon aig eigheach a fhuair ùr ghleusadh
A' seinn le 'm beul air cliu Dhe ga 'luaidh,
Air gloir an Leigh sin a phaigh an éiric
S an aignidh 'g eiridh gu neamh a suas

## XXVII.

S o sin do sheoladh gu Eilean Bhoid mi
Far nach bo dòlum dhomh lòn us blàths,
Le toil gun soradh o chaomh fhear eolais
Bha dhomh na chomhnadh ro mhor s na stà ;
A dh' fhalbh s a threoraich a measg an t-sloigh mi
Bha ciuin na 'n comhradh us còir na 'n gnàth,
A nochd bhi deonach na 'n gibht gun bhosda
O innigh throcair shìn dhomhs an lamh.

## XXVIII.

Bho Mhaighstir Anderson caomh bha 'g amhrac
Thaobh slaint bhi fann s gun a shaibhreas mor,
Cha b' ann gu gann domh bha shineadh làimhe
S a threud na 'n teanntachd ro ghann do stor ;
Cha 'd chuir iad moille 'am meud s a gheall iad
Chuir cruinn air ball dhomh s leo b' anns' an còrr,
Nam biodh e ann gus a chur na cheann domh
Mar bhonn na bantraich 's an daibh bu deoin.

## XXIX.

O aodhhair caoimhneil taobh tuath na h-oighreachd
Maighstir Mac Brid' thug dhomh roinn de 'n òr.
O Mhaighstir Eildeir s mnai uails 'n cobhoinn ris
Le gean s le aoibhneas s le aoidh gun gho:
A shir le faoighreadh a là s a dh' oidhche
A measg luchd saoibhreis us cloinn bha òg.
Nach d' mheas mar dhoil'chinn na chur iad cruinn domh
Na 'm buinn s na 'n doitibh gu'n d' rinn e torr.

## XXX.

Bha 'n tuath-cheatharn gràdhach us uaislibh bharr orr
A shìn an lamh dhomh gun chàil do ghruaim,
Le 'n gnuisibh failteach us fiamh a ghair' orr
Gu geanail blath rium s do 'n chàs lan truais ;
Is e 'n run bh' aig pairt diubh nan deanainn dail orm
Gun deant ni b' fhearr dheth measg chairdean suas,
S na fhuair mi dh' fhabhair Mhonteith us Chraigean
Cha cha 'n mi càil ach gu fag mar fhuair.

## XXXI.

Ach ghluaiseadh sios leam gu baile Ghrianaig
Far 'n d' fhuair mi siochaint le fior ghean graidh,
Bha m' inntinn riaraicht an comunn rianail
An dream o chian leis 'm bu mhiann leam tamh,
Nuair fhuair mar dh' iarr mi 'n ceann-iuil ga 'm riaghladh
An t-Ollamh fiachail, sinn thriall gun dàil
Nam measg s an chiad sgriob bu chinnt dhuinn fialachd,
S iad 'to'airt an iasachd do Thriath nan gras.

## XXXII.

Rinn m' inntinn gaire nuair fhuair mi Gaidhlig
Am measg mo chairdean le blàs nach gann,
Bha mi lan samhchair na 'n comunn gradhach
Cho fad s a thamh mi fo 'n sgail san am ;
S gu 'm faod mi ràitinn mo thaing do aireamh
Do mhuinntir àraidh nach tàir mi chainnt
Chuir orr' am baigh rium le meud s a bhair'g iad
A chuir orm nàire le 'n d' fhàs mi fann.

## XXXIII.

S na thuilleadh bharr air na fhuair mi chairdeas
O m' fhior luchd daimhe le gradh gun fheall,
Cha d' thainig cach ann a tombas gearr air
An gean s am fabhar dhomh measg nan Gall;
Nach robh gann lamhach mo 'm maoin de 'm phaigh iad
Gu siochail pairteach do 'n chàs san àm,
M Port Ghlaschu chamhlaich s gun Ghuraig fhagail
Bha 'n inntinn tlàth rium s gach ait a bh' ann.

## XXXIV.

Us Fairi cliuteach nan tighean siuchdair
Nach cruaidh mu 'n chùinneadh an cuisibh teann
Bheir uaith gun chùmhnadh nuair 's àil s is fiù leis,
Bidh ghibht-san dubailt os cionn mor mheall;
A mach ás ionndais thug e da phunnd domh
S cha d' rinn e ionndrainn mar ouns' da chall
Bo bheag na shuilibh 'n to'air dhomh na 'n lubain
Le toil s le durachd, à gnuis gun sgraing.

## XXXV.

An sàr dhuin uasal Mac Phi nam buaidhibh
D' an cliu bhi suairce gun chruas mo mhaoin,
A chomhdaich suas mi 'cur deis air m' uachdar
Do eudach snuadhmhor s do shuanach daor;
Cha b' e ghibht shuarach o laimh a fhuair mi
Le gnuis gun ghruaimein, gun uaill d' a thaobh
S bidh ainm ro luachmhor air chuimhn ri luaidh ann
Air linntibh buan air-son truas a ghaoil.

## XXXVI.

Gu Glaschu mheadhrach a' chamhlaich ghreadhnaich,
San lionmhor Goill tha ro chaoimhneil caoin,
Chaidh mi feadh roinn deth na b' fhiach fhoighneachd
A thug dhomh slaim ann le aoibhneas gaoil;
Cha b' ann le raoiteachd a b' àill leo saoibhreas
A chosd san oidhch ach gu caoimhneil caomh,
'S bu ghradh bha foillsicht na 'n gnuis a' boillsgeadh
To'airt uath le deadh ghean cuid roinn gu saor.

## XXXVII.

Measg chairdean diamhair bha rium ro fhialaidh,
Nach b' ann le briathraibh a dhearbh dhomh 'n gaol
Ach nochd na 'n gniomhraibh 's cha b' ann gu diomhain
Le 'n d' rinn iad diolam a b' fhiach an t-saothar;
A sheol dhomh riaghailte cho math 's a dh iarruinn
Measg luchd na tiolac a dhion le faoilt;
'S a mheas mar fhiachaibh dhoibh sin a dhianamh
Dheth 'n bhuilich Dia orr' chur rian na 'n cridhe.

## XXXVIII.

An urra mhor sin Fear Tullaich Eoghain
Tha fial an comhnuidh mo stor 's mo mhaoin,
O innibh throcair chuir lamh na phoca,
Thug às a dhorn dhomh deich nòt gu saor;
'S mnai uaisl le sòlas a' tionail comhladh
O inntinn theo-chridh'ch chuir doigh us saod,
Air tuillidh sheoltaidh am measg luchd eolais,
Gun d' fhuair iad moran le deoin gach aoin.

## XXXIX.

As sin do thriall mi Dhuneidinn ghrianach
Nan sraidibh ciatach le 'n ciadaibh sloigh,
Nan luchairt sgiamhach s nan cuirtibh fiorghlan
Nan uaislean fiachail nach crion mo 'n òr ;
S cha b' ann gu h-iorghallt ach ciùin neo fhiadhant
Bha 'n cainnt s am briathraibh le tiamhachd teòt
S a naisg gu h-iasgaidh á inntinn thiorail
Dheth 'n cuid gun iorguinn ach fial gun gho.

## XL.

Bha statuibh mora s mnai uaisle phosda
Araon us oighean gun phrois gun ghruaim,
Gu cridheil deonach a' toairt dheth 'n storas
Le speis gun soradh o theo-chridh truais ;
Le truaghas mor bhi ri cor nan deoiribh
Bha dh' easbhuidh sheoil air tigh le e chur suas,
Gu eisdeachd stokda ri sgeul an t-sòlais,
Saor Shoisgeul ghloirmhor Righ mor nan sluagh.

## XLI.

Bha cairdean gaolach am baile Lite
A rinn an dicheall le cridh gun chluain,
Luchd-dreuchd us aodh'raibh mu 'n cuid cho aoidheil
Le inntinn aom-fhillt le saors gun uaill ;
An t-Ollamh priseil Maccalair caoimhneil,
Cha b' e ghibht maoidheach no phiob gun luach
Dhomh rinn e shineadh s bha innigh dileas
Na chois s bu bhrigh dhi: gu 'n cinn le buaidh.

## XLII.

Sin thog mi m' imrich gu Maigh-tir Irabhainn,
Cha b' e dhomh 'n t-iomrall no 'n duilichinn chruaidh,
Ghabh rium gu suilbhearr le failt s le fuireabhailt,
Cha b' e fath iomaguin mo chruinn ear cuairt ;
Ghrad sgaoil e m' iomradh s e fein ga ionchar,
To'airt cinnt gun chumrig gu 'm buinnigt o 'n t-sluagh
Cuid roinn dheth 'n ionmhas s e fein gu h-ionmhuinn
A reir mar dh' fhuilingeadh a' tionnadh suas.

## XLIII.

Tha 'n t-àm tigh'nn dlù gu mo sgeul cho-dhunadh
Le toil s le durachd mo rùin s mo ghraidh,
Gu 'm biodh fior chultaic gach aoin ghabh curam
Le 'n speis do 'n chuis seo 's fior ghrunnd do m' dhàn.
A' fàs ni 's mù dhoibh an gras s an ionndas,
A ghnath le dubladh s le urach fàis,
S gun tog an suilean ri Righ nan Duilibh
Gu bhi ga 'n stiùireadh na 'n iul gach là.


END OF VOL. I.

www.ingramcontent.com/pod-product-compliance
Lightning Source LLC
Chambersburg PA
CBHW051245300426
44114CB00011B/903